Peter Hollinger

Flirten

W0034995

Peter Hollinger

Flirten

Der kurze Blick zum kleinen Glück

mvg verlag

Die Deutsche Bibliothek — CIP-Einheitsaufnahme

Hollinger, Peter:
Flirten : der kurze Blick zum kleinen Glück / Peter Hollinger. —
München : mvg-Verl., 1992
   (mvg-Paperbacks ; 439)
   ISBN 3-478-08439-3
NE: GT

Photos: Joachim Skambraks
Wir bedanken uns bei Frau Evi Haslbeck und Herrn Bernd Heindl für die
freundliche Genehmigung zur Verwendung der Photos.

Das Papier dieses Taschenbuchs wird möglichst umweltschonend hergestellt
und enthält keine optischen Aufheller.

Umschlaggestaltung: Gruber & König, Augsburg
Satz: Fotosatz Buck, 8300 Kumhausen
Druck- und Bindearbeiten: Presse-Druck Augsburg
Printed in Germany 080 439/2921002
ISBN 3-478-08439-3

Inhalt

Vorwort

Die Silvesterparty 1984 sollte mein weiteres Leben und auch das Leben vieler anderer Menschen bestimmen. Einer meiner Freunde hatte einen Bericht über eine äußerst chaotische amerikanische Flirtschule gelesen und präsentierte dieses Thema mit sehr viel Ironie meinen Partygästen. ,,Das wär' doch was für Dich'', rief einer mir daraufhin unter allgemeinem Gelächter zu: ,,*Flirtschule Peter Hollinger!*''

Der Partyscherz ließ mich nicht mehr los: Ich war von dieser Idee plötzlich so überzeugt, daß ich begann, mich näher mit dem Thema zu befassen. Anderen Leuten das Flirten beizubringen − wie sollte das denn möglich sein?

Zunächst besorgte ich mir den Artikel über die amerikanische Flirtschule. Darin konnte ich nun leider gar nichts entdecken, was mich zur Eröffnung einer eigenen Flirtschule hätte animieren können. So ging ich daran, ein eigenes Kursprogramm zu entwickeln − unter Einbringung meiner psychologischen Kenntnisse und natürlich meiner eigenen Erfahrungen. War ich damals ein guter Flirter? Allenfalls ein durchschnittlicher bis leicht überdurchschnittlicher! Doch die Fähigkeit, anderen Leuten Wissen, Anleitungen und Tips zu vermitteln, verspürte ich in mir, und das war wesentlich!

Das Echo auf meine Testanzeige in einer großen süddeutschen Tageszeitung bestärkte mich schließlich darin, im Juni 1985 den ersten *Flirt- und Kontaktkurs* abzuhalten. Das Medienspektakel war gewaltig: Journalistinnen (!) von Presse und Funk wollten sich die Premiere der *Flirt- und Kontaktschule* nicht entgehen lassen und sorgten mit ihren Berichten für einen unschätzbaren Werbeeffekt. Als männliche Ergänzung vervollständigten drei Freunde das Kursgeschehen.

Die Idee war nun also in die Tat umgesetzt. Seither finden in München regelmäßig Gruppenkurse und − nach Vereinbarung − Einzelkurse statt.

Das Medienecho ist dabei nach wie vor sehr beeindruckend. Es vergeht kaum eine Woche, in der kein Bericht über die *Flirt- und Kontaktschule* erscheint.

Fernsehauftritte und Talkshows lösten Radiointerviews ab und umgekehrt. Flirt und Kontakt sind ganz offensichtlich sehr medienwirksame Themen.

Auch etliche Kursteilnehmer freuten sich, auf diese Art ,,ins Fernsehen zu kommen". Sie alle konnten bestätigen, was auch sehr viele andere Rückmeldungen ergaben: Sie waren durch diesen Kurs nicht nur im privaten, sondern auch im beruflichen Bereich kontaktfähiger und kontaktfreudiger geworden.

So verzeichnete die *Flirt- und Kontaktschule*, dies beweisen die zahlreichen Rückmeldungen, erhebliche Erfolge und trug zum Glück von bisher circa 1 200 Leuten ihren Teil bei. Dem Kapitel 5 dieses Buches können Sie ein paar amüsante Episoden aus den Flirt- und Kontaktkursen entnehmen.

Ich wünsche Ihnen, liebe flirtwillige Damen und Herren, bei der Lektüre dieses Buches viel Vergnügen,

Ihr *Peter Hollinger*

1. Kontaktpsychologische Grundlagen

1.1 Standortbestimmung des Flirts

1.1.1 Was ist Flirt, was darf er sein?

Hand aufs Herz, liebe Leser, wissen Sie eigentlich, was ein Flirt ist?

Fast jedes Wörterbuch liefert für den Begriff ,,Flirt'' eine andere Erklärung. Viele Verfasser legen sich auf das ,,erste Zu-Erkennen-Geben oder Bekunden einer Zuneigung'' fest. Manche versehen dies dann mit dem Beiwort ,,erotisch''. Der Flirt darf und soll also unsere Sinne ansprechen, aber er braucht sie nicht unbedingt zu verwirren.

Nicht zu unterschätzen ist der Ehrgeiz jener, die versuchen, die Inhalte des Flirts mit nur einem Wort wiederzugeben, wie etwa ,,Liebelei'', also eine Art Mini-Liebe. Besser trifft es da schon das süddeutsch-österreichische ,,Anbandeln'': ein erstes zartes *Band,* aber noch lange keine *Bindung.*

Weniger charmant klingen die umgangssprachlichen Ausdrücke ,,anmachen'' (oder ,,anbaggern'') und ,,aufreißen'', wobei das *Anmachen* gerade bei den jüngeren Zeitgenossen den Siegeszug von Norden nach Süden angetreten hat. Eine gewisse negative Assoziation *(plumpes* Anmachen) ist allerdings nicht von der Hand zu weisen. Mit dem Hinterherpfeifen auf der Straße sollte das Flirten also ebensowenig verwechselt werden, wie mit anzüglichen, zotigen Bemerkungen, die in die Intimsphäre eines Menschen eingreifen. Der ganz normale ,,Aufriß'' schließlich bekräftigt das Vorurteil, daß es sich beim Aufreißer um den aktiven, wenig einfühlsamen bis brutalen Eroberer dreht, der sich das Gesetz des Handelns unter keinen Umständen aus der Hand nehmen läßt.

Kursteilnehmer aus Ostdeutschland nannten mir noch einen

recht sportlich klingenden Begriff: das „Anspielen". Dieser Ausdruck gefällt mir gut, verdeutlicht er doch plastisch jenen Zusammenhang zwischen Flirt und Spiel, dem wir uns in der Folge noch ausführlich widmen werden.

Und wie verhält es sich mit „schäkern", „kokettieren" und „liebäugeln"?

Diese Begriffe hören sich in unserer „coolen" und schnellebigen Zeit altertümlich an. Während *Schäkern* das Scherzen und Necken mit dem anderen Geschlecht beinhaltet, ist mit *Kokettieren* die sinnliche Sucht nach Anerkennung und Bewunderung gemeint. *Liebäugeln* schließlich bedeutet heutzutage eher die starke Neigung zu einer *Sache* als zu einer Person.

Ein Ausdruck, der sich aus Goethes Zeit bis in die Gegenwart retten konnte, ist das *Techtelmechtel:* eine Liebelei, die nicht selten dem Chef in bezug auf seine Sekretärin zugeschrieben wird. Wie oft nun aus dem „Techtelmechtel" ein Verhältnis und aus dem Verhältnis ein komplizierter Partnerschaftsanspruch und noch mehr entstanden ist, werden wir wohl nie erfahren.

Ursprünglich leitet sich *Flirt* aus dem lateinischen „flos" (Blume) ab. Der Weg geht dann über das altfranzösische „fleureter" (etwa: umschmeicheln, den Hof machen, mit Blumen für sich einnehmen) zum englischen Haupt- und Zeitwort „flirt", das gegen 1890 Eingang in den dortigen Sprachgebrauch gefunden hat. Seit circa 1950 ist der Flirt auch im deutschsprachigen Raum gang und gäbe. Der *Blume* können wir also eine große Bedeutung beimessen bei dem Bemühen, das Objekt unserer Begierde charmant für uns einzunehmen. Wir werden dies bei unseren Flirttips noch gebührend würdigen.

Eine ebenso ausführliche wie aussagekräftige Definition des Flirts liest sich so: Flirt ist das Spiel mit dem Feuer, ohne sich die Hände zu verbrennen. Eine erste Kontaktaufnahme verpflichtet also nicht. Das Wort „Feuer" steht für Reiz und Risiko. Der Reiz dieses Spiels besteht darin, daß beide „Spielpartner" sich gegenseitig die Bereitschaft beweisen, gewisse Grenzen überschreiten zu wollen – und dabei glauben, daß weder der eine noch der andere dies tatsächlich tun würde.

14

Es gehört eine gewisse Leichtigkeit zu diesem Spiel, das ja nicht zuletzt auch eine erotische Spannung erzeugt.

Sicherlich kann aus einem Flirt etwas Ernsthaftes *werden* — der Flirt selbst ist es nicht. Der kürzeste Flirt ist ein Blickkontakt, verbunden mit einem gegenseitigen Lächeln, allerdings ohne Worte. Man sieht sich vielleicht nie wieder, und doch ist die gute Laune da, und der Tag ist gerettet! Ein Flirt kann aber auch ein mehrstündiges, knisterndes, charmantes Gespräch mit viel Witz und (Selbst-) Ironie sein.

Zwischen diesen beiden zeitlichen Extrempolen ist die Bandbreite des Begriffs ,,Flirt'' angesiedelt.

Ein immer und überall anwendbares Patentrezept für den perfekten Flirt gibt es nicht. Und das ist gut so. Denn durch unser individuelles und spontanes Verhalten haben wir die reizvolle Chance, uns mit unserem Charme auf verschiedene Personen und Situationen einzustellen und das Feuer der gegenseitigen Zuneigung zu entfachen. Lassen wir es doch einfach auf einen Versuch ankommen!

1.1.2 Flirt & Kontakt

Wir sprechen von Kontaktarmut, mangelnder Kontaktfähigkeit, wenig Kontaktfreude und verbinden damit ganz allgemein die Probleme, auf andere Leute zuzugehen und *Anschluß* zu finden. Das bezieht sich auf den normalen Kontakt mit Gleichgeschlechtlichen ebenso wie auf den neutralen Kontakt mit Vertretern des anderen Geschlechts.

Es gibt Leute, die relativ wenig Kontaktprobleme im Beruf, aber dafür sehr viel mehr Schwierigkeiten in der Privatsphäre haben.

Nach neueren wissenschaftlichen Erkenntnissen verhalten sich jedoch die Ausprägungsgrade der Kontaktfähigkeit in beiden Bereichen zueinander entsprechend.

Der Kontakt ist der große Bruder des Flirts. Flirt ist der *sinnliche* Kontakt mit Personen des anderen Geschlechts (Ausnahme:

Homophile), für die man sich interessiert. Wer ganz allgemein leicht Kontakt findet (leutselig ist), der tut sich auch beim Flirten nicht allzu schwer. Kontakt miteinander haben zum Beispiel Verwandte, Vereins- und Betriebsangehörige, Tennis- und Squashpartner nur um des Sports willen, Theaterabonnenten und der Pfarrer zu seinen Gläubigen. Der Kontakt dient der Erweiterung des Bekanntenkreises, während der Flirt der erste Schritt zu einer festen Beziehung sein kann.

1.1.3 Flirt mit Herz – Flirt mit Ziel

Natürlich zeichnet sich ein guter Flirter durch sein spontanes und aufgeschlossenes Verhalten in entscheidenden Situationen aus. Der Mensch, der rasch seiner Eingebung folgt, vermittelt seinem Flirtpartner jenes Gefühl selbst am besten, das er bei sich als aufregend-erotisches Prickeln mit ungewissem Ausgang verspürt. Die Atmosphäre knistert eben besonders stark, wenn sich zwei Menschen Sekundenbruchteile länger ins Auge sehen, als es unserer gesellschaftlichen Norm entspricht. Oder wenn *sie* beim Feuer-geben-lassen plötzlich und völlig unvermittelt aus einer Intuition heraus seinen Handrücken berührt und sich daraufhin aus einem beiderseitigen Blick des Erstaunens ein befreites Lachen ergibt.

Die Fähigkeit zu spontanem Verhalten hält sich bei vielen Menschen leider in sehr engen Grenzen. Dies bestätigen mir nicht nur Erlebnisse in der ,,Flirtszene'', sondern auch die Erfahrungen mit Kursteilnehmern. Da wird viel zu lange und zu oft auf *die* günstige Gelegenheit gewartet, die dann letztlich doch nicht so eintritt, wie man sich das vorgestellt hatte.

Allenthalben ist die Suche nach jenem Programm oder Schema offenkundig, das ja schließlich auch im beruflichen Bereich als sichere Stütze vorgefunden wird. So ist das unmittelbare Ausleben von Gefühlen, Bedürfnissen und Trieben einer trägen und sogar bequemen Starrheit gewichen, die das Zugehen auf andere Menschen erheblich erschwert.

Vor einem Fernsehauftritt diskutierte ich mit einer Verhaltensforscherin darüber, ob das Anbandeln zu einem wie auch immer gearteten Ziel führen darf. Es darf! Spontanität und Zielbewußtsein müssen sich nicht widersprechen.

Eine Frau fühlt sich vielleicht beim Anblick eines interessanten Mannes, der in einem Bekleidungsladen ein Sakko anprobiert, zu einem Lächeln hingerissen. Über das Bordeaux-Rot dieses „tragenden Teils" entwickelt sich eine solch anregende Unterhaltung, daß sich unsere Flirtfrau schon nach einer Minute dazu entschließt, ihm den Austausch ihrer Telefonnummern vorzuschlagen. Gesagt – getan. Zwei Tage später ruft sie ihn an und vereinbart mit ihm einen Treff in einem Cafe. Ihr *Ziel* ist somit erreicht: ihn näher kennenzulernen.

Ein Flirt *kann* also zielgerichtet sein, muß es aber nicht. Denn es hätte schließlich beim ersten, spontanen Blickkontakt bleiben können.

Auch die meisten Tricks zum Anbandeln sind Maßnahmen und Methoden, die zu irgendeinem Ziel gelangen wollen. Und nicht nur die sogenannten Aufreißer bedienen sich ihrer!

1.1.4 Flirt & Erfolg

Eine Standardfrage von Journalisten in ihren Interviews über die Flirtschule lautet: Wie hoch ist Ihre Erfolgsquote? Normalerweise ist es unhöflich, eine Frage mit einer Gegenfrage zu beantworten, aber diese fordert dazu heraus. Denn was ist *Erfolg* und woran wird er gemessen?

Liebe flirtinteressierte Damen und Herren, wenn Sie zehn Leute aus Ihrem Bekanntenkreis fragen, was sie unter Flirterfolg verstehen, werden Sie zehn verschiedene Antworten bekommen. Das kann *nur* ein kleiner Augenblick sein, in dem Ihr Lächeln oder Ihr Zuprosten erwidert wird; oder ein voller Terminkalender mit vielen verheißungsvollen Telefonnummern; ebensogut ist ein immer intensiver werdender Kontakt mit anschließender fester Beziehung denkbar. Wenn Sie also im weiteren Verlauf des Buches auf den Begriff „Erfolg" stoßen, dann betrachten Sie ihn bitte als das Ergebnis, was Sie ganz persönlich für sich selbst beanspruchen und anstreben.

1.1.5 Flirten kann man lernen!

Immer wieder begegnet mir ein Vorurteil, das sich vor allem in den Köpfen jener eingenistet hat, die nicht an ihrer Kontaktfähigkeit arbeiten und in ihrer vornehmen Zurückhaltung den ersten Schritt liebend gern anderen Leuten überlassen: Flirten kann man(n)/frau nicht lernen.

Glauben Sie denjenigen bloß nicht, die das sagen! Denn das würde nur dazu führen, daß Sie die Schuld bei den anderen suchen und nicht bereit sind, für sich selbst Verantwortung zu übernehmen. Nehmen Sie vielmehr Ihr Schicksal in Ihre eigenen Hände und überlassen Sie nichts dem *Zufall*. Den gibt es nämlich gar nicht.

Es fällt Ihnen eben niemand zu, sondern Sie selbst können günstige Gelegenheiten aktiv herbeiführen: durch beständiges Üben, Erkennen, Erfahren und Erspüren.

Lernen Sie, wie das geht:

– Gefühle empfinden und sie dem Gesprächspartner mitteilen;

– persönlich werden;

– sich nicht in Banalitäten und Allgemeinplätze flüchten;

– Stärken zum Ausdruck bringen und Schwächen ruhig auch einmal eingestehen;

– sich selbst und andere zum Lachen bringen;

– über sich selbst lachen können;

– Neugierde und Aufmerksamkeit wecken.

Das liest sich alles ganz leicht, nicht wahr? Und das ist es auch! Von Ihnen werden beim Flirt keine Wunderdinge erwartet. Probieren Sie es doch einfach mal aus!

Ich wehre mich normalerweise gegen altväterlich-belehrende Sprichwörter, die wie abgedroschene Phrasen klingen. Aber was sagen Sie zu: *Übung macht den Meister?* Sie lernen mit jedem Mal dazu und gewinnen auch dann an Ausstrahlung, wenn Sie kein Naturtalent sind. Eine gewisse Grundbegabung bringt selbst der Schüchternste noch mit. Der ,,Rest" läßt sich erlernen, wobei Sie nicht um jeden Preis ein Casanova oder eine Carmen werden müssen!

1.1.6 Flirt & Anstand

Kennen Sie den Freiherrn Adolf von Knigge? Er gilt als Erfinder der vollendeten Sitten. Ganze Legionen von Benimm-Tanten und -Onkels eiferten ihm durch die Jahrhunderte bis in die Jetzt-Zeit nach und verfügten über Millionen von Menschen, was sich gehört und was *man* zu tun und zu lassen hat.

Mit der 68er-Generation schien dem *Benimm* das Licht der Existenz ausgeblasen. Frauen und Männer mit langen Haaren, zwanglosen Gewändern und Jesuslatschen protestierten gegen jegliche Form der Anpassung, machten sich zu Recht lustig über allzu Formelles, Standesbewußtes, Dünkelhaftes und entlarvten überkommene Anstandsregeln als pharisäerhaftes Spießertum. ,,Macht kaputt, was euch kaputt macht", war die Losung von radikalen Weltverbesserern. ,,Erlaubt ist, was gefällt", meinten die positiver eingestellten Zeitgenossen.

Die Trendwende kam dann mit dem Ende der Siebziger. Gute Umgangsformen waren wieder angesagt, und zahlreiche Benimmschulen wuchsen aus dem Boden. Heutzutage gehören einschlägige Seminare zum Standard-Fortbildungsprogramm eines jeden Managers, der etwas auf sich und seine Manieren hält. Man muß doch schließlich alle Feinheiten der Tischordnung beherrschen, oder? Daß mir also ja keiner den Fisch mit der Gabel ißt, während er sich mit beiden Ellenbogen aufstützt!

Dabei ließ sich unser Anstandspapst Knigge selbst nie über einzelne Regeln aus, wie etwa über die einzig mögliche Art einen Hummer formvollendet zu verspeisen. Er verkörpert vielmehr eine Sammlung psychologisch-pädagogischer Ratschläge für einen geschickten Umgang mit der Umwelt. So empfiehlt er uns, ,,. . . sich von seiner vorteilhaftesten Seite zu zeigen, ohne sich zur Prahlerei und zu niederträchtigen Lügen herabzulassen". Er war also ein Ratgeber seiner Zeit, erkannte nicht nur, wie man miteinander umgehen sollte, sondern auch, wie man aufeinander zugehen könnte.

Flirt und Anstand sind natürlich heutzutage nicht mehr so untrennbar miteinander verbunden, wie das etwa um die Jahrhundertwende noch der Fall war. Die Damen der Schöpfung hatten damals nur sehr begrenzte Möglichkeiten, um auf sich aufmerksam zu machen. Würden Sie, verehrte Dame, beispielsweise im Park ein Taschentuch fallen lassen, in der freudigen Erwartung, daß sich ein zuvorkommender Kavalier findet, der es aufhebt und Ihre Geste ebenso als koketten Versuch des Anbandelns deutet wie Sie? Ich befürchte eher, daß Sie uns Männern — wohl zu Recht — nicht soviel einfühlsame Aufmerksamkeit zutrauen und von diesem Experiment absehen werden. Dergleichen war indes früher gang und gäbe. Es ziemte sich als Frau, sich allenfalls in zartesten Andeutungen der Zuneigung zu ergehen und alles andere der Initiative des Mannes zu überlassen.

Unanständig war es auch, beim Tanz zu sprechen oder sich mit dem Taschentuch über die Stirn zu fahren. In der Zeit, da schwere körperliche Arbeit von Jugendlichen an der Tagesordnung war, war der Flirt als Ablenkungsrisiko unerwünscht und verstieß daher gegen die guten Sitten des Anstands. Ausdruck dafür war das Verhalten der Eltern, die ihre Kinder nach wirtschaftlichen Gesichtspunkten für die Ehe ,,zusammenbrachten", unabhängig davon, ob eine gegenseitige Zuneigung vorhanden war oder nicht.

Selbstverständlich gibt es auch heute noch gewisse Regeln des Anstands für den Flirt:

- Sprechen Sie den anderen nicht von hinten an!
- Winken Sie den anderen nie mit einer weit ausholenden Bewegung derb zu sich herüber!
- Pfeifen Sie Ihrem *Flirt* nicht hinterher!
- Vorsicht beim Zuzwinkern! Von den meisten Frauen wird selbst das schon als unanständig empfunden, zumal wenn es mit dem allerersten Blickkontakt einhergeht.

Vergessen Sie auch nicht, bei Ihrem Gegenüber alles zu vermeiden, was nach Verpflichtung aussehen könnte. Laden Sie sie/ihn also frühestens beim dritten Treff zum Essen ein, und begnügen Sie sich vorher mit der Einladung zum Drink, zum Eis oder zur Nachspeise.

Grundsätzlich gilt: Wenn ein Pärchen ausgeht, bezahlt jeder seinen eigenen Verzehr, es sei denn, es wird vorher ausdrücklich etwas anderes vereinbart. Also etwa ,,Hast Du Lust auf einen Drink?''

Sie, lieber Flirtmann, müssen nämlich bei der Einladung damit rechnen, daß Ihre sympathische Gesprächspartnerin aus Gleichheitsgründen (nicht aus Gleichmacherei) Wert darauf legt, für ihre Zeche selbst aufzukommen. Fragen Sie sie doch einfach! Dazu haben Sie vor, während oder nach dem Essen/Drink Gelegenheit. Doch spätestens, wenn der Kellner kommt, sollte es heißen: ,,Darf ich Dich einladen!'' oder: ,,Was halten Sie davon, daß ich Sie einlade?'' Und lassen Sie keine negativen Gedanken aufkommen, wenn Sie dankend ablehnt. Es hat nichts mit Ihnen zu tun.

Umgekehrt, liebe Dame, wird natürlich auch ein Schuh daraus. Vielleicht ist *er* Student mit begrenzten Finanzmitteln und Sie verdienen gutes Geld: Da bietet sich eine Einladung Ihrerseits schon mal an. Verzichten Sie nicht auf seine Zustimmung!

Ist Ihnen aufgefallen, daß es bei den erwähnten Verhaltensweisen immer darum gegangen ist, was man alles *nicht* tun soll? Die Verletzung von elementaren Regeln des Anstands kommt einem Eingriff in die Intimsphäre gleich. Im Grunde ist jeder Eingriff in diese Schutzzone unzulässig.

Gutes Benehmen müssen wir nicht nur als lästige Pflichterfüllung betrachten. Anstand und Ritterlichkeit dienen vielmehr als Hilfe zu einem aussichtsreichen Flirt: Indem Sie der Dame an der Theatergarderobe in den Mantel helfen erweisen Sie sich selbst auch einen guten Dienst. Als Kavalier nehmen Sie sie für sich ein und finden ein hervorragendes Thema vor, das Sie bei einem Glas Wein mit ihr besprechen können: das Theaterstück! Wenn Sie ihr dann noch anbieten, sie nach Hause zu fahren, ihr dann beim Ein- und Aussteigen den Wagenschlag öffnen und schließlich eine angenehme Nacht mit süßen Träumen wünschen, werden Sie von den ,,Benimm-Tanten'' bald als Musterkandidat engagiert.

1.1.7 Man sagt nicht ,,man''!

– Man trägt wieder Hut.

– Aber das macht man doch nicht!

– Man spricht doch auf der Straße niemanden an.

– Das macht man eben so!

– Das trägt man jetzt.

Was halten Sie von solchen Sprüchen? Wie? Ihnen ist schon schlecht?

Nein, nein, Sie brauchen nicht gleich aggressiv zu werden, wenn Sie solch platte Weisheiten über sich ergehen lassen.

Sie sind doch nicht ,,man'', oder etwa doch?

Beim Flirten sollten Sie jedenfalls immer Sie selbst sein und nie irgendein hergelaufenes, herbeizitiertes und allgemeingültiges ,,man''. Das hilft Ihnen nämlich bei der ersten Kontaktaufnahme überhaupt nicht weiter. Oft flüchten wir uns in pauschale Floskeln, Phrasen und Einstellungen, die mit unserer Persönlichkeit gar nichts zu tun haben. Aber gerade beim Anbandeln kommt es eben darauf an, *persönlich* zu werden. Haben Sie also Mut, und vermeiden Sie das ,,man'', wann immer es geht. Gewöhnen Sie sich an, ,,ich'' zu sagen, wenn Sie sich selbst meinen, und ,,wir'' zu sagen, wenn Sie sich beide meinen. Das Verwenden der ,,ich''-Form zeugt nicht etwa von krankhaftem Egoismus; vielmehr beweist es ihr/ihm, daß Sie zu Ihrer Meinung und damit auch zu Ihrer eigenen Person stehen.

Nicht wenige Leute verschanzen sich regelrecht hinter dem Wörtchen ,,man'', um nur ja nichts falsch zu machen und von sich selbst nichts preisgeben zu müssen. Es sind dieselben, die in der Unterhaltung kein ,,Wir-Gefühl'' zulassen können (,,man kann noch einen trinken gehen'' statt ,,was hältst Du davon, daß wir noch auf einen Drink gehen?''). *Man* will ja dem anderen nicht zu nahe treten!

Jedes ,,man'' signalisiert die mangelnde Fähigkeit, sich anzunähern; es ist die Angst vor der Nähe. Ja, es bedeutet sogar einen Rückschritt: Der Abstand zwischen zwei Personen nimmt damit zu.

Weil das ,,man'' ein regelrechter Flirtkiller ist, haben wir in unseren *Flirt- und Kontaktkursen* ein Sparschwein aufgestellt, das von all den ,,man''-Sagern schier zum Platzen fett geworden ist. Jedes ,,man'' ist immerhin eine Mark wert! Demnächst werde ich es schlachten und unser Flirtschulen-Jubiläum besonders mit jenen Kursteilnehmern feiern, die den höchsten Einsatz getätigt haben. Der pädagogische Erfolg heiligt die Mittel: Die meisten hatten spätestens nach der dritten Mark das ,,man'' aus ihrem Wortschatz gestrichen. Leider bin auch ich nicht frei davon, obwohl ich mir deshalb fast schon die Zunge abgebissen habe. Was denken Sie, wieviel erbarmungslose Zeitgenossen schon für die Verschlankung meines Geldbeutels gesorgt haben?

Machen *Sie* doch auch ein Spiel daraus! Sprechen Sie ,,auf der freien Wildbahn'' dutzendweise Leute an und laden sie zu einem Anti-man-Fest ein. Fangen Sie mit einem ,,man''-intensiven Thema an (wie wird eine Mikrowelle bedient), und hören

Sie mit einem flirtigen Knüller auf (buntes Horoskope-Raten mit anschließender Tanzaufforderung). Jeder Partybesucher steuert – unter Zeugen, versteht sich – mit seinen Ausrutschern zum guten Gelingen und zum Auffüllen der Partykasse bei.

1.1.8 Du oder Sie?

Früher war das „Du" außerhalb der engsten Verwandtschaft eine seltene Auszeichnung von hohen Graden, ein Beweis unverbrüchlicher Freundschaft, die geprägt war von starken psychosozialen Bindungen.

Heutzutage wird das „Du" nicht mehr so sorgfältig auf die Waagschale gelegt. Wir sind auf dem Weg zu einer „Du"-Gesellschaft, die zuweilen mit ihrer aufgesetzten Lässigkeit das Gegenteil dessen bewirkt, was sie eigentlich bezweckt: nicht zu verkrampfen.

Es ist schon richtig: Mit „Du" soll eine Atmosphäre der Ungezwungenheit und Gelassenheit geschaffen oder zumindest unterstützt werden. Je lockerer, persönlicher und „freizeitmäßiger" das Umfeld, umso eher ist das „Du" angesagt. Also z.B. beim Sport, im Fasching/Karneval, in (Musik-)Kneipen, in der Disco und im schulisch-universitären Bereich.

Aber andererseits kann Sympathie dadurch nicht erzwungen werden. Das „Du" ist kein Freibrief für den erfolgreichen Flirt. Manchmal wirkt ein Duzen ganz am Anfang des Gesprächs schon wieder zu vertraulich, so daß der/die Angesprochene sich unter Druck gesetzt fühlt. Hier ist es unverbindlicher und flirtiger, zunächst mit „Sie" zu beginnen und dann zum „Du" überzugehen. Eine gute Gelegenheit bietet sich, wenn wir uns vorstellen: „Übrigens, ich bin der Peter, wollen wir uns nicht duzen?" oder, etwas kesser: „Macht's Ihnen etwas aus, wenn wir uns duzen? Ich bin die Ulrike."

Wir sollten auch darauf achten, daß wir uns nicht zu früh vorstellen („Gestatten, von Tatten"), sondern dies ganz behutsam in das Flirtgespräch einbauen oder spätestens beim Verabschieden darauf zu sprechen kommen.

Natürlich ist ,,Du'' oder ,,Sie'' auch eine Altersfrage. Wenn eine 20jährige einen gleichaltrigen jungen Mann siezt, klingt das in aller Regel zu förmlich und daher gehemmter und unpersönlicher, als dies bei zwei 50jährigen der Fall wäre.

Wie so oft im Privatleben, gibt es leider (oder Gott sei Dank) auch hier keine starren Alters- und Anstandsgrenzen für das ,,Sie'' bzw. ,,Du''. Finden Sie heraus, ob Ihr Gegenüber Ihnen als Duztyp oder als Sieztyp erscheint, und machen Sie Ihre Entscheidung von der jeweiligen Situation abhängig.

Auch im beruflichen Bereich brauchen Sie sich nicht auf das ,,Du'' einzulassen, ohne auf den ganz normalen kleinen Büroflirt verzichten zu müssen. Gehen Sie vor allem bei Betriebsfesten und -ausflügen unter Alkoholeinfluß mit Ihren Duz-(Re)Aktionen sehr sorgfältig um. Der Genuß ist kurz, die Reue ist lang!

1.1.9 Flirt & Körperkontakt

,,Das Berühren der Figuren mit den Pfoten ist verboten.'' Erinnern Sie sich an diesen drastischen Spruch, als Sie als Jugendlicher nach der Tanzstunde Ihrer Partnerin zu nahe gerückt sind? Damit einher ging mitunter ein Schlag auf unsere abenteuerlustige Hand, und wir *hatten* Körperkontakt − nur nicht den, der unseren Wünschen entsprach.

Philip Zimbardo schreibt in seinem Buch ,,Nicht so schüchtern'' (Moderne Verlagsgesellschaft) über Berührungen: ,,Es hängt von der jeweiligen Gesellschaft ab, ob Berührungen und physische Liebesbeweise befürwortet oder tabuisiert werden. Menschen aus mediterranen und romanischen Ländern neigen eher dazu, ihre Gefühle offen zu zeigen, als die Angehörigen nordischer und orientalischer Kulturen. Wir . . . halten uns an die anglo-nordischen Normen, die zärtliche Körperkontakte zwischen Männern verbieten und auch die öffentliche Zurschaustellung anderer zärtlicher Gefühle stark einschränken. Viele

Menschen werden überhaupt nur berührt, wenn in der U-Bahn ein Gedränge herrscht oder wenn Sie auf dem Fußballplatz angerempelt werden."

In unseren Breitengraden ist der bewußt herbeigeführte Körperkontakt als Ausdruck der Zärtlichkeit kein Fall für die Öffentlichkeit und demgemäß auch kein Fall für die erste Kontaktaufnahme, da sich diese ja zumeist in der Öffentlichkeit abspielt! Also: Entweder ab ins stille Kämmerlein oder Sie kümmern sich nicht darum, was die Leute sagen.

Sehr wohl kümmern sollten Sie sich darum, was Ihr Objekt der Begierde zu Ihrer körperlichen Annäherung meint. Wenn körperlicher Kontakt erfolgt, dann ist dieser fast immer die Folge, nicht aber Bestandteil eines Flirts. Beim Anbandeln können Sie jenes Vertrauen schaffen, das für die zärtlichen Berührungen danach unbedingt erforderlich ist.

Denken Sie daran, daß jeder Mensch Anspruch hat und Wert auf seine Schutzzone legt, so daß ihm niemand zu sehr „auf die Pelle rücken" kann. Dieser räumliche Abstand zwischen zwei Menschen beträgt weniger als einen Meter, je nach Vertrautheit und Zuneigung. Mit dem Körperkontakt durchbrechen Sie nun dieses schützende Revier, und sei es auch nur mit einer spielerisch-leichten Berührung aus einer Intuition heraus.

Diese sanfte Berührung wirkt besonders dann positiv, wenn sie — gleichsam unbeabsichtigt — beim Berührten eine überraschte Reaktion auslöst; es ist ein Kinderspiel, diesen Effekt mit einem entwaffnenden Lächeln legitimerweise auszunutzen und ein Gespräch anzufangen! Typisches Beispiel: Wir nehmen unter dem Tisch ganz vorsichtig Fußkontakt auf; wir „fußeln" eben, wie das in Österreich und Bayern so schön heißt. Eigentlich handelt es sich beim Fußkontakt um einen nicht unbeträchtlichen Eingriff in die Intimsphäre, der aber dadurch abgeschwächt wird, daß die Füße unter dem Tisch nicht den Blicken der Beteiligten und Neugierigen preisgegeben sind.

Ein Körperkontakt kann nur so unverbindlich sein wie die Körperregionen, die berührt werden. Hände, Arme und Schultern sind eher „harmlose" Zonen, bei Kopf, Beinen (und auch

Füßen) wird's schon wesentlich gefährlicher, und der berüchtigte Klaps auf den Hintern ist als plumpe Vertraulichkeit vollkommen tabu. Auch deftiges Schulterklopfen und allzu körperbetontes Anrempeln sind gesundheitsgefährdende „Zärtlichkeiten", die wir uns schon allein wegen mangelnder Erfolgsaussicht eher nicht leisten sollten!

Da ist es schon wesentlich unverfänglicher, sich einen Drink oder Feuer geben zu lassen und dabei die Hand des edlen Spenders zu berühren (siehe auch: „Tips und Tricks"). Ein Gefühl solidarischer Vertrautheit entsteht auch durch das sanfte Anstubsen des Oberarms „Du, weißt Du schon das Neueste?". Überrascht aufschauen, einen vielsagenden Blick tauschen und befreit loslachen ist dann eins!

1.2 Erkenne Dich selbst!

1.2.1 Flirt mit Selbstvertrauen

Kursteilnehmer Matthias berichtet:

Neulich ging ich in eine Ausstellung über die Schätze der Inkas. Eine Frau in Jeans und rotem T-Shirt betrachtete ein großes Bild, das ein Kampfgetümmel zeigt. Ich stand vor einem Bild, das sich etwa zehn Meter davon entfernt befand. Die Frau war genau mein Typ. Ich hatte mir fest vorgenommen, auf sie zuzugehen, und überlegte mir gerade, wie ich sie ansprechen könnte. Am besten wäre es wohl, sie zu fragen, wie sie den Stil dieses Malers fände. Oder sollte ich mir ein Detail aus dem Getümmel herausgreifen und ihr offenbaren, daß mir die Szene komisch vorkommt? Und wenn ja, warum? Je mehr ich darüber nachdachte, um so blöder kamen mir diese Kontaktversuche vor. Als ich mich dann endlich doch zur Frage nach dem Stil durchgerungen hatte, schob sich eine lärmende Schulklasse mit zwanzig Schülern und zwei Lehrern an die Frau heran. Verflixt und zugenäht! Wie lange würde sie noch hier stehen bleiben? Da hatte ich sie in all dem Gewirr auch schon aus den Augen verloren. Doch nun stand sie im nächsten Saal vor einem Bild, auf dem sich ein Liebesgott zu einer seiner Gespielinnen herunterbeugte. Ein hervorragendes Motiv zum Anbandeln? Jedenfalls nicht, solange der Museumswärter mit beiläufigem Interesse um sie herumschlich. Wieder nichts! Da, sie war auf dem Weg zur Video-Vorführung über das kulturelle Leben der Inkas.

Plötzlich begrüßte sie ein älterer Mann, eine gefährliche Mischung aus Grandseigneur und Altplayboy, drückte ihr lange und eifrig die Hand und verschwand mit ihr im Vorführraum.

Danke, ich war bedient. In meinem Frust dachte ich nur: Nichts wie weg hier.

Matthias äußert dann noch, daß ihm das in ähnlichen Situationen immer wieder „passieren'' würde. Jedes Mal käme etwas dazwischen.

In seinem Beruf als Maschinenbauingenieur bei einer großen Automobilfirma ist er als Fachkraft sehr geschätzt und kommt mit den (ganz überwiegend männlichen) Kollegen gut aus.

Bei einer unserer gruppendynamischen Übungen, in der es um Ausstrahlung und äußeres Erscheinungsbild geht, wird er von den Kursteilnehmerinnen als relativ gutaussehender Mann mit markanten Gesichtszügen und sportlicher Figur beurteilt. Seine Chancen beim anderen Geschlecht würden als hervorragend angesehen, wäre da nicht das Staunen über seine zurückhaltende, bedächtige, wenig spontane Art, die ihn zu lange zögern und ständig nach der besten aller Gelegenheiten (die dann natürlich nicht kommt) suchen läßt.

Matthias ist 28 Jahre alt und erst vor zwei Jahren aus der Wohnung seiner Eltern ausgezogen. Gefühlsäußerungen wurden in seinem konservativen Elternhaus als unpassend und Berührungen als peinlich empfunden. Sein Selbstbewußtsein ist nur dort ausgeprägt, wo er feste Strukturen in überschaubaren, vorgefertigten Bahnen vorfindet. Ein solches *Programm* ist sein beruflicher Fachbereich. Ansonsten aber leidet er unter Minderwertigkeitsgefühlen und hat wenig Vertrauen in die eigenen Vorzüge und Stärken.

Und genau darauf kommt es an! Sie brauchen überhaupt nicht so unverschämt gut auszusehen wie Kim Basinger oder Mickey Rourke.

Die magische Faszination einer Glenn Close oder eines Robert Redford ist gar nicht nötig! Das mögen sicher ganz tolle Vorbilder sein, aber wird eines von ihnen auch nur den kleinen Finger für Sie rühren, wenn Sie beim Anbandeln Knieschlottern, Magengrimmen und Schweißhände bekommen? Na also!

Sie sind für sich selbst verantwortlich, und dazu gehört nicht mehr und nicht weniger, als daß Sie Ihre Stärken entdecken und sie sich bewußt machen. Denn *jeder* Mensch hat Stärken; doch leider kennen viele ihre Stärken nicht und/oder wissen nicht, damit umzugehen. Befördern Sie Ihre Stärken ans Tageslicht!

1.2.2 Charakterisieren Sie sich selbst!

Stellen Sie eine Liste aus zehn positiven Eigenschaften zusammen, die Sie am besten charakterisieren:

1. Ich bin _____

2. Ich bin _____

3. Ich bin _____

4. Ich bin _____

5. Ich bin _____

6. Ich bin _____

7. Ich bin _____

8. Ich bin _____

9. Ich bin _____

10. Ich bin _____

Fällt Ihnen erst einmal nichts ein? Lassen Sie sich Zeit zum Überlegen. Fragen Sie Ihre Freunde nach Ihren starken Seiten.

Erinnern Sie sich daran, welche Komplimente Ihnen die Leute gemacht haben – unlängst und früher. Wenn Ihnen dann immer noch nichts einfällt, ist noch nichts verloren. Dann kreuzen Sie in der folgenden Liste die Eigenschaften an, die für Sie in Frage kommen.

- humorvoll   ○
- ausgeglichen   ○
- meistens gut „drauf"   ○
- zärtlich/sinnlich   ○
- einfühlsam   ○
- temperamentvoll   ○
- gelassen/cool   ○
- sportlich   ○
- tolerant   ○
- intelligent   ○
- gut aussehend   ○
- aktiv   ○
- erfolgreich   ○
- ironisch-witzig   ○
- selbstironisch   ○

So, und nun prägen Sie sich Ihre Vorzüge aus den beiden Übungen ein. Sprechen Sie sie auf Ihren Cassettenrecorder, und drücken Sie sich an der Wiedergabetaste Ihren Finger wund. Falls Sie eine Videokamera besitzen: Nehmen Sie sich auf, indem Sie lächelnd Ihre positiven Eigenschaften in die Kamera sprechen. (Sollten Sie sich zum ersten Mal auf dem Bildschirm sehen, erschrecken Sie nicht. Das geht uns allen so und wird dann immer besser.)

Ansonsten tut's auch ein Spiegel, der ohnehin den Vorteil hat, daß Sie ihm beim Prüfen Ihrer Frisur jene Vorzüge entnehmen, die Sie mit Ihrem Lippenstift am Vorabend verewigt haben. Geben Sie Ihre angenehmen Wesenszüge in den Computer ein, und rufen Sie sie mindestens einmal pro Tag (am besten nach dem Aufstehen) ab. Notieren Sie Ihre Charakterzüge auf kleinen bunten Zettelchen und heften diese an Ihre Pinnwand. Nehmen Sie für jedes Attribut eine *eigene* Farbe. Die Pinnwand bringen Sie am besten in Kopfhöhe dort an, wo Sie sie täglich lesen *müssen*: in der Küche über dem Teekessel oder der Kaffeemaschine. Oder Sie begeben sich vor einem Rendezvous auf die nächste Toilette als idealen Zufluchtsort, ziehen dort den Zettel mit Ihren starken Seiten heraus und gehen sie in aller Ruhe nochmal durch. Oder Sie lernen sie im Vertrauen auf ihr phänomenales Gedächtnis auswendig!

Also: Durch das Bewußtsein Ihrer Stärken finden Sie zu mehr Selbstbewußtsein.

Wer über sich selbst wenig weiß, sich also nicht gut erkennt, kann logischerweise auch kein großes Selbst-Bewußtsein haben.

Erst dann folgt der nächste Schritt: durch mehr Selbstbewußtsein zu mehr Selbst-Vertrauen oder, wie in der Psychologie hochtrabend formuliert, ein „gesteigertes Selbstwertgefühl".

1.2.3 Unterschied zwischen Selbstbild und Fremdbild

Wir alle haben eine mehr oder weniger ausgeprägte Meinung über uns selbst. Das beinhaltet die Einstellung gegenüber unseren Eigenschaften, Bedürfnissen, Gefühlen und Fähigkeiten. Dieses *Selbstbild* ist ein Zusammenspiel aus eigenen Werturteilen und den Einschätzungen wichtiger und vertrauter Bezugspersonen, wie Eltern, Geschwister und Freunde im privaten Bereich sowie Lehrer, Chefs, Kollegen und Mitarbeiter im Beruf. Viel zu selten ziehen wir Bilanz darüber, ob wir ein gestecktes Ziel erreicht haben und welche Änderungen wir in unserer Selbstbeurteilung vornehmen müssen.

Oftmals neigen wir dazu, uns nicht im richtigen Licht zu sehen, uns zu negativ einzuschätzen und/oder einem Idealbild nachzuhängen, das uns durch seine wirklichkeitsfremde Ferne in unseren Entwicklungsmöglichkeiten behindert und zu Frustrationserlebnissen führt. Wenn wir unser Selbstbild jedoch genau untersuchen, versetzen wir uns in die Lage, realistischere Ziele für unsere eigene Persönlichkeitsstruktur vorzugeben.

Im folgenden Test sind verschiedene Eigenschaften aufgeführt, die unter anderem auch *Ihr* Flirt- und Kontaktverhalten wiedergeben.

Eigenschaften Selbstbild	Fremdbild Beurteilung durch andere Personen					Differenz zwischen Selbstbild und Fremdbild
	1	2	3	4	5	
kritisch						
mutig						
aktiv						
dominant						
aggressiv						
zurück-haltend						
stimmungs-abhängig						
zuverlässig						
vertrauens-würdig						
gefühlsbetont						
einfühlsam						
redegewandt						
mitteilsam						
belehrend						
kreativ						
verschlossen						
sicher						

Eigenschaften	Selbstbild	Fremdbild Beurteilung durch andere Personen					Differenz zwischen Selbstbild und Fremdbild
		1	2	3	4	5	
leutselig	_____	_	_	_	_	_	_____
umgänglich	_____	_	_	_	_	_	_____
kontakt-freudig	_____	_	_	_	_	_	_____
charmant	_____	_	_	_	_	_	_____

Beurteilen Sie sich nun nach verschiedenen Ausprägungsgraden:

1 $\triangleq$ kaum vorhanden

2 $\triangleq$ beschränkt vorhanden

3 $\triangleq$ vorhanden

4 $\triangleq$ ausgeprägt

5 $\triangleq$ stark ausgeprägt

6 $\triangleq$ sehr stark ausgeprägt

Wenn Sie den Eindruck haben, Ihre Zuverlässigkeit sei sehr stark ausgeprägt, dann schreiben Sie hinter ,,zuverlässig'' eine ,,6''. Setzen Sie hinter ,,verschlossen'' eine ,,1'', wenn Sie der Meinung sind, Ihre Verschlossenheit sei kaum vorhanden. Nutzen Sie für die Beantwortung die Reichweite der gesamten Skala aus, und flüchten Sie sich nicht nur in die mittleren Werte drei und vier!

Nachdem Sie Ihr Selbstbild geklärt haben, gehen Sie zum Fremdbild über, das heißt Sie lassen sich von anderen einschätzen. Dies sollten Leute Ihres Vertrauens aus Ihrem Bekanntenkreis sein. Da Sie letztendlich auch Ihr Flirtverhalten testen wollen, liegt es nahe, Vertreter des anderen Geschlechts um eine Beantwortung zu bemühen. Achten Sie dabei vor allem darauf, daß die Beurteilungen voneinander unabhängig und ohne Information über Ihr Selbstbild durchgeführt werden. Geben Sie allen Beurteilungspersonen eine Leerkopie des Testbogens, und übertragen Sie dann die Zahlen in den Testbogen, der Ihre Selbstbild-Werte enthält.

Nur so erhalten Sie gültige und verläßliche Aufschlüsse über Ihr Verhalten; dies umso mehr, je mehr Personen Sie über Ihre Wesensarten befragen.

Allzu große Unterschiede zwischen Selbstbild und Fremdbild signalisieren Störfaktoren im zwischenmenschlichen Kontakt.

Eine klare und unmißverständliche Darstellung Ihres Selbstbildes gegenüber Ihrem Umfeld trägt dazu bei, unterschiedliche Wahrnehmungen und Deutungen Ihres Verhaltens auf einen gemeinsamen Nenner zu bringen. Möglichst immer kleiner werdende Differenzen zwischen Ihrem Selbstbild (das Sie in seinen Werten nicht dem Fremdbild künstlich annähern sollten) und der Einschätzung durch die anderen, bringen das plastisch zum Ausdruck.

1.2.4 Der Umgang mit den eigenen Schwächen

Für das Selbstvertrauen ist es nötig, nicht nur mit seinen Stärken, sondern auch mit seinen *Schwächen* gut umzugehen.

Kursteilnehmerin Monika wird von den anderen Kursteilnehmern als charmante, emanzipierte Frau mit ausdrucksvollen Augen und schönen Wimpern charakterisiert.

Ihre Schwächen: Sie errötet leicht und wird zum Teil als körperlich massiv (,,vollschlank'', ,,dick'') empfunden. Einige raten ihr dazu, durch sportliche Aktivität und vollwertige Ernährung abzunehmen. Andere (Männer *und* Frauen) sagen, ihre Figur würde gut zu ihr passen. Männer fügen oftmals noch hinzu, daß ihnen eine Frau mit kräftigem Körperbau sowieso lieber sei.

Nehmen Sie sich also Ihrer Schwächen an. Gehen Sie jeden einzelnen Ihrer Schwachpunkte durch (so viele, wie Sie glauben, sind es gar nicht), und entscheiden Sie sich dann für eine der beiden folgenden Möglichkeiten:

1. Sie stehen zu dem betreffenden Schwachpunkt und betrachten ihn als festen Bestandteil Ihrer Persönlichkeit. So verwandelt sich Schwäche in Stärke.

Für Monika würde das bedeuten, ihr Erröten zu akzeptieren und nicht etwa zu versuchen, es durch ein wie auch immer geartetes Training abzublocken. Ich persönlich halte das Erröten eher für eine Stärke, weil Monika ihrer Umwelt damit zu erkennen gibt, daß sie zu unmittelbaren Gefühlsregungen fähig ist. Indem sie es zuläßt, erreicht sie aus ihrem Unterbewußtsein heraus eher eine Abschwächung; will sie es aber „abstellen", bewirkt sie damit den gegenteiligen Effekt: Das Erröten verstärkt sich noch.

Die Argumente für ihre jetzige Figur („paßt zu ihrem Typ", „Geschmäcker sind verschieden") dienen ihr ebenfalls als Entscheidungshilfe.

2. Sie arbeiten an Ihren Schwachpunkten und bauen sie ab.

Am Beispiel Monikas wäre das die Verminderung ihres Körpergewichts durch eine bessere Ernährung. Aber auch Schwächen, an denen sich objektiv nichts ändern läßt, können wir für uns selbst positiv beeinflussen: Bei relativ geringer Körpergröße wirken wir beispielsweise durch eine aufrechte Haltung wesentlich größer.

Es liegt einzig und allein an Ihnen, welche der beiden Möglichkeiten Sie wählen. Nur: Schieben Sie die Entscheidung nicht vor sich her. Denn das Durchhängen zwischen Akzeptanz und Änderungsbereitschaft verbraucht die Energie auf verhängnisvolle Art und Weise.

Sie können sich von vielen netten Leuten beraten lassen: von Freunden, Bekannten, Verwandten, Kollegen, Psychologen, Ärzten, Friseuren, Stilberatern („Stylisten"), Visagisten, Pfarrern und Flirtlehrern – die Entscheidung kann und soll Ihnen niemand abnehmen. Entdecken Sie den Reiz in eigenen wichtigen Entschlüssen, und zeigen Sie allen, daß Sie dazu fähig sind!

1.2.5 Die Stimmung macht den Flirt!

Das geht uns allen so: An manchen Tagen fühlen wir uns einfach nicht besonders gut, wir sind nicht so gut „drauf". Gefühle von Angst, Wut, Trauer und Enttäuschung lösen negative Stimmungen aus: Wir sind gereizt, gehemmt, unkonzentriert, aggressiv, deprimiert (aggressiv gegen uns selbst).

Ist es möglich, in dieser Verfassung mit anderen Leuten Kontakt aufzunehmen?

Wählen wir dazu folgendes Beispiel:

Manfred hat die ihm unbekannte Petra in seiner Stammkneipe gefragt, ob der Hocker neben ihr noch frei sei. Sie sagte: „Ja."

Jetzt sitzen sie schon eine Viertelstunde vor ihrem Drink.

Endlich überwindet Manfred seine Zurückhaltung: „Na, Du schaust ja nicht gerade sehr glücklich drein." Dabei zieht er einen Aufkleber aus der Tasche, auf dem ein Männchen mit hochgezogenen Mundwinkeln zu sehen ist. Darunter steht: „Lach mal wieder!"

Dies entlockt Petra tatsächlich ein zartes Lächeln: „Mir ist überhaupt nicht zum Lachen zumute. Ich bin stinksauer auf meinen Chef. Der Kerl hat mir heute eine Arbeit zugeteilt, die ich überhaupt nicht schaffen konnte. Und das wußte der genau."

„Reg' Dich nicht auf, das ist es doch gar nicht wert. Mir ging's in meinem letzten Job genauso, da hat mich mein Chef auch jahrelang schikaniert. Aber das ist jetzt vorbei. Ich habe die Firma gewechselt und komme mit dem neuen Boß prima aus. Er hat mir heute sogar eine dicke Gehaltserhöhung nach der Probezeit in Aussicht gestellt.

Also mach' Dir nichts draus, es gibt ganz sicher noch andere Möglichkeiten für Dich. Ich werd' mich mal in meiner Firma umhören."

Petras Miene hellt sich weiter auf. ,,Da würdest Du mir einen großen Gefallen tun!"

Manfred lacht: ,,Kannst mich ja mal zum Bier einladen."

Die beiden kommen intensiver ins Gespräch. Zu guter Letzt tauschen sie ihre Telefonnummern aus und verabreden sich.

1.2.6 Vorsicht, negative Ausstrahlung!

Es ist also nicht unmöglich, Kontakt zu bekommen, wenn wir nicht so gut drauf sind. Aber sehr wahrscheinlich ist das nicht. Denn in dieser Stimmung akzeptieren wir uns weniger als in einem Zustand der Freude und Zufriedenheit.

Wir können uns bis zu einem gewissen Grad selbst nicht leiden. Wie können wir da erwarten, von anderen gut ,,gelitten", von ihnen akzeptiert zu werden? Das wäre eine Anmaßung. Wie oft werden wir unberechtigt der Arroganz bezichtigt! Hier wäre es zu Recht.

Vom berühmten griechischen Philosophen Platon stammt das Zitat: Was wir denken, das sind wir! Unsere Gedanken schlagen sich auch in unserer *Ausstrahlung* nieder.

Unsere schlechte Laune ist für andere ganz deutlich an herabhängenden Mundwinkeln und geduckter Körperhaltung abzulesen. Der Kontakt zu Leuten mit negativer Ausstrahlung wird gescheut, weil man befürchtet, davon angesteckt zu werden.

Petra aus unserem Beispiel kann also auf einen Flirt *hoffen, erwarten* aber darf sie ihn nicht. Denn die Kontaktaufnahme ist der äußerst guten Laune Manfreds (hervorgerufen durch die Aussicht auf eine Gehaltserhöhung) zu verdanken, der sich von ihrer negativen Ausstrahlung nicht abschrecken läßt.

Wer schlecht drauf ist, kann nicht gut anbandeln. Aktivität und Initiative liegen dann nämlich beim anderen.

Reicht dessen Selbstsicherheit nicht aus, dann kommt es eben nicht zum Flirt.

Wenn wir in schlechter Stimmung sind, ergeben sich zwei Möglichkeiten:

1. Wir stehen dazu! Schließlich hat jeder Mensch ein Recht darauf, traurig, mutlos, wütend oder erschöpft zu sein. Wir können zwar nicht erwarten, daß es zum erfolgreichen Flirt kommt; aber wir können in uns gehen, für uns sein, unsere Ruhe haben und „die Sache" überschlafen.

2. Wir bringen uns in eine positive Stimmung und sorgen dafür, daß es uns besser geht.
   Dafür gibt es folgende Möglichkeiten:

   – sich etwas gönnen (gut essen gehen, sich etwas Schönes zum Anziehen kaufen, einen guten Film anschauen);

   – sich kreativ betätigen (Basteln, Kochen, Musizieren);

   – Sport treiben, um die – negativen – Aggressionen abzubauen (zum Beispiel Jogging, Squash);

   – im Wald spazierengehen und die Natur auf sich wirken lassen;

   – sich er-leichtern. Was aus unserem Körper herausströmt, bewirkt in uns streß- und angstlösende Gefühle. Wenn wir mit einem Freund, einer Freundin, einem guten Bekannten oder einer sonstigen Bezugsperson, die gut zuhören kann, über unsere Probleme sprechen, fühlen wir uns allein schon durchs Reden leichter. Ähnlich verhält es sich bei der Fähigkeit und der Bereitschaft zum Weinen.
   Oder wir lassen Wut und Ärger gleich bei denjenigen aus, die sie verursacht haben, vorausgesetzt wir wissen, wer oder was der Auslöser war. Andernfalls schreiben wir einen geharnischten Brief an das Objekt unserer Unpäßlichkeit und spüren schon während des Schreibens einen Stimmungsumschwung, so daß wir den Brief erst gar nicht abzuschicken brauchen, sondern ihn in den Papierkorb werfen können.

   – sich entspannen. Die Entspannung ist die kleine Schwester des Schlafs.

Führen wir als folgende Übung durch: *Entspannung durch Anspannung* (nach Hennenhofer/Heil)

Setzen Sie sich auf Ihrem Stuhl ganz bequem hin, und lassen Sie die Arme ganz locker liegen. Schließen Sie die Augen und atmen während der gesamten Übung möglichst tief in Ihren Körper hinein. Entspannen Sie sich, so gut Sie können circa zehn Sekunden lang.

In diesem etwas entspannteren Zustand, schließen Sie die rechte Hand zu einer Faust. Wir drücken sie fester und fester zusammen und achten dabei auf das Gefühl der Spannung . . . in Ihrer rechten Faust, . . . in der Hand, . . . im Unterarm.

So, und nun lassen Sie die Finger Ihrer rechten Hand ganz locker werden . . ., achten Sie auf das nunmehr ganz andere Gefühl der Ent-Spannung. Jetzt lassen Sie sich so richtig hängen . . . und werden noch entspannter.

Noch einmal: Schließen Sie die rechte Hand fest zur Faust . . ., und achten Sie erneut auf die Spannung.

Nun lassen Sie es gut sein, und entspannen Sie sich. Die Finger werden wieder auseinandergenommen und gestreckt, und Sie achten wieder auf das Gefühl der Entspannung.

Jetzt wiederholen Sie das Ganze mit der linken Hand, während der übrige Körper sich entspannt. Schließen Sie die Faust noch fester . . ., und achten Sie auf die Spannung . . . in der Hand, . . . im Unterarm.

Und jetzt . . . entspannen Sie sich. Genießen Sie den Kontrast . . ., ganz entspannt.

Wiederholen Sie das noch einmal: Schließen Sie die linke Hand fest und kraftvoll . . ., und entspannen Sie die Hand wieder. Achten Sie bewußt auf den Unterschied.

Und jetzt schließen Sie beide Hände . . . fester und fester. Beide Hände sind sehr angespannt, ebenso die Unterarme. Lassen Sie die dabei auftretenden Körpergefühle auf sich wirken. Denken Sie an nichts anderes als daran . . . , und entspannen Sie sich. Strecken Sie die Finger . . ., und achten Sie auf das Gefühl der Entspannung.

Entspannen Sie Ihre Hände und Ihre Unterarme immer mehr.

Wiederholen Sie das noch einmal: Beide Hände zur Faust ballen . . . und wieder entspannen.

Jetzt beugen Sie beide Arme im Ellenbogengelenk, und spannen den Bizeps an . . ., fester und fester. Achten Sie dabei wieder auf das Gefühl der Spannung. Gut, nun lassen Sie die Arme wieder locker herunterhängen . . ., und lassen Sie das Gefühl der Entspannung auf sich wirken.

Noch einmal: Spannen Sie Ihren Bizeps an. Halten Sie die Spannung . . ., achten Sie sorgfältig auf dieses Gefühl. Strecken Sie die Arme wieder, und entspannen Sie sich – so gut Sie können.

Wiederholen Sie das: Achten Sie auf die Anspannung und die Entspannung.

Halten Sie die Augen weiter geschlossen, und gehen Sie auf die Reise.

Stellen Sie sich vor, daß Sie mit irgend jemandem Kontakt aufnehmen – an einem Ort, an dem Sie sich wohlfühlen . . . Stellen Sie sich einmal die ganze Szene der Begegnung vor . . . Alle Gedanken sind frei und erlaubt, auch die negativen . . . Lassen Sie alles zu, was Ihnen gerade in den Sinn kommt . . . Sie flirten mit diesem Menschen . . . Sanft und langsam kommen Sie zum Ende der Begegnungsszene und halten die Augen weiter geschlossen.

Nun strecken Sie die Arme ganz nach vorne durch, so daß Sie ein Gefühl äußerster Spannung entlang der Unterseite der Oberarme verspüren. Alles ist gestreckt: die Fingerspitzen, die Finger, die Hände, die Arme. Halten Sie die Arme so, und lassen Sie die Spannung circa fünf Sekunden lang auf sich wirken.

Und jetzt entspannen Sie sich. Bringen Sie die Arme wieder in eine bequeme Lage . . ., lassen Sie sie ohne jede Anspannung ganz locker. – Entspannen Sie Ihre Arme noch mehr, selbst wenn Sie das Gefühl haben, sie seien schon völlig entspannt. Lassen Sie das Gefühl der Entspannung immer tiefer in Ihren Körper eindringen.

Kommen Sie zum Ende der Entspannungsübung. Finden Sie

ganz allmählich wieder in Ihren Raum zurück, und öffnen Sie dann die Augen.

Kursteilnehmer berichten nach der Übung über ihre Erlebnisse in der Begegnungsszene:

Martina war in ihrer Leihbibliothek schon mehrmals ein attraktiver Mann mit Kinngrübchen und schönen Händen aufgefallen, der ihr so richtig gefällt. Bisher hatte sie es aber einfach nicht geschafft, mit ihm anzubandeln.

In unserer Übung begegnet er ihr nun wieder, und diesmal nutzt sie die Chance, indem sie Interesse für ein Buch über chinesisches Kochen zeigt, das er gerade aus dem Regal nimmt. Martina berichtet ruhig und entspannt darüber. Sie hat den Eindruck, während der Übung eingeschlafen zu sein, und fühlt sich unmittelbar danach ,,recht frisch und munter''.

Holger erlebt sich an einem Südseestrand unter hohen Palmen. Ein ihm unbekanntes Mädchen und er laufen aufeinander zu, lächeln sich an und umarmen sich. Mit verklärtem Blick schildert er der Runde seine Begegnung. Er fühlt sich ,,wesentlich besser als vorher''.

Bei Sonja war die langjährige Beziehung mit ihrem Freund in die Brüche gegangen. In der Bilderreise läuft er ihr erneut über den Weg. Anfangs noch Wut und Trauer empfindend, läßt sie sich auf eine ruhige Aussprache mit ihm ein.

Sie kann sich vorstellen, mit Hilfe dieses regelmäßigen Entspannungstrainings zu ihrem Ex-Freund ein kumpelhaftes Verhältnis aufzubauen und so ,,den Kopf frei zu kriegen'' für neue Kontakte.

Mit dieser Übung haben auch Sie die Möglichkeit, Flirt & Kontakt ohne Angst und Streß zu erleben. Entspannen Sie sich zunächst, gehen Sie dann auf Bilderreise und bauen sich die Begegnungsszene ein. Sie können dabei reelle Begebenheiten aus der Vergangenheit verwenden und verarbeiten; ja Sie können sogar Visionen, sich in der Zukunft abspielende Szenen *antizipieren* (gedanklich vorwegnehmen). Erst die Verarbeitung beziehungsweise die Antizipation im entspannten Zustand trägt dazu bei, Angst, Ärger, Depression, Aggression, also die schlechte Stimmung an sich abzubauen.

Dies wird nicht zwanghaft und gewaltsam herbeigeführt. Sie sollten sich also nicht konzentrieren, sondern Ruhe und Gelassenheit fließen in Sie ein. Sich fallen lassen, alles zulassen: Das bringt Ihnen jene aktive *Gelassenheit* (cool sein im besten Sinn des Wortes), die für den Stimmungsumschwung erforderlich ist. Sie spüren mehr Lockerheit und Selbstsicherheit und gewinnen an positiver Ausstrahlung.

Die Wirkung dieser Entspannungsübung ist abhängig von einer gewissen Regelmäßigkeit. Je öfter Sie sich solche konfliktträchtigen Situationen in Ihr Entspannungstraining einbauen, desto vertrauter wird Ihnen die Szene in der Realität vorkommen, wie etwa das Ansprechen einer Person, mit der Sie sich bisher nicht zu unterhalten gewagt haben; oder eine schwierige Unterredung mit dem Chef, mit Kunden, mit Kollegen, mit Mitarbeitern; oder ganz einfach Gespräche mit Personen, bei denen Sie unerklärliche Hemmungen verspüren.

Aber auch bei einer einmaligen Durchführung wird Ihnen die real erlebte Situation durch die Antizipation in der Übung bekannt vorkommen *(déjà-vu-Erlebnis)*. Diese Bekanntheit erleichtert Ihr Verhalten und macht Sie sicherer als in Situationen mit völlig neuartigem und fremden Umfeld.

Sie können diese Übung im Sitzen oder im Liegen durchführen, mit oder ohne Hintergrundmusik. Sie können sie auf Band sprechen oder sich von einem Freund mit vertrauensvoller Stimme in die Entspannung einführen lassen.

Sie können sich auch anderen Körperteilen als den Händen und Armen widmen: der Stirn, den Augen, dem Mund, der Brust, dem Bauch, oder Beinen und Füßen.

Je nach Veranlagung können Sie sich statt der ,,Entspannung durch Anspannung'' auch der Meditation, dem autogenen Training oder dem Yoga hingeben.

Wichtig: Tun Sie überhaupt etwas, um in die Stimmung zu kommen, mit der Sie offen auf Ihren *Flirt* zugehen können!

1.2.7 Die Angst vor dem „Korb"

Ängste kennt jeder von uns – Ängste vor Sachen, Situationen, Personen, Gedanken und Gefühlen.

Viele dieser Ängste veranlassen uns, Menschen und Situationen zu meiden. Das hat zur Konsequenz, daß wir uns in unserem Handlungsspielraum einengen und viele Erfahrungen von vornherein ausschließen. Damit nehmen wir uns aber auch unsere Entscheidungsfreiheit über unser Verhalten. Bei einer Sprechangst in Gruppen beispielsweise, werden wir konflikthaften Gruppensituationen aus dem Weg gehen und uns gar nicht erst die Frage stellen, ob wir uns zu Wort melden wollen; die Entscheidungsfähigkeit ist dadurch stark eingeschränkt.

Die Vermeidung der Angstsituation bringt uns in einen Teufelskreis. Einerseits können wir dadurch tatsächlich das Gefühl der Angst verhindern, und befürchtete, negative Folgen treten nicht auf. Andererseits entziehen wir uns neuen Erfahrungen und schränken uns in unseren Möglichkeiten ein.

Das Nicht-Zulassen dieser Kontaktangst bringt uns zwar kurzfristig den gewünschten Effekt, langfristig aber hat es negative Folgen.

Was können wir tun?

1. Wir sollten versuchen, in die angstbesetzte Situation hineinzugehen, dosiert und in kleinen Schritten. Langsam tasten wir uns vor, trauen uns immer mehr zu und können auch lernen, die Angst auszuhalten.

2. Wir sollten uns in eine solche Situation nur dann begeben, wenn wir uns wohl fühlen (siehe das Entspannungstraining oben), da dies der Angst vor der negativen Reaktion entgegenwirkt.

Wenn wir dies tun, dann verringert sich die Angst vor der Angst. Für Flirt & Kontakt bedeutet das den Abbau der in aller Regel unbegründeten Angst vor dem Korb. Wir können unsere natür-

lichen Angstgefühle spüren und trotzdem aktiv werden. Denn
der Verlust aller Ängste ist nicht das erstrebenswerte Ziel beim
Flirten; Ängste haben auch eine Schutzfunktion (sonst glauben
wir etwa, dank unseres Körpers fliegen zu können und würden
abstürzen). Ziel sollte vielmehr sein, unsere Angst zuzulassen
und zu verstehen, daß sie ein gelerntes Verhaltensmuster ist, das
zumeist zur Vermeidung von Situationen und Personen führt.

Gerhard ist stocksauer:

Hat die Tussi mich doch glatt abfahren lassen! Dabei war ich
so gut drauf. Bäume hätte ich ausreißen können. Im Badmin-
ton habe ich gegen meinen ständigen Partner gewonnen − zum
ersten Mal. Danach Sauna, Schwimmbad, Ruheraum; ich war
so richtig locker und entspannt. In der Sauna bin ich schon ins
Gespräch gekommen. Mit einer Squasherin, über Unterschiede
zwischen Badminton und Squash. Sie hat eine gute Figur. Näch-
sten Donnerstag ist sie wieder hier. Dann gings ab ins ,,Equiva-
lent'' − mein Lieblingsbistro. Bekannte Gesichter, gute Mu-
sik, alles hip und groovy in dem Laden. Die Schwester da drü-
ben? Habe ich noch nie gesehen. Gleich Landung in ihrem Blick-
feld, Blickkontakt, von mir eine Braue hochgezogen, von ihr
zwei. Die schlappen fünf Meter cool zu ihr 'rüber, null Problemo.
Satte Anmache wegen ihrer Klunker. Darauf sie: ,He Alter, hör'
mit dem Gelaber auf, Du nervst hier.' Na, was soll ich Euch
sagen − ich war total baff.

Gerhard verstand die Welt nicht mehr. Was hatte er bloß falsch
gemacht?
   Nichts. Zumindest nichts, was einem erfolgreichen Flirt ent-
gegengewirkt hätte. Er war in guter Stimmung, hatte insofern
das erforderliche Selbstvertrauen und die damit verbundene positive Ausstrahlung. Beleg hierfür waren seine offene Körperhaltung, seine Sprache mit den Händen und seine volle Stimme
(s. auch Kap. 2 über Körpersprache).

Sein Blickkontakt wurde entgegenkommend erwidert. Auch seine Art, sich auszudrücken ist nicht der Grund für die Zurückweisung, da sie ja in all der betonten Lässigkeit *ihrer* Ausdrucksweise entspricht.

Nein, liebe Flirterin, lieber Flirter, Gerhard hat das Seinige zum Anbandeln beigetragen.

Folgende Fragen können Sie getrost alle mit „nein" beantworten:

– Sie als Mann erinnern *sie* an ihren jungen Vater, mit dem sie sich nicht verstanden hat. Können Sie etwas dafür?

– Können Sie als Frau etwas dafür, wenn *ihm* bei Ihren Flirtversuchen gerade siedendheiß einfällt, daß er seiner Mutter noch schnell zum Namenstag gratulieren muß?

– Sie als Mann fordern das Mädchen an der Bar zum Tanzen auf, bekommen einen Korb und merken noch im Weggehen, wie es sich an seine Freundin wendet: „Eh, toll, schon wieder einen verteilt, das war heut' schon der 22.!" – Können Sie etwas dafür?

– *Er* ist nach einem Streit mit seinem Arbeitskollegen ganz einfach schlecht gelaunt und deshalb für Ihre Annäherungsversuche nicht zugänglich. Ist das etwa Ihr Problem?

– Sie sind nicht ihr Typ. Können Sie der Typ jeder Frau sein? Na, sehen Sie. Es gibt gottlob genügend Frauen, denen gerade *Ihre* Nase und *Ihre* Kragenweite sehr gut paßt. Jeder Topf findet seinen Deckel. Das gilt natürlich umgekehrt auch für Sie, meine Damen!

Halt, richtig, da gibt es noch ein Problem: Der Mensch, der Sie zurückweist, wird Ihnen den *Grund* für die Zurückweisung in aller Regel nicht mitteilen. Was hindert Sie dann an der Annahme, daß es an *ihm* selbst liegt und eben nicht an Ihnen?! Vorausgesetzt, Sie sind in einer guten Stimmung. Denn mehr als sich gut fühlen können und müssen Sie nicht.

Zu einer erfolgreichen Kontaktaufnahme gehören also immer zwei: ein Mensch, der den Kontakt aufnimmt, und einer, der auf diesen Kontakt möglichst positiv reagieren *sollte*.

Dabei sind Sie 50 Prozent, der andere verkörpert die restlichen 50 Prozent. Mit Ihrer tollen Ausstrahlung können sie nun Ihre Erfolgsmöglichkeiten bis auf 90 Prozent hochschrauben und daher Ihr „Korbrisiko" auf läppische zehn Prozent (die sich aus der negativen Einstellung Ihres *Flirts* ergeben) eingrenzen. Na, wenn *das* keine Zukunftsperspektive ist!

Sie haben in Ihrem Leben schon so viele Prüfungen beruflicher und privater Art bestanden − da kommt es auf diese Mini-Mini-Probe überhaupt nicht mehr an. Wieviel Möglichkeiten zum Anbandeln haben Sie in Ihrem Leben?

Nehmen wir einmal an, bei *einer* Möglichkeit pro Tag könnten es circa 21 430 sein.

Was ist das Schlimmste, was Ihnen bei einem Kontaktversuch passieren kann: Dieser eine Versuch ist gescheitert. Aber eben nur dieser eine. Danach sind es noch 21 429 Gelegenheiten. Davon reicht schon ein Bruchteil für den offenen und charmanten Umgang mit dem anderen Geschlecht aus. Lassen Sie sich von den Fehlern, die Sie dabei begehen (wie etwa das Lächeln zu vergessen), nicht entmutigen. Fehler sind dazu da, beseitigt zu werden. Wir lernen aus ihnen viel mehr als aus Dingen, die wir richtig machen (bei letzteren gehen wir nämlich allzu schnell zur Tagesordnung über).

Man soll mit der Verwendung von Wirtschaftsausdrücken im psychologischen Bereich immer vorsichtig sein, doch können wir von einer „Investition", von unserem Einsatz sprechen. Was setzen wir ein?

Zeit? Diesen Faktor können wir vernachlässigen.

Geld? Einen Pfennig. Aus dem Schwäbischen hat sich ein Brauch in unsere Zeit gerettet, wonach der Mann die Zurückweisung bei der Tanzaufforderung mit Stirnrunzeln und der Übergabe des sogenannten Korbpfennigs quittiert.

Gefühle? Schon eher.

Viel wichtiger aber sind ein wenig (berechtigte) Hoffnung und auch nicht viel mehr Mut.

Mut ist das Gegenteil von Angst, die vollkommen unbegründet ist, wenn Sie sich gut fühlen! Wenden Sie dieses bißchen Mut auf; Sie werden dafür eher früher als später belohnt werden. ,,Wer nicht wagt, der nicht gewinnt'':

Wenn Sie es erst einmal geschafft haben, auf den anderen zuzugehen, dann haben Sie sich bewiesen, daß Sie Ihre Möglichkeiten unabhängig von einer positiven oder negativen Reaktion nicht ungenutzt verstreichen lassen. *Das* ist Selbstbestätigung im besten Sinn des Wortes.

1.3 Flirt und Emanzipation

1.3.1 Frauen flirten gleichberechtigt!

Eigentlich sollte dieses Kapitel von mir gar nicht geschrieben werden müssen, denn vor dem Gesetz sind Mann und Frau gleich, haben also dieselben (Flirt-) Rechte.

Hilft Ihnen das weiter, verehrte Flirtdamen? Oder befriedigt Sie das, was wir unter ,, Emanzipation'' im Duden finden: ,,Die Befreiung aus einem Zustand der Abhängigkeit oder der Beschränkung''? In der Tat geht es um die Befreiung aus der Abhängigkeit vom alten, meist anerzogenen Rollenverhalten. Wie oft haben Sie das als Heranwachsende oder gar Erwachsene schon gehört:

– Warte, bis Du gefragt wirst!

– Paß' auf, auf wen Du Dich da einläßt!

– Komm' mir ja nicht mit einem Kind heim!

– Warte doch erst mal, was (wer) auf Dich zukommt!

Und was hat man uns Burschen erzählt:

– Ein Indianer kennt keinen Schmerz.

– Ein Bub/Mann weint nicht.

– Ein Mann muß erobern können.

– Du mußt aktiv sein!

Sind wir Männer danach gefragt worden, ob uns immer danach ist, aktiv zu sein? Sind Sie als Frau in Ihrer Lust auf Eigeninitiative und Ihrem Tatendrang gefördert worden? Wenn nein – dann ist das normal, wenn ja – Spitze!

Versuchen wir Ihre Flirtmöglichkeiten einmal an Hand von folgendem Testbeispiel abzuklären:

Sie sitzen als bisher einziger Gast an der Bar eines kleinen Cafes. Nacheinander kommen nun zehn Männer herein.

Von diesen zehn Männern gehen neun auf Sie zu – und langweilen oder nerven Sie. Der zehnte Mann aber, der Sie wirklich interessiert, bleibt in seiner Ecke sitzen.

Preisfrage: Was tun Sie, beziehungsweise wie weit würden Sie gehen?

Nun vertreten einige Flirtforscher die nicht ganz neue These, die Frau sei gegenüber dem Mann der aktivere Teil(!); dies sei schon allein dadurch der Fall, daß sie seine Aufmerksamkeit durch einmaliges oder wiederholtes Herumscharwenzeln auf sich lenkt, ohne daß der gute Mann anfangs immer weiß, wie ihm geschieht. Ist das nicht toll? Nahezu ein Ausbund von Flirt-Aktionismus!

Mal ernsthaft: Genügt Ihnen das wirklich immer und überall, meine Damen? War da nicht noch 'was?

Also gut, Sie nehmen mit ihm Blickkontakt auf. Er erwidert ihn. Sie lächeln ihn an (schaffen Sie's tatsächlich?). Er lächelt zurück. Sie ziehen eine Augenbraue hoch. Er tut dasselbe. Sie prosten ihm zu. Er prostet zurück. Verflixt, spätestens jetzt müßte er doch gemerkt haben, daß Sie ihn sympathisch finden. Warum bloß kommt er nicht? Er kommt nicht. Sie lächeln ihn wieder an. Er lächelt wieder zurück.

Und wenn sie nicht gestorben sind, dann warten sie noch heute!

Da gibt's eben nur noch eins: ihn direkt ansprechen! Sagen Sie ihm doch einfach, was Sache ist und was gerade abgelaufen ist: ,,Na, die Typen hier haben mich ganz schön genervt. Sie dagegen machen auf mich den Eindruck, als ob ich mich mit Ihnen ganz gut unterhalten könnte. Darf ich mich dazusetzen?''

Ich höre schon den Einwand: Mehr als Anlächeln ist nicht drin. Wenn er dann nicht selbst aktiv wird, hat er kein Interesse an mir. Falsch! Er *hat*. Er interessiert sich sehr wohl für Sie, hat aber zu *diesem* Zeitpunkt nicht den Mut, auf Sie zuzugehen. Sagen Sie nicht: Da hat er Pech gehabt. Denn *das* haben Sie dann auch!

Sie haben recht, liebe Flirtdamen, das Rollenverhalten bietet auch Vorteile. Sie haben die berechtigte Hoffnung, daß der gute Mann näher tritt, wenn Sie ihm Ihre Zuneigung durch einen offenen, positiven Blick und/oder durch eine einladende Geste signalisieren. Damit wird Ihnen die ,,Arbeit'' abgenommen − aber ist es denn wirklich soviel Arbeit, den Mann, der es Ihnen angetan hat, nicht nur anzusehen und anzulächeln, sondern auch anzusprechen? Es ist praktisch die gesteigerte Form des Anbandelns, wenn all Ihre aktiven Schritte vorher nicht ausgereicht haben, ihn kennenzulernen.

Wie sind nun die Erfahrungen unserer Kursteilnehmerinnen?

Von allen befragten Frauen (circa 400) hatten es bisher nur drei Prozent gewagt, mindestens einmal in ihrem Leben einen unbekannten oder bisher nur vom Sehen vertrauten, ihnen aber sympathischen Mann anzusprechen. Dem vorausgegangen waren zumeist positive körpersprachliche Signale (Blickkontakt oder/und Lächeln). Weitere 46 Prozent schafften immerhin ein Lächeln oder waren sich einer Körpersprache bewußt, die auch nur annähernd Positives wiedergeben sollte (wie etwa hochgezogene Augenbrauen, Zuzwinkern, zugewandte Körperhaltung).

Der größere Rest (51 Prozent) beließ es beim Blickkontakt, in der Hoffnung, *er* werde die Zuneigung schon spüren und durch Worte erwidern (was er dann zumeist nicht tat), oder brachte −

gerade wegen des prickelnden Interesses gegenüber dem *Flirt* —
keine noch so geringe Aktivität zustande.

Die Verteilung im einzelnen:

Direktes Ansprechen		3 Prozent
Anlächeln	(mehr als einmal gegenüber demselben Mann, danach direktes Ansprechen seitens des Mannes)	3 Prozent
Anlächeln	(einmal, danach direktes Ansprechen seitens des Mannes)	4 Prozent
Anlächeln	(mehrmals, danach keine Sprechphase)	8 Prozent
Sonstige positive Körpersprache, mit anschließender Gesprächsaktivität des Mannes		8 Prozent
Sonstige positive Körpersprache, ohne anschließender Gesprächsaktivität seitens des Mannes		19 Prozent
Nur Blickkontakt (teilweise mehrmals), mit Gesprächsaktivität des Mannes		6 Prozent
Nur Blickkontakt ohne Gesprächsaktivität des Mannes		24 Prozent
Bisher überhaupt keiner Aktivität bewußt		21 Prozent

Nur bei knapp einem Viertel der Befragten kam es zu einem Flirt-*Gespräch*, für 55 Prozent war es ein Flirt ohne Worte, die restlichen 21 Prozent hatten den Flirt in Gedanken.

Nun könnte man einwenden, daß die Kontaktfähigkeit unserer Kursteilnehmerinnen nicht dem statistischen Durchschnitt entspricht. Es gab indes auch in den Kursen eine Reihe von selbstbewußten und aufgeschlossenen Frauen, die bisher den ersten Schritt zum Kennenlernen grundsätzlich dem Mann überlassen hatten.

Die Angst, sich dabei aufzudrängen, ist allgegenwärtig. Aber wer Gefühle zeigt, vergibt sich nichts. Denn wer gibt, ver-gibt sich nie etwas. Oft kommt noch das Gefühl hinzu, sich zu irgend etwas verpflichten zu müssen. Aber keine Angst, meine Damen, bei einem Flirt gehen Sie keinerlei Verpflichtungen ein.

Ein weiteres Problem, das Antje stellvertretend für viele Frauen ausspricht: ,,Es macht mir gar nichts aus, auf Männer zuzugehen, die auf mich zwar nett und charmant wirken, aber nicht unbedingt mein Typ sind. Sobald mir jedoch ein Mann begegnet, der mir sehr gut gefällt, kriege ich keinen geraden Satz heraus." Wir haben Antje empfohlen, derartige Situationen mit ihren ,,Traum-Männern" in ihr Entspannungstraining einzubauen.

Ein paar Wochen danach bandelt sie mit einem attraktiven Mann in der Schuhabteilung eines Kaufhauses an. Selbst auf der Suche nach ein paar neuen Pumps, wird sie Zeugin eines Beratungsgesprächs zwischen der Verkäuferin und dem ,,Angebeteten". Dabei stellt sich heraus, daß er Schuhgröße 47 hat. Nachdem sich die Verkäuferin entfernte, um ein Paar Schuhe in der gewünschten Größe zu holen, sieht Antje ihre Chance gekommen. Mit entwaffnendem Lächeln fragt sie ihn: ,,Leben Sie sonst auch auf so großem Fuß?" Der Mann, baß erstaunt über diese Bemerkung, überwindet seine Fassungslosigkeit doch ziemlich schnell und entgegnet lachend: ,,Offen gesagt, nein, denn sonst würde ich meine Schuhe nicht in einem normalen Kaufhaus kaufen!" Daraus entwickelt sich ein Gespräch über Schuhe im Kaufhaus und im Fachgeschäft, über Damen- und Herrenschuhe. Sie helfen sich gegenseitig, die passenden Schuhe zu finden und ,,begießen" das anschließend bei einem Drink im Kaufhausrestaurant.

Hier bestand für Antje kaum eine Möglichkeit, ihren Flirt mit Blickkontakt und Lächeln einzuleiten. Anlächeln konnte sie ihn erst beim direkten Ansprechen.

Also, meine Damen, tasten Sie sich mit Ihren körpersprachlichen Signalen an Ihren Flirtpartner heran.

Je deutlicher und einladender Ihre Sprache *ohne* Worte (Lächeln statt bloßem Hinschauen) ist, umso eher werden Sie ein Gespräch ins Rollen bringen.

Ganz sicher können Sie allerdings nur sein, wenn Sie aktiv auf ihn zugehen und ihn selbst ansprechen. Sehen Sie den aktiven Flirt nicht als beschwerlichen und aufwendigen Leistungsnachweis, sondern als Spiel mit Reiz und Risiko, das Sie sich nicht entgehen lassen sollten. Hier können Sie Erfolge erleben und lernen, wie Sie mit Mißerfolgen besser umgehen können. Es bedeutet schließlich auch, daß Sie sich besser in die Männerwelt einfühlen können, die sich tagtäglich mit dem Verarbeiten von Zurückweisungen konfrontiert sieht!

Kommen wir zurück auf unser althergebrachtes Rollenverhalten. Damit wir uns richtig verstehen: Passiv zu sein, sich gehen und fallen zu lassen, den anderen auf sich zukommen lassen und diese Situation zuzulassen kann unheimlich schön sein.

Wir Männer sind gerade dabei, uns diesem Genuß durch verstärkte Aktivitäten seitens der Frau erst so richtig hinzugeben. Aber wollen *Sie* sich immer in die passive Rolle abdrängen und sich das Gesetz des Handelns aus der Hand nehmen lassen?

Emanzipierte Frauen flirten gleichberechtigt. Sie sind sich ihrer Eigenbestimmung entgegen abhängig machenden Verhaltensmustern stärker bewußt und fühlen sich mal in der aktiven, mal in der passiven Rolle wohl, wobei während eines einzigen Flirts durchaus eines in das andere übergehen kann.

1.3.2 Die Emanzipation der Männer beim Flirt

Bei diesem Thema war bisher fast ausschließlich die Rede von der Damenwelt. Aber wir wissen ja schon: Zu einem Flirt gehören zwei. Wie reagieren nun die Männer auf die Aktivitäten der Frauen?

Es ist wahrlich schon viel über den *Neuen* Mann und seine *Neue* Empfindsamkeit geschrieben und gesprochen worden. *Nicht* in diese Kategorie gehört, was ein Leiter von Aufreiß-Kursen seinen (männlichen) Schützlingen rät:

,,Gehen Sie nie mit zuwenig Geld in der Tasche weg! Bei vielen Frauen können Mängel durch Geld kaschiert werden.

Generell wissen Sie, daß Geld Selbstbewußtsein, Souveränität und Unabhängigkeit beinhaltet. Das stärkt daher zum einen Ihre Position, zum anderen erwächst daraus eine mentale Einstellung vom *Nicht-nötig-haben,* da Sie ja, wenn es nicht klappt, immer noch in eine Bar gehen können. Außerdem weiß man nie, wie oft die Dame die Lokalitäten wechseln will, so daß auch hier bei zunehmender Alkoholisiertheit Geld nicht der schlechteste Motivator ist . . . Sagen Sie sich von Anfang an, daß Sie, wenn es nicht klappt, einfach viel zu schade für diese Frau sind.‘‘

Nun wäre über derlei Ergüsse kein Wort mehr zu verlieren, verkörperten sie nicht die Philosophie von einigen Zeitgenossen, die tatsächlich noch mitten unter uns weilen.

Es ist das ewig gestrige Bild des rastlos durch die Lokale pirschenden, nach Frauen jagenden Berufsmachos, der als alkoholischer Hemmschwellenabbauer seine Statussymbole erbarmungslos den Opfern auf die anvisierte Brust setzt.

Geld zwingt Problem raus und Liebe rein. Man schnippt aus dem heruntergekurbelten Porschefenster bei voll aufgedrehter Stereoanlage mit dem Finger und wundert sich dann auch noch, daß der Wagen nicht sofort unter der Last zahlloser heranstürmender attraktiver ,,Hasen‘‘ zusammenbricht.

Versteht sich von selbst, daß diese Art von Männern nichts für den aktiven Flirt von Frauen übrig hat. Wenn man nicht mehr erobern und zeigen könnte, wer der Herr im Haus ist – da würde ja ein Teil der aufgesetzten Männlichkeit abfallen.

Es sind dieselben Männer, die eine von sich aus anbandelnde Frau des (sexuellen) Notstands bezichtigen: ,,Du hast’s wohl nötig, Puppe!‘‘

Lassen Sie sich davon nicht entmutigen, meine Damen; diese Herren der Schöpfung können Sie in der Pfeife rauchen. Wenn Sie ihnen geben, was sie verdienen (,,Oh, bei Dir habe ich mich ganz sicher in der Adresse geirrt''), halten Sie Ihr Selbstwertgefühl spielend leicht aufrecht.

Wie bitte, liebe Flirtfrauen? Bei *den* Männern — dann lieber doch nicht!? Das wäre sehr schade. Denn Gott sei Dank schwindet die oben beschriebene Gattung ,,Mann'' zusehends. Dies läßt sich sowohl aus der Entwicklung von sieben Jahren Kursgeschehen als auch aus Beobachtungen ,,im freien Feld der Praxis'' deutlich ablesen. Stetig wächst die Zahl jener Männer, die auch *ihr* anerzogenes Rollenverhalten hinterfragen. Nicht unbedingt der Erste sein wollen, sondern auch dem anderen Raum und Zeit für den ersten Schritt zugestehen und Passivität neben den aktiven Phasen für sich selbst als etwas Angenehmes zulassen — das zeichnet die Flirtmänner um die Jahrtausendwende aus.

Freilich tun sich noch viele Männer schwer, auf Kontaktversuche von Frauen positiv, positiver oder noch positiver einzugehen. Wie würden Sie reagieren, lieber Flirtmann, wenn eine Frau im Park auf Sie zugeht und Ihnen sagt, die Sonne hätte sich auf Ihrer schönen Krawattennadel gespiegelt und sie geblendet? Wenn Sie sich für das Kompliment bedanken und in der Folge auch noch einfließen lassen, daß Sie es toll finden, von ihr angesprochen worden zu sein, dann gehören Sie zur Crème de la Crème der emanzipierten Flirter. Die meisten Männer reagieren nämlich wenig spontan, verdutzt, erstaunt oder überhaupt nicht (was noch viel schlimmer ist). Einerseits ist das verständlich, weil es für die meisten Männer das erste Mal ist und sie mit der ungewohnten Situation (noch?) nicht umgehen können. Andererseits ist es auch sehr oft für die Frau das erste Erlebnis, bei dem sie so richtig ihren ganzen Mut sammelt, um hart an den Mann 'ranzugehen. Bestätigen Sie also dieses positive Gefühl, und erwidern Sie ihre Offensive auf die nette, entgegenkommende Art. Wenn Sie beispielsweise von ihr zum Tanzen aufgefordert werden (nicht nur bei Damenwahl), geben Sie ihr keinen Korb, sondern tanzen Sie mindestens einen Tanz.

1.4 Flirt in allen Konstellationen

1.4.1 Es steht 1 : 2!

Bisher sind wir immer von der 1 : 1-Konstellation ausgegangen. Eine Frau und ein Mann stehen oder sitzen sich gegenüber, und kein Freund, keine Freundin, keine Bekannten, keine Verwandten, keine Kumpels, keine Chefs, Kollegen, Mitarbeiter und Kunden beeinflussen die Atmosphäre.

Doch das Szenario des Flirts wird umgeben von Störfaktoren und Glücksfällen in Gestalt von anderen Personen. Nehmen wir doch mal die Zusammensetzung im Verhältnis 1 : 2.

Im folgenden erzählt uns Kursteilnehmerin Karin ihre Geschichte.

Neulich habe ich mir im Sommerbad einen sehnig-muskulösen Mann mit schwarzen Haaren und dunklem Schnauzer ausgeguckt.

Nur seine Beine waren etwas zu kurz geraten. Naja, da konnte man ja nochmal drüber hinwegsehen.

Der Typ neben ihm war für meinen Geschmack eigentlich zu lang und zu dürr, obwohl auch er mir nicht direkt unsympathisch war. Wie konnte ich es nur anfangen, mit dem ‚Schnauzbart‘ ins Gespräch zu kommen? Immer wenn mir ein Mann gut gefällt und ich stell’ mir vor, ich müßte ihn ansprechen, dann kriege ich so ein komisches Gefühl im Magen. Dabei geht es doch eigentlich um nichts. Mehr als ‚nein‘ sagen kann er ja nicht. Trotzdem, ich hab’s einfach nicht geschafft. Leider schaute er nicht in meine Richtung, so daß ich ihn hätte anlächeln können. Wahrscheinlich hatte er noch gar keine Notiz von mir genommen. Aber der andere, der schaute schon die ganze Zeit zu mir ’rüber, und schließlich winkte er mir zu. Da hab’ ich halt gelacht und zurückgewinkt. Beim Schwimmen sah ich ihn dann wieder, den Langen wohlgemerkt. Bei ihm machte mir die Kontaktaufnahme keine Mühe. ‚Könntest Du mir ’was von Deiner

Sonnencreme abgeben? Ich hab' meine zu Hause liegen lassen und an meinem Rücken fängt's schon leicht zu brennen an.' ‚Na klar, kein Problem. Komm, wir gehen zu unserem Platz. Mein Freund hat eine Creme mit Sonnenschutzfaktor 8.' Er lachte: ‚Das müßte ja wohl für Deinen Sonnenbrand reichen.' Er war richtiggehend nett und zuvorkommend und heißt Jürgen, wie ich später erfuhr. Wir gingen also zu unseren angestammten Plätzen. Ich trocknete mich ab und begab mich dann zu Jürgen und seinem Freund, natürlich nicht nur wegen der Creme. Sofort spürte ich das komische Gefühl im Magen wieder. Jürgens Freund, Markus ist sein Name, machte auf mich zunächst einen höflichen, aber reservierten Eindruck. Als er mir seine Creme gab, entdeckte ich neben seiner Tasche eine Fachzeitschrift mit dem Titel ‚Elektro-Auto, Gegenwart oder Zukunft?' auf der Umschlagseite. Das Thema interessierte mich, und ich sprach ihn darauf an. Es stellte sich heraus, daß sich beide als Umwelttechniker mit diesem Gebiet beruflich befassen. So ergab sich eine recht anregende Unterhaltung zwischen uns dreien. Ich hatte das Gefühl, die beiden merkten gar nicht, daß ich es mir inzwischen auf ihrer Decke gemütlich gemacht hatte. Letztendlich luden sie mich zu einem Drink in die Cafeteria ein. Markus taute immer mehr auf. Viel später erst sollte ich erfahren, daß seine anfängliche Zurückhaltung eine Schüchternheit war, die mit mir zu tun hatte. Wer hätte das gedacht! Bevor ich mich von den beiden verabschiedete, tauschte ich mit ihnen Telefonnummern aus. Das war am Montag. Am Donnerstag rief ich Markus an und schlug ihm vor, am Wochenende zusammen etwas zu unternehmen. Wir gingen dann ins Kino und sahen uns den neuesten Woody-Allen-Film an. Nächste Woche bin ich wieder mit ihm verabredet. Jürgen ließ ich über Markus schöne Grüße ausrichten. Irgendwie tut er mir leid. Hätte ich nun mit ihm keinen Kontakt aufnehmen dürfen, weil mir sein Freund Markus so sehr gefällt?

Doch, Karins Verhalten war ganz in Ordnung. Vermutlich hat ihr Unterbewußtsein ihr das Richtige einsuggeriert: Ein Flirt und seine erste Kontaktaufnahme verpflichtet zu nichts. Natürlich hätte sie auch gleich mit Markus anbandeln können; aber dazu hatte sie in dieser für sie schwierigen Situation nicht den Mut. Sie wandte sich beiden Männern zu und zeigte Jürgen nicht die kalte Schulter, mißbrauchte ihn also nicht als Gesprächsobjekt. Ich bin mir sicher, daß es sich in einer vergleichbaren Situation auch umgekehrt verhalten kann, das heißt, daß Jürgen derjenige von beiden ist, der das stolze Herz einer Frau erobern kann.

Wußten Sie eigentlich, liebe Flirtmänner, daß 90 Prozent aller Frauen abends nicht alleine ausgehen? Sondern mit der Freundin, in der Gruppe mit Bekannten oder mit ihrem festen Freund. Stellen Sie sich darauf ein, daß Sie bei Ihrem Lokalbummel als „Einzelgänger" zumeist nicht die 1 : 1-Situation vorfinden. Es soll ja Männer geben, die in den herumstehenden Begleiter(inne)n nicht unbedingt Nebenbuhler und Stolpersteine sehen.

Vielleicht gehören Sie auch zu jenen, die sich erst einmal so richtig in Szene setzen können, wenn möglichst viel Trubel und Gewühl Ihren *Flirt* umgibt. Oder Sie „gleichen aus" und nehmen sich als seelische Stütze einen Freund mit. Aber sprechen Sie mit ihm beim Anblick von zwei Freundinnen Ihre Vorlieben und Geschmäcker ab, damit um die erste Frau nicht gleich ein rivalisierendes Gerangel entsteht.

Wenn Sie jedoch die traute Stille der Zweisamkeit vorziehen, dann empfiehlt es sich, sein Glück tagsüber zu suchen. Gehen Sie in den Einkaufsmarkt oder in die Bibliothek, da erschließt sich Ihnen die Konstellation „von Angesicht zu Angesicht". Außerdem gibt es am hellichten Tage des öfteren „Mutter mit Tochter". Diese Situation erleichtert Ihnen das Anbandeln ungeheuerlich. Denn beim Anblick dieses verwandtschaftlichen Klüngels ergreifen die Aufreißer und sonstigen Eroberer aus wissenschaftlich immer noch im dunkeln liegenden Gründen(!) die Flucht in Massen. Diese Konkurrenz sind Sie los! Und die Mütter sind in den meisten Fällen auch nicht die eifersüchtigen und sich an ihren Besitz klammernden Drachen der hochherrschaftlichen Romane um die Jahrhundertwende. Auch bei „Vater mit Sohn" können Sie, verehrte Flirterinnen, ruhig näher treten. Da finden Sie heraus, ob der Apfel wirklich nicht weit vom Stamm fällt.

Mehr Vorsicht ist angeraten, wenn Sie im Kaufhaus der Mama begegnen, die ihrem erwachsenen Sohn einen neuen Büro-Anzug aufs Auge drückt: Sag' mir, was für eine dominante Mutter Du hast, und ich sag' Dir, welch kleiner Junge Du noch bist.

In diesem Zusammenhang muß ich auch noch folgendes loswerden: Frauen und Mädchen sehen es ihren ,,Flirts'' an der Nasenspitze an, ob sie selbstständig denkende und handelnde Männer sind oder Söhnchen, die sich von ihrer Mutter bauchpinseln lassen. Eigenverantwortung stärkt das Selbstvertrauen und fördert daher die Flirtfähigkeit. Jungs, zieht also von daheim aus, wenn Ihr gestandene Männer werden wollt! Mit dem Beitritt in eine Wohngemeinschaft kriegt Ihr auch das finanzielle Problem in den Griff. Wenn Ihr über Euer Verhältnis zu Eurer Mutter im besonderen und zu Euren Eltern im allgemeinen nicht klagen könnt, umso besser: Dann werden sie auch eher verstehen, daß Ihr Euch − je nach Persönlichkeitsstruktur verschieden, aber spätestens mit 23 − auf eigene Beine stellen müßt.

Als verschiedengeschlechtliche Zusammensetzung ist auch ,,Vater mit Tochter'' nicht unproblematisch. Hier bietet es sich an, zuerst mit dem Vater Kontakt aufzunehmen und ihn auf seinen Konkurrenz- und Leidensdruck zu testen. Wie? Woher Sie wissen sollen, daß der ältere Herr überhaupt ihr Vater ist? Warten Sie's ab, es steht im folgenden Kapitel.

1.4.2 Mann und Frau − und doch kein Paar

Was denken Sie, lieber Leser, wenn Sie *Ihn* zusammen mit *Ihr* sehen und sich für eine(n) der beiden so richtig herzhaft interessieren? Mal abgesehen davon, daß Sie Neid- und Unterlegenheitsgefühle erst gar nicht aufkommen lassen: Haben Sie nicht den Eindruck, Sie dürften sich da nicht einmischen?

Sehen wir uns an, was Christian erlebt hat:
Neulich ging ich mal wieder in mein Lieblingsbistro − eine Musikkneipe der feineren Art. An diesem Abend war Blues und

Boogie angesagt. Ich hab schon öfter versucht, Stücke von John Mayall und Eric Clapton auf meiner Gitarre nachzuspielen, aber so richtig drauf habe ich das noch nicht. Um es gleich vorwegzunehmen: Vom Musikalischen her war der Abend ein voller Erfolg.

Ich war erst ziemlich spät gekommen und hatte das Glück, daß an einem der beiden großen runden Tische noch ein Platz frei war. Links von mir saß eine Rothaarige und ihr Freund, zumindest glaubte ich da noch, daß es ihr Freund sei. Die Frau wirkte irgendwie apart auf mich. Ich kann gar nicht genau beschreiben, was mich an ihr so faszinierte. Die roten Haare schienen jedenfalls echt zu sein, weil ihre Haut hell und aprikosenfarben schimmerte. Der Typ neben ihr redete die ganze Zeit auf sie ein, auch während der Darbietungen. Sie schien ihm nicht richtig zuzuhören; sie schaute ihn nur selten an und drehte sich dann mit den Schultern immer mehr in meine Richtung. Sollte das eine Aufforderung sein, sie anzusprechen?

In der Pause versuchte ich mein Glück, indem ich sie nach dem Programmheft fragte. Sie hatte keines bei sich; ihrer Reaktion aber konnte ich entnehmen, daß sie auf mein Anbandeln gehofft hatte. Sie wirkte seltsam erleichtert und fragte mich, ob ich den Blues-Interpreten kannte. Ich verneinte das lachend und setzte hinzu, daß ich eben das im Programmheft nachsehen wollte. Ich hätte den Tip von einem Freund bekommen, mit dem ich öfter zusammen Gitarre spielte.

Mit dieser Bemerkung rannte ich offene Türen ein; sie besuchte gerade einen Anfängerkurs an der Volkshochschule und fragte mich, ob ich ihr ein paar Griffe zeigen könnte. Na, ob ich das konnte, wußte ich noch nicht, aber daß ich es wollte, war mir klar. Nach dem nächsten Stück verabschiedete sie sich. Ihrem vermeindlichen Freund nickte sie kurz zu. Sie hatte seitdem kaum noch etwas zu ihm gesagt. Dann gab sie mir ihre Telefonnummer mit der Bemerkung, sie freue sich schon auf das Gitarrespielen.

Beim nächsten Treff erfuhr ich, daß sie nur auf eine Gelegenheit gewartet hatte, um von meinem ,Rivalen' loszukommen.

Sie hatte ihn nur flüchtig gekannt und mit ihm einmal im Bi-
stro einen ,halben Satz gewechselt'. Diesmal sei er gleich auf
sie zugegangen und hätte sie mit seinen beruflichen Problemen
beschwatzt. Nun sei sie besonders froh, daß ich sie gerettet hätte!

Wenn Sie einen Mann und eine Frau zusammen sehen, so muß
das durchaus nicht bedeuten, daß die beiden miteinander fest
,,verbandelt'' sind. Es kann sich dabei um Kollegen, Verwandte,
Bekannte und gute Freunde (Kumpels) handeln. Oder *sie/er* hat
ihren/seinen Kumpel mitgenommen, damit sie/er nicht gleich
von ,,jedem'' angemacht wird. Nun sind Sie nicht jede(r), und
Sie machen auch nicht an, sondern Sie flirten mit Herz und
Charme. Sie haben also alle Chancen, die Person Ihrer Wahl
kennenzulernen.

Wie finden Sie nun heraus, ob es ein Paar ist oder *Mann* neben
Frau? Begeben Sie sich in Hör-Nähe, und achten Sie auf den
Gesprächsinhalt. Wenn also in unserem Vater-Tochter-Beispiel
das Wort ,,Papa'' fällt, bedarf es keiner großen Kombinations-
gabe mehr. Auch in schwierigeren Szenen ist zumeist schon nach
wenigen Sätzen klar, wohin die Reise geht: zur vergeblichen Liebesmüh' oder ins Epizentrum des Flirts.
    Sollten Sie nicht verstehen, was Ihr (Nicht-) Pärchen äußert,
dann gibt es immer noch die gute alte Körpersprache, mit der
wir uns im Kapitel 2 dieses Buches noch ausführlich befassen
werden. Ähnlich wie in Christians Erlebnis geht es um mangel-
haften Blickkontakt, voneinander abgewandte Körperhaltung,
fehlendes Lächeln und gelangweiltes Gähnen.
    Sie können natürlich auch mit ein wenig Mut Blickkontakt
zu Ihrem Geschlechtsgenossen (Mann zu Mann, Frau zu Frau)
aufnehmen, mit Ihrem Schwarm ein Lächeln austauschen und
dann auf *beide* zugehen. Vernachlässigen Sie aber bei dem reizvollen Flirt mit dem *einen* nicht den umgänglichen Kontakt mit
dem *anderen!*
    Im Falle ,,1 : 3'' haben Sie es mit Situationen zu tun, die Ihr
Vorhaben einerseits erschweren, weil Sie sich eventuell mit Neid

und Spott der gleichgeschlechtlichen Begleiter Ihres Herzensobjekts herumschlagen müssen. Andererseits kann auch ein weiterer Flirt-Beteiligter (bei der aktiven Flirterin der dritte Mann!) auf Ihre Bemühungen unterstützend wirken, wenn Sie diesem Dritten sympathisch sind und er durch einen ablenkenden Plausch mit der Nr. 2 einem reibungslosen Ablauf Ihres Flirts den Weg ebnet.

1.4.3 Die 1 : x-Konstellation

Stellen Sie sich vor, Sie begegnen einer Gruppe von fünf bis neun (dafür steht das ,,x" in der Überschrift) Männern und Frauen. Dies ist kein festgefügter Block, an den Sie nicht herantreten dürfen. Denn einige davon sind gegenüber Strömungen von außen durchaus aufgeschlossen, weil ihnen die Ansichten ihrer Freunde schon zum Überdruß bekannt vorkommen. Tasten Sie sich also räumlich an die Gruppe heran (von Tisch zu Tisch), und folgen Sie ihrer Unterhaltung. In aller Regel sind es Allerweltsthemen, zu denen Sie Ihre Meinung ohne weiteres beitragen können, wie etwa über Kunst und Kultur, Sport, Umwelt oder Technik. Bringen Sie doch einfach mit einer lockeren Bemerkung frischen Wind in die Truppe, und warten Sie die Reaktion derer ab, die Ihnen am nächsten stehen. Mehr als ein Anfang ist gemacht, wenn Ihr Kommentar wohlwollend aufgefaßt wird (keine Angst, er *wird* es!).

Nehmen wir nun den nach außen hin schwierigsten Fall: Sie wollen mit der Person anbandeln, die am entgegengesetzten Ende der Gruppe steht − kein Problem! Sie nehmen mit *Ihr/Ihm* Blickkontakt auf. Bei einer positiven Reaktion sollten Sie nichts und niemand mehr daran hindern, hinüberzugehen. Gehen Sie notfalls den Umweg über die Toilette, aber kümmern Sie sich in diesem Moment nicht um die Meinung der anderen; Sie können es sowieso nicht allen, wohl aber sich selbst recht machen.

So, und von jetzt an heißt es nicht mehr: ,,Ich darf mich nicht einmischen", sondern: ,,Ich *bringe* mich *ein,* weil ich hier eine

Chance zum Anbandeln sehe." Gehen Sie am besten morgen in Ihre Lieblingskneipe und probieren Sie's aus. Der erste Erfolg wird Ihnen regelrecht nachlaufen – und Sie auch noch erreichen!

1.5 Flirt in kleinen Schritten

1.5.1 Der Flirt-Vertrag

„Der Geist ist willig, das Fleisch ist schwach." Die besten Vorsätze sind wertlos, wenn sie nicht in die Tat umgesetzt werden. Was nehmen wir uns nicht alles zu Beginn eines neuen Jahres vor: Wir rauchen nicht mehr, wir trinken nicht mehr, wir wollen immer zu allen lieb und nett sein, wir stehen den Dingen nunmehr gelassener gegenüber und – sind uns nicht zu stolz dazu, viel mehr auf andere Leute zuzugehen. Damit es uns nicht wieder passiert, daß wir den Kontakt mit derart witzigen und charmanten Menschen einfach verpassen. Wer zu spät kommt, den bestraft das Leben. Spätestens in der zweiten Jahreshälfte sind all unsere tollen Pläne dahingeschmolzen wie der Schnee im südlichen Fallwind.

Damit Sie nicht wieder in das alte Fahrwasser geraten, schließen Sie mit sich selbst einen Vertrag, der aus nur einem Satz besteht:

Ich nehme jeden Tag mit irgend jemandem Kontakt auf.

Frei nach der alten Pfadfinderlosung begehen auch Sie täglich eine gute Tat, für sich selbst und das Objekt Ihres diskreten Charmes. Das kann durchaus nach der Politik der kleinen Schritte erfolgen: Beginnen Sie dort, wo Sie nur wenig Mut aufwenden müssen, etwa bei gleichgeschlechtlichen Arbeitskollegen, mit denen Sie schon lange nicht mehr gesprochen haben oder die Sie nur vom Sehen kennen. Und dann steigern Sie allmählich Ihren persönlichen Schwierigkeitsgrad – weg von der allgemeinen Kontaktaufnahme, hin zum Anbandeln in schwierigen Situationen. Vom small talk mit attraktiven Unbekannten auf der Hausparty, über den Flirt im Einkaufsmarkt, bis zum Ansprechen von sympathischen Personen auf der Straße oder im Aufzug, wird Ihnen das Flirten in Fleisch und Blut übergehen. Eines nicht mehr fernen Tages werden Sie sich zu Recht auf die Schulter klopfen und begeistert sein von der Tatsache, daß nun Begegnungen Realität werden, die Sie sich nicht einmal in Ihren kühnsten Träumen (aber in Ihrem Entspannungstraining!) vorstellen konnten.

1.5.2 Das Flirt-Tagebuch

Führen Sie ein Flirt-Tagebuch und einen Kugelschreiber mit sich, und notieren Sie darin Zeit, Ort, Situation, Begleitumstände, Ihre Aktion und die Reaktion Ihres Flirtpartners. Das könnte etwa so aussehen, wie es Martin praktiziert hat:

Freitag, 3. 5., ca. 7 Uhr 30.

Auf dem Weg zur Arbeit.

Dieselbe Frau, gleiche S-Bahn, gleicher Waggon, diesmal auch gleiches Abteil.

Befinde mich diesmal in ihrem Blickfeld, sitze ihr gegenüber. Gestern im Stehen Blickkontakt aufgenommen, noch ohne Lächeln. Heute kurzes Kopfnicken mit der Andeutung eines Lächelns geschafft.

Ihre Reaktion: offener, fragender Gesichtsausdruck, die Verschränkung der Arme aufgehoben.

Ermutigendes Signal.

Bei erneuter Begegnung will ich sie morgen ansprechen. Gleiche Stelle, gleiche Welle.

Führen Sie das Tagebuch mindestens vier Wochen. Achten Sie dabei auf immer wiederkehrende Inhalte und Abläufe, aus denen Sie Ihre Fortschritte ableiten können. Beziehen Sie auch Mißerfolge in Ihren „Rechenschaftsbericht" ein, und lassen Sie sich von solchen Rückschlägen nicht aus dem Konzept bringen.

Sie können, wie in Manfreds Fall, Ihr sukzessives Vorgehen auf eine einzige Person beschränken, die Ihnen in Ihrem geregelten Tagesablauf immer wieder begegnet. Es muß sich ja nicht so schematisch zutragen wie im folgenden uralten Witz:

Ein etwas schüchterner junger Mann begibt sich in die Besteckabteilung eines großen Kaufhauses und kauft eine einzelne Gabel. Am nächsten Tag legt er sich ein Messer und tags darauf einen Eßlöffel zu. Als er wiederum einen Tag später einen Teelöffel erwerben will, fragt ihn die Verkäuferin: „Mir ist aufgefallen, daß Sie jeden Tag hierher kommen, um nur ein Stück aus unserem Bestecksortiment zu kaufen. Wäre es nicht sinnvoller, Sie würden alles auf einmal nehmen?" Darauf der junge Mann: „Das ist schon richtig, aber ich habe mir jedes Mal aufs neue überlegt, wie ich mit Ihnen ins Gespräch kommen könnte. Das hat sich erübrigt. Denn jetzt haben Sie mich angesprochen!"

Ob Sie Ihre Erfolge nun auf eine oder mehrere Personen beziehen, ob Sie Ihre entscheidenden Fortschritte nach ein paar Stunden, Tagen, Wochen oder Monaten erkennen — setzen Sie sich erst einmal das Ziel, morgen (noch) besser auf andere Leute zugehen zu können als heute.

Über das Ziel zum Spiel. Durch den oben angeführten Lebensvertrag gelangen Sie zu dem reizvollen Gefühl, daß Ihnen dieses Spielchen Spaß zu machen beginnt. Natürlich kann aus dem Spiel irgendwann auch eine Sucht werden, und Sie wollen zwanghaft immer mehr. Doch darüber hilft Ihnen das Bewußtsein hinweg, daß Sie schließlich nicht jede sich bietende Gelegenheit nützen müssen; es genügt schon, sie als individuelle Flirtchance erkannt zu haben.

1.6 Störfaktoren des Flirts: Vorwände und Ausreden

Haben Sie schon etwas von einem negativen Selbstrechtfertigungs-Mechanismus gehört? Er greift immer dann, wenn wir der ungeschminkten Wahrheit nicht ins Auge sehen wollen. Wir flüchten uns in Vorwände und Ausreden, um uns vor dem Eingeständnis der Unfähigkeit zu schützen oder vor der fehlenden Bereitschaft, auf andere Leute zuzugehen. Testen wir doch einmal die beliebtesten Ausflüchte.

1.6.1 Mein guter Ruf steht auf dem Spiel

Kursteilnehmer Karl-Heinz ist als Verkaufsrepräsentant eines Autohauses in einem kleinen schwäbischen Ort mit 5 000 Einwohnern tätig. Zwischen Berufs- und Privatleben zieht er einen dicken Trennungsstrich und glaubt, sich einen Flirt im Beratungsgespräch aus Prestigegründen nicht leisten zu können.

Wir sprechen mit ihm und einer Kursteilnehmerin eine Szene Fachverkäufer-Kundin als Rollenspiel ab. Daraus wird für die anderen Gruppenmitglieder ersichtlich, welch hervorragender Flirtgelegenheiten sich Karl-Heinz beraubt. Nur mit Mühe können wir ihn davon überzeugen, daß ihn ein Übergang von der formellen in die private Sphäre keineswegs zum Aufreißer mit Playboy-Allüren abstempelt. Demnach wird eine Einladung zu einer Tasse Kaffee von *Ihr* nicht etwa als Ausdruck mangelnder Seriosität oder gar fachlicher Inkompetenz, sondern als freundliche und charmante Geste des leutseligen Autoverkäufers Karl-Heinz verstanden.

Zwei Monate später schreibt er uns, daß er nun nicht mehr so streng nach beruflichem und privatem Bereich unterscheidet. Ausdruck dafür war eine Verabredung zu einer Probefahrt mit einer Kundin, die ihm recht sympathisch war. Die Sympathie beruhte auf Gegenseitigkeit und aus der Probe-Fahrt wurde eine Probe-Ehe.

1.6.2 Zu Hause kennt mich jeder

Gehören Sie auch zu denen, die einen Flirt nur wagen, wenn Sie mindestens 100 Kilometer von Ihrem Heimatort entfernt sind? Sie könnten ja sonst von irgend jemandem aus Ihrem Bekanntenkreis beim Anbandeln erwischt werden! Aber denken Sie bitte daran, liebe Flirterinnen und Flirter, der Flirt ist nichts Unanständiges und Anrüchiges, für das wir uns rechtfertigen müssen. Schuldgefühle entstehen dort, wo wir das sinnliche Zugehen auf andere Menschen mit ,,sich prostituieren'' gleichsetzen. Dies ist ein absolut entbehrliches Relikt anerzogenen Rollenverhaltens.

Fern der Heimat befinden wir uns in einer Sonn- und Feiertagsstimmung und flirten, was das Herz begehrt. Wir fühlen uns befreit von der Last der näheren Umgebung. Doch unser Lebensbereich wird in erster Linie vom Alltag am angestammten Ort bestimmt. Lassen Sie sich deshalb durch das Gerede nicht besonders wohlmeinender Leute nicht vom Flirten in Ihrem ureigentlichen Lebensraum abbringen! Tratsch und Klatsch bilden sich (nicht nur in Dörfern und Kleinstädten) ohnehin über jeden von uns; wenn wir den Neidern und Intriganten nicht den nötigen Stoff liefern, dann saugen sie sich dergleichen aus den Fingern — und das wirkt sich auf unser Image noch wesentlich unangenehmer aus.

1.6.3 Es ergab sich nicht die passende Gelegenheit

Eine abgewandelte Redewendung heißt: Gelegenheit macht Liebe. Nur, was ist für Sie eine *Flirtgelegenheit*? Warten Sie auf die Chance, die *tod*-sicher ist? Dann werden Sie auch genauso lange warten müssen: bis an Ihr Lebensende. Denn diese ideale Möglichkeit gibt es ebensowenig wie den ach so glücklichen Zufall. Schieben Sie Ihr Zögern nicht auf die vermeintlichen Widrigkeiten, sondern packen Sie's an. Dazu haben Sie zwei grundlegende Möglichkeiten (die so wesentlich sind, daß sie sich wie ein roter Faden durch dieses Buch ziehen):

1. Sie suchen sich einen Gesprächsaufhänger in Ihrem jeweiligen Umfeld. Beispielsweise bei einem Kneipenflirt die Getränkekarte, die Einrichtung, das Lokalambiente oder das Publikum. In der Theaterpause ist es das Theaterstück und nach dem Kino der Inhalt des Films.

2. Sie nehmen direkt Bezug auf Ihre Flirtperson. Betrachten Sie sie einmal, natürlich in aller Unauffälligkeit, vom Scheitel bis zur Sohle, und wählen Sie dabei ganz bewußt aus, was Ihnen gut gefällt. Sprechen Sie es mit einem Lächeln an: ,,Mir ist das Muster Deines Pullis aufgefallen. Gibt's das bezaubernde Stück auch für Männer/Frauen?''

1.6.4 Es sind nicht die richtigen Leute unterwegs

Es kann schon mal vorkommen, daß die Leute, die Ihnen begegnen, nicht so unbedingt auf Anhieb Ihr Idealgeschmack sind. Aber registrieren Sie einmal bei sich, wie oft Sie zu dieser bequemen Redensart greifen! Sollte es öfter als einmal pro Monat sein, so können Sie's als faule Ausrede dafür enttarnen, daß *Sie* es nicht geschafft haben, die richtigen Leute kennenzulernen.

– Weil Sie sich vielleicht einen Märchenprinzen in den Kopf gesetzt haben?

– Weil Sie als durchschnittlich gutaussehender Mann aus Geltungssucht unbedingt die hübsche Frau zum Herzeigen brauchen?

– Weil Sie bei sich selbst schon zur Überkritik neigen und damit auch vor anderen nicht Halt machen?

– Weil Ihre allzu hohen Ansprüche aus Ihrer eigenen Persönlichkeit nicht gerechtfertigt sind?

Schon bei einem geringen Maß an Selbsterkenntnis werden Sie mindestens eine dieser Fragen bejahen!

1.6.5 Ich bin heute nicht so gut drauf

Diesen Vorwand lassen wir spätestens seit unserem Kapitel über unsere Stimmungen und die Möglichkeiten des Stimmungsumschwungs (Kap. 1.2.2) überhaupt nicht mehr gelten. Sorgen Sie dafür, daß Sie besser drauf sind!

1.6.6 Feind hört mit: Was könnte der andere darüber denken?

Haben Sie das auch schon erlebt? Sie sitzen in der U-Bahn und würden gerne mit Ihrem Gegenüber anbandeln. Aber in diesem Abteil sitzen insgesamt fünf, und das sind für Sie drei zuviel. Denn diese drei in Ihren Augen höchst überflüssigen Leute könnten ja Ihren Flirt mitbekommen, und das wäre Ihnen peinlich. Muß es das wirklich sein?

Ganz und gar nicht. Sie heben sich ab von der breiten Masse der muffligen und verschlossenen Gesichter, die auf den ersten Blick so aussehen, als würden sie jede aufkommende Unterhaltung mit einer standrechtlichen Erschießung bestrafen: ,,Laß' mich in Ruh', sonst freß' ich dich auf.''

In Wirklichkeit aber ist es eine Abwehrhaltung dieser Ohrenzeugen aus der Angst vor der (zwischenmenschlichen) Nähe. Das Bedürfnis nach einer Erweiterung der eigenen Schutzzone wird spürbar, weil viele Menschen den Umgang mit ihren Menschen verlernt, vergessen oder verdrängt haben. Eine zunehmende Zahl von Singles bedeutet eben auch Vereinzelung und Vereinsamung, gefördert durch anonyme Wohnbereiche und durch eine unpersönliche Beschäftigung mit unpersönlichen Arbeitsgegenständen an einem unpersönlichen Arbeitsplatz. Gleichwohl wächst die Sehnsucht nach Geborgenheit, Wärme und Anteilnahme, zu denen sie indes selbst nichts beizutragen bereit sind. Die einzige Aktivität ist das Öffnen des Mundes, in den die gebratenen Tauben fliegen sollen.

Und jetzt kommen *Sie* daher und fangen im Beisein von solchen Leuten mit Ihrem ,,Flirt'' ein Gespräch an! Tollsuperspitzenklasse! Denen werden in der Tat die Ohren abfallen, aber nicht vor Schadenfreude und Verachtung, sondern vor lauter Bewunderung Ihnen gegenüber; weil Sie geschafft haben, was für Ihre Zuschauer unvorstellbar wäre: an einem kommunikationsfeindlichen Ort (U-Bahn, Arzt-Wartezimmer, Aufzug) mit einer unbekannten Person Kontakt aufzunehmen. Also tun Sie Ihnen den Gefallen: Spielen Sie den Pausenclown, und sorgen Sie für ein bißchen Unterhaltung. Das sind nicht Ihre Feinde, sondern arme Zeitgenossen, die Ihr Mitgefühl verdient haben. Zeigen Sie Ihnen, wie's gemacht wird!

1.6.7 Die Umstände sind nicht danach

Ehrlich währt am längsten, auch sich selbst gegenüber. Außerdem hält auch der gesunde Sinn für die Realitäten Sie davon ab, sich aus purem Selbstmitleid in die eigene Tasche zu lügen.

Wenn eine favorisierte Fußballmannschaft gegen einen Außenseiter verloren hat, dann haben Sie sicher schon folgendes gelesen oder gehört: der böige Wind ließ uns nicht ins Spiel kommen; auf diesem Acker ist man des Gegners zwölfter Mann usw. Ähnlich trivial liest sich die Hitliste der Ausreden bei Flirt & Kontakt:

- Es ist zu heiß/kalt/naß/trocken/laut/leise/dunkel/hell!

- Heute muß Föhn sein (wird hauptsächlich im alpenländischen Bereich verwendet)!

- Bei näherem Hinsehen war das doch nicht so mein Typ (selten stimmt's wirklich)!

- Der/die hat gar kein Interesse an mir (kann schon mal zutreffen; viele reden sich aber darauf hinaus)!

- In diesem Schuppen ist heute komischerweise nichts los!

- Ich hab's nicht nötig, muß mir nichts beweisen (beliebte Ausrede für fehlenden Mut)!

- Ich darf mich da nicht einmischen (aber einbringen oder einschalten)!

- Ich habe keine Zeit (dann müssen Sie sich welche nehmen)!

- Ich habe kein Geld (brauchen Sie auch nicht)!

Sie merken schon, wie leicht man vor sich davonlaufen kann. Alles und alle sind schuld, nur Sie selbst nicht. Sie sollen sich auch gar nicht *schuldig*, sondern *verantwortlich* fühlen für Ihre Handlungen und vor allem für ihre Unterlassungen, bedingt durch Pseudobegründungen, die Ihnen scheinbar ein Gefühl der schnellen Erleichterung vermitteln:

Gott sei Dank habe ich jetzt für mich einen Grund gefunden, so daß ich nichts unternehmen muß, obwohl ich ja eigentlich gerne etwas tun wollte und würde; aber die Umstände sind einfach gegen mich, und ich kann auch gar nichts dafür.

Mit dieser Einstellung werden Sie es als Flirter nicht allzuweit bringen. Untersuchen Sie einmal bei sich, was Sie anders, besser machen können und ob Sie überhaupt in der letzten Zeit aktiv auf andere Leute zugegangen sind. Erst wenn Sie ehrlichen Herzens bei sich alles ,,abgeklopft'' haben, können Sie dazu übergehen, die äußeren Umstände als Ursache für den mangelnden Flirterfolg heranzuziehen.

1.7 Wie löst ,,frau'' sich wieder aus dem Kontakt?

Einen Flirt in Ehren kann niemand verwehren. Es kann Ihnen aber auch niemand verwehren, sich aus dem Flirt wieder zu verabschieden. Es sind immer wieder Frauen, die mich in meinen Kursen auf dieses Thema ansprechen. Dies hat zwei Ursachen: Zum ersten gibt es wesentlich weniger Frauen als Männer mit einem hartnäckigen Eroberungsdrang. Zweitens scheinen die wenigen Männer, denen die Flirtfrauen auf den Pelz rücken, mit diesem Problem tatsächlich besser umgehen zu können.

Lassen wir uns einmal von Doris schildern, was sie in dieser Hinsicht erlebt hat:

In einem Cafe lernte ich letzte Woche einen Mann kennen, der mir anfangs von der Optik her ganz gut gefiel. Leider hat der erste Eindruck getrogen: Der Typ entpuppte sich als aufdringlicher Schwätzer, der mich die ganze Zeit ungefragt mit seinen stereotypen Weisheiten über irgendwelche ,Stars' aus den Klatschspalten zuschüttete und übergangslos auch noch meine Telefonnummer einforderte. Was sollte ich tun? In meiner Not habe ich ihm eine falsche Nummer gegeben. Dann ließ er mich in Ruhe und ging grinsend hinaus.

Doris wußte sich nur noch mit einer Notlüge zu helfen. Dabei wäre es gar nicht notwendig gewesen, die Unwahrheit zu sagen. Männer ertragen die Wahrheit eher, als *frau* bisweilen annimmt – falls sie ruhig und gelassen ausgesprochen wird. In Doris' Beispiel handelt es sich um einen besonders ausgeprägten Fall von zwanghafter männlicher Gunstbeglückung. Ist Ihnen Ähnliches auch schon passiert, meine Damen?

Sagen Sie bitte dem betreffenden Herren klipp und klar, was Sache ist.

Heben Sie Ihre Stimme dabei nicht mehr als unbedingt notwendig, und vor allem – lächeln Sie nicht, denn Sie wollen schließlich ernstgenommen werden. Geben Sie ihm durch Ihr reserviertes Verhalten und Ihre Körpersprache zu erkennen, daß Sie auf einen weiteren Kontakt nicht mehr allzuviel Wert legen. Es gibt natürlich hartnäckige Männer, die das nicht bemerken oder bemerken wollen. Bei denen hilft nur noch eins: Sagen Sie's wie's ist:

– ,,Ehrlich gesagt, das Thema interessiert mich nicht besonders", wenn Sie mit Ihm über etwas anderes reden wollen.

– ,,Ich möchte mich jetzt nicht mehr unterhalten", wenn Sie mit ihm gar nicht reden wollen.

– ,,Ich möchte Ihnen meine Telefonnummer nicht geben. Es
ist besser, wir überlassen eine weitere Begegnung dem Zufall'', obwohl Sie ganz genau wissen, daß es bei Flirt & Kontakt keine Zufälle gibt!

Sollte Ihrem *Flirt* auf Ihre Feststellungen noch ein besonders
lästiges ,,Warum?'' einfallen, dann müssen Sie das nicht begrün-
den – oder noch deutlicher werden: ,,Sie sind doch sicher schon
Leuten begegnet, die nicht Ihr Typ sind.''

Auf diese rhetorische Frage gibt es nur eine Antwort: ,,Ja.''

Darauf entgegnen Sie: ,,Sehen Sie, diesmal ist es umgekehrt.
Ich bin sicher, daß Sie das akzeptieren können.'' Spätestens von
diesem Zeitpunkt an verzichten Sie auf weitere Erklärungen.
Wenn er immer noch nicht von Ihnen abläßt, holen Sie den Geschäftsführer des Lokals. Eine elegantere Abfuhr bereiten Sie
ihm allerdings durch einen Platzwechsel: ,,Da drüben sind Leute,
die kommen mir recht sympathisch vor'', sagen Sie schon mehr
zu sich selbst als zu ihm.

Langer Rede kurzer Sinn: Bleiben Sie bei der Wahrheit. Etwas Falsches zu sagen, haben Sie nicht nötig. Jede (Not-) Lüge
ist zwar vordergründig einfach und bequem, muß aber nicht nur
gegenüber dem anderen, sondern auch vor Ihnen selbst verant-
wortet werden. Außerdem machen Sie ihm sonst wieder Hoff-
nungen, doch wieder bei Ihnen zu landen. Damit tun Sie *ihm*
keinen Gefallen und sich selbst auch nicht, weil das Ganze dann
auch für Sie wieder von vorne losgeht. Also lieber ein Ende mit
Schrecken als ein Schrecken ohne Ende.

Möglicherweise haben Sie ihm Ihre Telefonnummer schon gegeben? Dann nützt es Ihnen wenig, sich in Ausreden und Vorwände zu flüchten wie: ,,In den nächsten Wochen habe ich keine
Zeit'' oder ,,Ich bin ganz selten zu Hause''. Einem uneinsichti-
gen ,,Flirter'' ist das egal. Er wird es so lange versuchen, bis
er Sie wieder an die Strippe bekommt. Sagen Sie ihm lieber, daß
Sie nicht mehr angerufen werden möchten.

Wenn er trotzdem wieder anruft, legen Sie einfach auf. Sollten Sie dann immer noch zu allen möglichen und unmöglichen

Zeiten belästigt werden, blasen Sie mit einer Trillerpfeife einmal kräftig in die Muschel. Sein gewaltig summendes und brummendes Ohr wird ihn davor hüten, jemals wieder Ihre Nummer zu wählen.

Die Beendigung eines nicht mehr willkommenen Kontakts beinhaltet die Fähigkeit, einen wenn auch negativen Entschluß zu fassen. Wer sich *gegen* jemanden ausspricht, entscheidet sich in einer anderen Situation auch eher *für* einen Menschen. Wer öfter nein sagt, kann auch leichter ja sagen.

2. Der Körper lügt nicht − Die Bedeutung der Körpersprache für den Flirt

Die Universität von Indianapolis (USA) führte folgendes Experiment durch: Eine junge Frau in knappem Oberteil und kurzem Rock bat Männer mittleren Alters beim Vorbeigehen um eine Auskunft. Später zog sie sich ein strenger wirkendes Schneiderkostüm an und bat wieder um dieselbe Auskunft. Ergebnis: In 70 Prozent der Fälle wurde ihr geholfen, als sie den kurzen Rock getragen hatte und nur in 40 Prozent, als sie das Schneiderkostüm trug. Diese Sprache des (weiblichen) Körpers lockt, reizt, lädt ein, zieht an und verführt − zu reger Anteilnahme und verstärktem sexuellen Interesse.

Ein anderes Beispiel:

Ein Mann setzt sich in einem Restaurant einer attraktiven Frau gegenüber. Erst nickt man sich höflich zu, als Zeichen, daß man den anderen wahrgenommen hat. Die Frau schaut den Mann nach dem ersten Zunicken nicht weiter an; er aber findet sie interessant. Er hat − wie die meisten Männer in einer solchen Situation − Hemmungen, sie direkt anzusprechen und drückt sein Interesse unbewußt durch Körpersprache aus: Er dreht sich zu ihr um, sieht sie aber nicht direkt an. Statt dessen blickt er um sich und schaut dann in dieselbe Richtung wie sie.

Der Frau entgeht das natürlich nicht. Sie blickt ihm vielleicht kurz ins Gesicht. Wahrscheinlich lächelt er jetzt, wirft seinen Kopf mit einer schnellen Geste zurück und berührt seine Arme, sein Gesicht oder seine Brust.

Vielleicht ist er etwas nervös und gähnt, reckt sich, bewegt seine Arme in ihre Richtung, drückt die Brust heraus, reibt sein Gesicht, rückt seinen Schlips zurecht und faßt sich ins Haar. Er senkt vielleicht den Blick, lächelt, schaut die Frau an und schaut dann wieder weg.

Der Frau stehen jetzt zwei Wege offen: Sie kann ihn entmutigen und sich von ihm abwenden, Blickkontakt vermeiden oder durch ihn hindurchsehen. Wenn sie seine Aufmerksamkeit ermutigen möchte, kann sie sich ihm zuwenden, ihm in die Augen sehen, die Augenbrauen hochziehen, ihr Gesicht berühren und ihren Blick dann wieder senken.

Vielleicht wirft sie auch den Kopf zurück, reckt sich, gähnt, schiebt den Oberkörper heraus, streicht das Haar zurück oder klimpert sogar mit den Wimpern.

Die Nervosität steigt. Was, wenn der andere nichts von einem wissen will? Die Möglichkeit einer Entmutigung ist groß, und nervöse Gesten nehmen zu: Putzverhalten, Kopf nach hinten werfen, Räuspern, Recken.

Vielleicht stimmt man dem anderen durch Gesten zu und lacht zu laut; aber wenn beide merken, daß sich der andere für einen interessiert, stellt sich allmählich eine gewisse Übereinstimmung ein. Jeder ahmt die Bewegung des anderen nach.

Im weiteren Verlauf werden die Stimmen höher, aber verhaltener. Man schaut sich länger in die Augen, wendet den Blick dann aber schnell wieder ab. Der Kopf wird geneigt, die Schultern werden bewegt und die Handflächen werden häufiger sichtbar.

Wenn alles gutgeht und der Funke übergesprungen ist, verabredet sich das Paar. Das intimere Werbeverhalten beginnt.

Was Julius Fast etwas plakativ und reißerisch in seinem Buch „Körpersignale der Liebe" beschreibt, umfaßt sämtliche bedeutenden körpersprachlichen Bereiche des „Balzverhaltens": Mimik, Gestik, Körperhaltung, sowie Stimme und Tonfall.

Die Körpersprache ist die Sprache des Körpers ohne Worte. Deshalb wird sie auch das *nonverbale Verhalten* genannt. Wir senden mit Teilen unseres Körpers, etwa mit Blicken, Händen und Schultern, Signale aus, die erlebten Gefühlen entsprechen und nicht unserer unmittelbaren Aufmerksamkeit ausgesetzt sind. Insofern ist die Körpersprache die Sprache des Unterbewußtseins zwischen zwei oder mehreren Personen und setzt sich in der Regel über das rationale Bewußtsein hinweg. Dort, wo wir sie uns rational bewußt machen, versuchen wir mit unserem Verstand derart steuernd einzugreifen, daß davon das Unterbewußtsein unserer Mitmenschen positiv eingenommen wird: Wir kommen beim anderen gut an.

Nonverbales Verhalten ist abhängig von unserer Stimmung. Je besser wir uns fühlen, umso offener zeigt sich unser Körper (etwa durch das Lösen der verschränkten Arme). In dem Bemühen, uns körpersprachlich weiterzuentwickeln, sollten wir uns nicht allzusehr im Detail verstricken. Denn sich die Sprache des Körpers bewußter zu machen heißt nicht unbedingt, alles Wissen darüber in Erfahrung zu bringen und in konkretes Handeln umzusetzen. Wir würden uns verrückt machen, wollten wir etwa den Winkel beachten, in dem wir unseren kleinen Finger spreizen müssen, um bei unserem Flirt ein möglichst hohes Maß an Sympathie hervorzurufen.

Der umgekehrte Effekt kann ebenso auftreten: Wenn wir bei uns selbst bemerken, daß wir eine lockere und unverkrampfte Sitzhaltung einnehmen, wird damit auch unsere seelische Verfassung (noch) besser.

Die Körpersprache bedingt also unsere Stimmung. Wozu die Körpersprache auch und vor allem dient, ist aber das Ausdeuten von Verhaltensweisen jener Menschen, an denen uns gelegen ist (im Bereich der persönlichen Kontaktaufnahme) oder mit denen wir es „gezwungenermaßen" zu tun haben (Leute, die wir uns nicht aussuchen können).

2.1 Mimik

Unter Mimik (von griech. „mimos" = Schauspieler) verstehen die meisten Lexika die Ausdrucksformen des Gesichts, die sich in den Bewegungen der Hautmuskeln zeigen (Mienenspiel). Diese Bewegungen fangen bei der obersten Stirnlinie an und hören am untersten Punkt des Kinns auf. Dabei ist die Nase der geometrische Mittelpunkt des Gesichts.

Die Sprache unseres Körpers und die Sprache mit Worten unterliegen ständigen Wechselbeziehungen. Gerade an-gesichts(!) der Tatsache, daß der mimische Bereich von allen Körperteilen die seelischen Befindlichkeiten am intensivsten wiedergibt, werden hier viele körpersprachliche Ausprägungen auf eine semantische Ebene übertragen: Gute Miene zum bösen Spiel machen; jemandem die Stirn bieten; die Nase rümpfen; die Zähne zusammenbeißen; ein Auge dafür haben; einer Sache (zum Beispiel der Gefahr) ins Auge schauen; einem die Augen öffnen. Im mittleren Teil des Gesichts zieht das Auge als faszinierender Sammelpunkt psychische Abläufe geradezu magisch an: Das Auge ist der Spiegel der Seele.

Ebenfalls in den Augen spiegeln sich die unbewußten Vorgänge des Flirtens wider: Wir nehmen mit einem uns sympathischen Menschen *Blickkontakt* auf, und der *Augenkontakt* währt einen *Augenblick*.

Zahlreiche Untersuchungen mit Hilfe von Geräten, die den Blickwinkel messen, belegen, daß die meisten Männer und Frauen beim Erscheinen von Personen, die für einen Flirt in Frage kommen, zuerst auf den Gesichtsbereich und hier ganz spezifisch *in* beziehungsweise *auf* die Augen sehen. Erst dann schweift der Blick − von Proband zu Proband unterschiedlich − auf andere Dimensionen des Körpers: Hände, Schultern, Figur, Körpergröße, Kleidung, Frisur, Haarfarbe, Brust, Busen, Taille, Po, Beine und Füße.

Befragungen in unseren Kursen bestätigen diese Ergebnisse im großen und ganzen. Danach achten Frauen beim anderen Geschlecht in besonderem Maße auf gepflegte Hände und Füße (da diese in unseren Breitengraden fast immer von Schuhen umhüllt sind, gilt das Interesse eben dem möglichst adretten Schuhwerk) und erst dann auf die Figur.

Männer widmen ihre Aufmerksamkeit nach dem Augenbereich verstärkt der Figur (nach wie vor wird schlank bevorzugt), dann der Bekleidung (vgl. unser Beispiel mit der Frau im kurzen Rock) und schließlich dem Bereich um Hüfte und Taille.

2.1.1 Der allererste Blickkontakt

Der Blickkontakt ist nicht nur irgendeine, sondern *die* empfehlenswerte Art der Kontaktaufnahme. Der erste Austausch von Blicken ist für den Flirt von vorentscheidender Bedeutung: Wenn Sie Ihrem Gegenüber nicht in die Augen sehen, fühlt er sich von Ihnen nicht richtig angenommen. Er sucht die Ursache bei sich selbst:

,,Gefalle ich ihm/Ihr nicht?", ,,Gehe ich ihm/ihr auf die Nerven?" oder ,,Der/Die kann mir nicht einmal in die Augen sehen."

Es entstehen negative Gefühle wie Angst, Ärger, Wut, Langeweile, Gleichgültigkeit. Der Blickkontakt sorgt daher für die erste Vertrauensbasis. Aus Zeitgründen und aus den örtlichen Gegebenheiten heraus ist es nicht immer möglich, dem Ansprechen des ,,Flirts" einen Blickkontakt vorausgehen zu lassen. Wenn sich die Gelegenheit bietet, zum Beispiel im Lokal, im Schwimmbad oder im Waschsalon − sollten Sie sie auch ergreifen. So können Sie sich besser an die (Gesprächs-) Situation herantasten und − Sie machen es auch Ihrer Ansprechperson leichter, sich auf Ihren aus allen Poren herausströmenden Charme einzustellen.

Ansonsten geht der erste Blickwechsel natürlich mit dem ersten Ansprechen einher.

Stellen Sie sich vor, Sie sprechen in der Fußgängerzone jemandem von hinten an. Da könnten Sie ihm auch gleich einen Stuhl unter seinen Allerwertesten schieben, damit er sich auf *den* Schreck hin erholen kann. Bandeln Sie also niemals mit jemanden von hinten an, denn Sie wollen ja alles vermeiden, was beim anderen eine flirtfeindliche Stimmung hervorrufen könnte. Begeben Sie sich zumindest auf seine Höhe; noch besser ist es, einen weiteren Schritt vorwärts zu tun und seitlich von vorn mit ihm Kontakt aufzunehmen.

Physikalisch sind unsere Augen darauf ausgerichtet, einen einzigen Punkt anzusteuern. Wir können also einem anderen Menschen nicht zugleich in beide Augen schauen, das heißt, es ist eigentlich unmöglich, was Humphrey Bogart seiner Angebeteten in dem berühmten Filmklassiker „Casablanca" zuflüsterte: „Schau mir in die Augen, Kleines!" Aber keine Angst, Bogey, wir wissen schon, was Du gemeint hast!

Stellen Sie sich vor, beim Spaziergang im Park begegnete Ihnen immer wieder Ihr Schwarm. Aus Unsicherheit haben Sie es bisher nicht gewagt, mit ihm Blickkontakt aufzunehmen.

Wenn Sie befürchten, mit Ihrem Blick am Gesicht des Flirtpartners vorbeizurutschen und ihm nicht ins Auge sehen zu können, wählen Sie ganz willkürlich einen Punkt in seinem Gesicht aus: das linke oder rechte Auge, die Nase oder den Mund. Sie können das gut mit Ihren ersten Versuchen beim Autofahren vergleichen: Damals mußten Sie das Kuppeln, Beschleunigen und Bremsen bewußt in einzelne Vorgänge zerlegen, um nicht das falsche Pedal zu betätigen. Erst mit zunehmender Erfahrung verwandeln sich diese rational herbeigeführten Prozesse in einen Automatismus und gehen in das Unterbewußtsein über.

Unsere Blickkontakt-Übungen haben ergeben, daß derjenige, der angesehen wird, außerhalb der Schutzzone (ab circa 40 cm) oft nicht genau orten konnte, wohin man blickt: Sahen wir ihm auf die Nasenspitze, so fühlte er den Blick auf dem linken Auge; während ein anderer sich auf die linke Wange fixiert vorkam, als wir seinen Mund im Visier hatten. Auch in der Distanz unter 40 cm gab es noch erhebliche Unklarheiten in der Lokalisierung des Blicks. Wichtig ist also nur, daß die andere Person überhaupt das Gefühl hat, von Ihnen (im Gesicht) angesehen zu werden, ebenso wie Sie die Sicherheit verspüren sollten, daß auch von Ihrer Seite der Blickkontakt „funktioniert".

Es gibt aber einen Punkt, den wir besser nicht fixieren sollten, um den anderen nicht vor den Kopf zu stoßen oder gar zu verletzen: den Punkt zwischen den Augen. Dies liegt zum einen in der Wahrnehmungspsychologie begründet: Es signalisiert unserem Gegenüber, daß wir uns nicht für den Blick in *ein* Auge entscheiden können. Der andere Ansatz rührt von der Verhaltensbiologie: Dem zu erlegenden Wild zielte man zwischen die Augen (Blattschuß), weil dort seine verwundbarste Stelle ist.

Analog dazu können wir mit Blicken töten und so mit dieser durchdringenden Mimik für ein starkes Irritationsmoment sorgen. Wenn unser „Anschauungsobjekt" auch nur einigermaßen empfindsam ist, wird ihm sein Unterbewußtsein diese Verwirrung als negatives Gefühl gegenüber unserer Person ankündigen. Wenden Sie daher diesen Blick, der ja auch mit der Ausübung von Macht zu tun hat, nur im beruflichen Bereich an: als Abwehr von ungerechtfertigten, unsachlichen und distanzlosen Angriffen Ihrer Chefs und Kollegen. Wundern Sie sich nicht über die frappierende Wirkung; Besinnung, Vernunft und Einsicht kommt frühweihnachtlich über Ihre Abteilung!

Wie lange sollte nun der erste Blickkontakt dauern?

Bei Menschen, die uns gleichgültig sind, schweift der Blick nach spätestens ein bis zwei Sekunden ab. Personen, die uns interessieren, schauen wir uns schon länger an. Teilweise sogar zu lange.

Typisches Beispiel hierfür ist eine Fahrt im öffentlichen Verkehrsmittel. Meiner Schwester ist hier nach einem über eine Minute andauernden, sehr einseitigen Blickkontakt folgende Frage herausgerutscht ist: „Soll ich dir vielleicht ein Paßbild von mir geben, damit du mich nicht mehr so anstarrst?" – Da kann einem schon mal der Kragen platzen, wenn sich der Blick länger als ein paar Sekunden in der Intimsphäre festschraubt. Denn mit Blicken ausgezogen zu werden ist für Frauen beileibe unangenehm und löst Ärger, Wut, Unsicherheit und Hilflosigkeit aus.

Aber auch das Augenpaar, das zu lange auf uns Männern haften bleibt, läßt uns insgeheim fragen: Stimmt irgend etwas nicht bei mir? Warum glotzt die mich so an?

Deshalb sollte der erste Blick nicht länger als vier Sekunden dauern. Zählen Sie also ruhig mit:

(. . . 21, . . . 22, . . .). Jeder darüber hinausgehende Augenkontakt wird zuallermeist in irgendeiner Form als unangenehm registriert – auch dann, wenn das Taxieren von einem eher sympathischen Zeitgenossen stammt.

Natürlich gibt es hochgradige Genießer beiderlei Geschlechts, die es als enorm lustig empfinden, sich durch einen halbminüti-gen Blickkontakt hindurchzuflirten.

Auch manche Spaßvögel messen sich in spätkindlicher An-wandlung in dem Spiel: ,,Wer hält den Blick länger aus?''

Übrigens reichen die ersten zwei bis vier Sekunden auch aus, um den anderen auf sich einwirken zu lassen und einen ersten Eindruck von diesem Menschen zu erhalten: Was gefällt mir so sehr an ihm, daß ich es ihm im ersten, spätestens aber im fünf-ten Satz des sich anbahnenden Gesprächs wissen lasse (Krawat-ten-Sticker? Haarspange? Halskette?)?

Danach: Je länger der Kontakt ist, umso länger dürfen und wer-den auch die einzelnen Blickkontakte sein.

In unseren Breitengraden nimmt der Sprechende übrigens auf den Zuhörer insofern Rücksicht, als er während des Sprechens den Blick von der anderen Person immer wieder wegnimmt und aufs neue ,,draufsetzt'', um nicht durch einen gleichsam durch-bohrenden Dauerblick dessen Zuhörfähigkeit zu beeinträchti-gen. Indessen kann der Zuhörer sein Auge ohne Unterbrechung auf dem ,,Sprecher'' ruhen lassen.

2.1.2 Weitere Augen-Spiele

Der Ausdruck der Augen ergibt sich aus der Bewegung der Mus-keln um die Augenpartie, durch die Haltung der Nackenmus-keln und — durch die Größe der Pupillen. Bei hellem Licht ver-engen sich die Pupillen, mit zunehmender Dunkelheit erweitern sie sich und verhelfen uns so zu einer größeren Wahrnehmungs-fähigkeit. Die Veränderung der Pupillen ist aber nicht nur von den Lichtverhältnissen abhängig. Wenn wir Menschen sehen, die uns sympathisch sind, werden sie größer; der andere rea-giert oft unbewußt mit demselben Signal. Haben wir dagegen negative Gedanken, so bewirkt diese seelische Anspannung eher eine Verkleinerung.

Es ist also allemal ein gutes Zeichen, wenn beim Abendessen, durchschnittliche Lichtverhältnisse vorausgesetzt, Ihr *Flirtobjekt* angesichts Ihrer schier umwerfenden Ausstrahlung große Pupillen bekommt. Sie müssen ihm/ihr deshalb nicht unbedingt um den Hals fallen oder ihn/sie heiraten. Sie sind einfach jetzt in diesem Augenblick sein/ihr Typ – nicht mehr und nicht weniger.

Bei dunkeläugigen Menschen müssen Sie übrigens noch genauer hinschauen, um eventuelle Veränderungen zu bemerken. Nichts für Kurzsichtige ohne Hilfsmittel!

Den jungen Römerinnen im Alten Rom war dieser Effekt auch schon geläufig: Auf der Bräutigamsschau präparierten sie ihre Pupillen künstlich mit dem stark atropinhaltigen Tollkirschenextrakt „Belladonna". Dieser Saft ist beileibe nicht ungefährlich; eine zu hohe Dosierung ist mit Schmerzen verbunden und kann zur Erblindung führen

Was spielt sich während des Flirts noch in unserer Augenpartie ab? *Zuzwinkern:* Dieses mimische Flirtinstrument wirkt mittlerweile abgehalftert – zumindest auf Frauen.

Abgesehen davon, daß es auch als nervöses Augenleiden gedeutet werden kann, empfinden viele Vertreter des weiblichen Geschlechts das Zuzwinkern als zu primitiv und plump; sie fühlen sich dabei zum Objekt degradiert.

Hier gibt es geschlechtsspezifische Unterschiede in den Auffassungen:

Von Männern ist immer wieder zu hören, daß sie sich gerne von einer Frau zuzwinkern lassen.

Der Unterschied liegt wohl auch in der Tatsache begründet, daß Sie, liebe Flirterinnen, besser mit den – im Vergleich zu uns Männern – längeren und ausdrucksstärkeren Wimpern klimpern können!

Einig sind sich beide Geschlechter jedenfalls darin: Eine hochgezogene Augenbraue verleiht dem ersten Blickkontakt zusätzlich eine sinnliche Note. Diese nach oben gerichtete Bewegung hat bei uns eine Renaissance erfahren, und dies nicht erst, seitdem die *Süddeutsche Zeitung* in ihrem Streiflicht vom 5. 5. 89 ihr Flirtantlitz erhoben hat:

„. . . Wenn der Schauspieler John Malkovich (alias Vicomte de Valmont in dem Film ‚Gefährliche Liebschaften‘) eine Augenbraue hebt, wenn Glenn Close mit bebendem Busen zum lasterhaften Spiel anstachelt — dann ist das nichts Geringeres als ein vielleicht gar nicht zufälliges Liebeslied über die verlorengegangene Kunst des Flirtens.‘‘

Keine Angst, wir bringen die Leute wieder auf den Pfad des gekonnten Flirts zurück — vielleicht nicht mit solch tragenden, epochalen Worten, aber immerhin!

Sie haben nun vor dem Spiegel mit einer Braue geübt und da ziehen Sie die andere auch hoch? Naja, mit Verlaub, Sie sind ja auch kein John Malkovich. Der ist eben ein Schauspieler, noch dazu von hohen Graden. Aber Ihnen muß das gar nichts ausmachen: Erstens kommt auch bei beiden Augenbrauen Ihr Charme rüber, zweitens können Sie weiterhin üben.

2.1.3 Lächeln

Das Lächeln ist das hervorragendste Signal für den Flirt. Lächeln Sie den Menschen an, der Ihnen so gut gefällt, daß Sie ihn kennenlernen wollen! Damit verringern Sie die Distanz zu ihm; Lächeln wird in der Regel als Aufforderung und Zustimmung verstanden.

Natürlich ist uns allen nicht immer zum Lächeln zumute; wir fühlen uns eben nicht immer topfit.

Zum Beispiel: Sie haben die letzte Nacht durchgemacht oder schlecht geschlafen. Am nächsten Morgen klingelt sehr früh der Wecker, und Sie wagen einen Blick in den Spiegel. Was denken Sie dabei?

a) Noch gar nichts.

b) Lieber Gott, laß’ diesen Tag an mir vorübergehen!

c) Was, das soll *ich* sein?

Wie auch immer Ihre Antwort ausfällt; Ihr nachgerade manischer Versuch, das Ebenbild anzulächeln, artet in ein gequältes, komisches Grinsen aus. Aber das reicht erst einmal völlig aus. Sie heben damit Ihre Mundwinkel an und können schon wieder über sich selbst lachen. Die Laune bessert sich, und die Grimasse verwandelt sich in ein echtes Lächeln.

Ich kenne eine ganze Reihe von Leuten, die gut aufgelegt sind und dabei das Lächeln regelrecht „vergessen". Damit wird aber die Flirtsituation für die beiden beteiligten Personen enorm erschwert. Das Lächeln mit geschlossenem Mund („über ihr Gesicht huschte ein feines Lächeln") wirkt schon sympathiewerbend; noch stärker ist der Eindruck, wenn Sie mit den Zähnen blinken. Im Tierreich bedeutet das Präsentieren der Zähne erhöhte Aggressionsbereitschaft (fletschen). Im zwischenmenschlichen Bereich unseres Kulturkreises hat sich das im Lauf der Zeit geändert. Das so geartete „Zähnezeigen" bringt ein Lächeln mit sich, das genügend breit ist: herzhaft, verschmitzt, selbstbewußt und ein bißchen frech. Indem wir unseren Mund öffnen, öffnen wir uns selbst.

Plädieren wir doch einmal für unsere oft gescholtenen Zahntechniker und Zahnärzte: Mittlerweile können wir uns alle mit unseren Beißerchen sehen lassen!

2.1.4 Nach dem ersten Blickkontakt

So, jetzt haben Sie also die Dame/den Herrn Ihrer Wahl mit einem ebenso bezaubernden wie einnehmenden Lächeln beglückt. Wie geht's nun weiter? Welche Möglichkeiten, darauf zu reagieren, gestehen Sie Ihrem *Flirt* zu?

1. Er/Sie reagiert positiv, durch Zurücklächeln und/oder Heben der Augenbraue(n). Dann gibt's nur eines, wenn Sie näher in Kontakt kommen wollen: das Gespräch. Zum Beispiel so: „Sie haben gerade so nett zurückgelächelt, daß ich mir gedacht habe, ich kann Sie ohne weiteres ansprechen."

2. Er/Sie reagiert negativ, durch herabgezogene Mundwinkel, durch das Zeigen der kalten Schulter oder der gesamten Rückenpartie oder durch Weggehen. Dann hilft Ihnen nur noch der liebe Gott – oder Ihre supergute Stimmung, die Sie nicht den Mut verlieren läßt, um erneut anzubandeln.

3. Er/Sie reagiert weder positiv noch negativ. Sondern gar nicht – neutral, will sich noch nicht festlegen, ist sich der eigenen Reaktion noch nicht sicher, will noch abwarten, ist kurzsichtig und weder mit Brille noch mit Kontaktlinsen unterwegs, hat das Lächeln nicht bemerkt, ist gedanklich abwesend, ist unsicher, ob er/sie mit dem Lächeln überhaupt gemeint ist.

   Dann probieren Sie's noch mindestens einmal, besser noch zweimal. Die Erfahrung hat gezeigt, daß viele Leute eine gewisse Zeit brauchen oder für sich beanspruchen, um sich auf eine Situation einzustellen. Geben Sie ihnen doch diesen Zeitraum; er kommt auch Ihnen zugute.

Zahlreiche Tests unserer Kursteilnehmer „auf der freien Wildbahn" haben folgende prozentuale Aufteilung dieser drei Reaktionsmöglichkeiten (auf den ersten Blickkontakt mit Lächeln) ergeben:

Positive Reaktion:	18 Prozent
Negative Reaktion:	2 Prozent
Weder positiv noch negativ:	80 Prozent!!

Also meine Damen und Herren, einer der größten Fehler, den Sie machen können, ist die Annahme, daß diese dritte Art der (Nicht-) Reaktion eine Zurückweisung, einen „Korb" bedeutet. Denn dadurch würden Sie sich hier bis zu vier Fünftel Ihrer Möglichkeiten berauben. Bewahren Sie sich vielmehr Ihre Erfolgschance, und lassen Sie es auf einen weiteren Versuch ankommen. Neue Chance, neues Glück!

2.2 Gestik

Haben Ihnen Ihre Eltern auch gesagt, daß Sie nicht mit Händen und Füßen reden sollen? Das tue man als nüchtern denkender Mensch nicht, man bediene sich der Sprache mit Worten, denn man habe keine großen, ausladenden Gesten nötig.

Das Wort „Geste" hat eine wörtliche und eine übertragene Bedeutung: In den meisten Wörterbüchern wird es mit „Gebärde" wiedergegeben. Im übertragenen Sinne heißt es soviel wie Handlung oder Akt: Eine Geste der Anerkennung, der Freundlichkeit drückt aus, daß wir unseren Mitmenschen diese Anteilnahme besonders deutlich machen wollen.

Leute mit großer Gestik hatten sich seit jeher den Argwohn ihrer Mitbürger zugezogen, standen sie doch in dem Ruf, mit derart ausholenden Gebärden von ihren eigentlichen Zielen abzulenken oder ihre Hilflosigkeit zu vertuschen.

Dabei ist das *Gestikulieren* die selbstverständlichste Sache der Welt. Denn durch die Sprache unserer Hände und Arme unterstreichen wir auf legitime Art und Weise unsere Persönlichkeit. Die Gestik wirkt auf das Unterbewußtsein unseres Gesprächspartners belebend und ist somit hervorragend geeignet, auf ihn zugkräftig und richtungweisend einzuwirken. Glauben Sie nicht, daß Sie während des Gesprächs Ihre Hände zu lange und zu oft bewegen, meine Damen und Herren. Sehr wenig Leute gestikulieren zuviel, sehr viele zuwenig und einige so, daß es sich auf das Unterbewußtsein des anderen nicht positiv auswirkt. Die Fehlerquellen der beiden letztgenannten Gruppen wollen wir uns einmal genauer betrachten.

2.2.1 Störfaktoren beim Spiel mit den Händen und Armen

Mit Händen und Füßen zu reden, das gibt es in unseren Breitengraden tatsächlich: Gemeint ist das wilde Herumfuchteln, das auf den anderen bedrohlich, aggressions- und nervositätsfördernd wirkt. Wenn wir anderen Menschen mit unseren Händen vor dem Kopf herumtanzen, erreichen wir in all der Aufdringlichkeit bestimmt nicht die Stimmung, die wir für den offenen und charmanten Umgang benötigen. Auch als Herumfuchteln ist eine Gestik zu bezeichnen, die sich stetig beschleunigt und mit affenartiger Geschwindigkeit für ein Klima der hektischen Anspannung sorgt. Beim Flirt muß eben *nicht* alles flott gehen und sofort flutschen; eher sollten wir uns an die Situation herantasten und versuchen, uns in die Person einzufühlen.

Dazu bedarf es einer Gestik, die den anderen nicht vor den Kopf stößt, sondern sich im Körperbereich zwischen Nabel und Hals aufhält. Wenn wir unsere Hände in dieser Zone bewegen, bewahren wir uns so ganz nebenbei auch davor, unser eigenes Gesicht in Mitleidenschaft zu ziehen. Wir fahren nicht hastig darin herum, so als müßten wir gegenüber dem anderen einen Teil davon verbergen (für Männer *ein* Motiv, einen Bart zu tragen: sich das Gesicht mit Haaren zuwachsen zu lassen).

Die Hand, die sich zum Kopf hin bewegt, ist ein Signal für eine gedankliche Überbrückung, für ein erhöhtes Bedürfnis zum Überdenken eines gerade auftauchenden Problems. Diese Einstellung kann sich auch zu erhöhter Unsicherheit und Verwirrtheit verdichten.

Stellen Sie sich vor, Sie haben mit Ihrem *Flirt* ein tolles Gespräch geführt und es nähert sich der Abschied. Er kratzt sich in einer Gesprächspause nervös am Kopf und reibt sich die Backe; oder er führt die Hand zur Nase, um den richtigen Riecher zu bekommen: Dann überlegt er sich gerade, wie er Ihnen am geschicktesten eine erneute Verabredung verkaufen kann. Soll es zum selben Zeitpunkt in einer Woche sein, an gleicher Stelle, weil es hier und heute so schön war mit Ihnen? Oder wäre Sport, Kino, Ausflug in die Berge das kontaktintensivste Instrument? Geben Sie Ihrem Herzen einen Stoß, und helfen Sie ihm auf die Sprünge, wenn Sie sehen, daß sein Ringen um den besten Vorschlag nicht von Erfolg gekrönt ist. Lassen Sie ihn in dieser entscheidenden Situation nicht im Regen stehen, und tragen Sie zum weiteren Kontakt das Ihrige bei!

Eher eine Geste der Hilflosigkeit als der Stärke ist das weit ausholende Rudern mit den Armen: „Was soll ich denn machen?" Dabei scheint die intensive Zuhilfenahme von Oberarm und Schulter den Gesprächspartner schier zu erdrücken. Diese vorwurfsvolle Gebärde kann Schuldgefühle auslösen und ist insofern kein guter Nährboden für Flirt & Kontakt.

Nicht gut kommen auch jene Bewegungen der Arme und Hände an, die von oben nach unten ausgerichtet sind. Nicht nur die wegwerfende Hand, sondern auch einzelne, sich in Grund und Boden bohrende Finger deuten Verächtlichkeit an. Meine Damen, achten Sie einmal beim Flirten auf die Machtbedürfnisse der Männer durch ihre Gestik: „Dich krieg' ich schon noch klein!" Weil die Herren der Schöpfung vom Bazillus der Macht immer noch eher befallen sind als die Frauen, ist dies in erster Linie *ihr* Problem.

Wundern Sie sich daher nicht, liebe Geschlechtsgenossen, wenn Ihre im Sinne des Wortes *herrischen* Gebärden mit dem nicht minder deutlichen Verbotszeigefinger quittiert werden!

Generell wirkt der Zeigefinger belehrend, drohend, durchbohrend, be- und erzwingend, auf- und entrüstend, schlagend, verletzend, bestrafend und – sich bemächtigend.

Er kann sich aber auch verlockend ausnehmen: Die positive Wirkung mit dem abwechselnd gestreckten und dann wieder – auf sich selbst gerichtet – gebeugten Zeigefinger könnten Sie allerdings nur dann erzielen, wenn die flirtmäßigen Rahmenbedingungen stimmen: Mit aktiver Gelassenheit einen Austausch von Blicken und Lächeln voranzustellen und vor allem das unabdingbare Blitzen mit den Zähnen *während* dieser doch eher riskanten Gebärde nicht zu vergessen.

Mehrere Finger sind an dem kaum weniger gefährlichen Zu-sich-her-Winken beteiligt. Auch hier ist die Grenze von der Direktheit zur Plumpheit fast schon überschritten. Der Wink mit dem Zaunpfahl als moderne Form des Geschlechterkampfs belegt die Ungeduld des wenig Feinfühligkeit und Mut ausstrahlenden schnellen Anmachers.

Manchmal haben wir das Gefühl, als seien uns unsere Hände

im Weg. Wir wissen nicht, was wir mit ihnen anfangen sollen. Dabei müssen wir beim Flirten nach zwei Rollen unterscheiden.

Sprechen wir oder *hören* wir *zu?*

Wenn wir sprechen, ist das probateste Mittel gegen die manuelle Unsicherheit – Gestikulieren! Dabei gilt: Besser mit einer Hand als gar nicht, besser mit zwei Händen als mit einer. In Kontaktseminaren in den USA wird den Teilnehmern nahegelegt, während des Sprechens mit einer Hand zu gestikulieren und die andere zum Zeichen der Gelassenheit in der Hosentasche zu belassen. Soll heißen: Jetzt, in dieser entscheidenden Phase geht es darum, wie ich bei ihr/ihm ankomme, da wollen wir doch locker bleiben!

Mit den Händen zu sprechen – diese Möglichkeit sollten Sie sich immer bewahren. Denken Sie nur an das Beispiel des trinkenden und rauchenden Schnulzensängers Dean Martin: Das ziemlich schnell geleerte Whiskyglas in der einen, die Zigarette in der anderen Hand, das war das Markenzeichen des Alkoholikers und Nikotinisten, der vor lauter Nervosität seine Hände ruhigstellen mußte: Gebärden, die zu Aschenbecher und Glashalter verkümmert waren. Das Publikum fand das anfangs ganz witzig; mit der Zeit aber schlich sich immer mehr das ebenso untrügliche wie anödende Gefühl ein, daß diesem Entertainer irgend etwas fehlte: die Sprache der Hände.

Die Zahl derer, die nur oder hauptsächlich deshalb rauchen, weil sie sich an etwas festhalten müssen, ist Legion. Weitere Stützelemente für Hände und (Unter-)Arme bilden Bartresen, Hocker und sonstige erhöhte Möbelstücke. Damit wir uns richtig verstehen: Nehmen Sie diesen Service ruhig in Anspruch und unter-stützen Sie Ihre Selbstsicherheit. Nur: Verharren Sie nicht zu lange in dieser Position, sondern bewegen Sie Ihre Hände. Wie in allen Bereichen der Körpersprache, so trifft auch hier zu: Statische Haltungen wirken sich auf das Anbandeln nicht negativ aus, wenn sie nur schnell genug (spätestens ab der zehnten Sekunde) wieder zugunsten einer dynamischen, vitalisierenden Körpersprache aufgelöst werden.

In unserer Rolle als *aktiver Zuhörer* sollten wir natürlich alles vermeiden, was uns vom Sprachinhalt ablenken könnte, etwa nicht zu wissen, wo wir unsere Hände lassen sollen.

Also lassen wir einfach beide Hände in den Hosentaschen? Das wäre ein Akt der Unhöflichkeit. Außerdem, und dies ist der noch wichtigere Aspekt, brauchen wir eine nicht zu unterschätzende Zeit und Energie, um aus dieser Haltung heraus in in unserer ,,Sprecherrolle'' zur Gestik zu kommen.

Sollen wir die Hände hinter dem Rücken verstecken? Das sieht nach militärdienstähnlicher Hab-Acht-Stellung aus und eignet sich ebenfalls nicht für das Flirt-Gespräch.

Könnten wir die Arme vor der Brust verschränken, dabei die Außenhände bedecken und die Innenhände verstecken? Darüber haben sich schon die erlesensten Körpersprachler unseres Planeten ausgelassen. Angst, verstärkte Aggressivität, Schutzbedürfnis, Distanz, Abwehr, Ablehnung, Unsicherheit, Abwarten, passive Bequemlichkeit – das sind die häufigsten Interpretationsmuster. Gerade hier zeigt sich einmal mehr, daß das Ausdeuten eines bestimmten körpersprachlichen Signals im Zusammenhang mit anderen nonverbalen Signalen (Verschränkung nicht nur der Arme, sondern auch der Füße) und dem verbalen Verhalten steht.

Eines ist allerdings gewiß: Bei all der Interpretationsvielfalt findet sich nichts, was auf eine positive Bewertung der verschränkten Hände schließen läßt. Keine noch so kleine Öffnung in dieser zentralen Oberkörperregion bekundet die Andeutung von Offenheit gegenüber dem Flirtpartner. Gegner der Kinesik (Körpersprache) behaupten, man dürfe da nichts ,,hineingeheimnissen'', der so verharrende Mensch würde einfach nur frieren. Mag sein. Aber auch das hat seine tiefere Ursache. Ansonsten gibt es absolut bestätigten Gerüchten zufolge Pullover, die angezogen, und Heizungen die aufgedreht werden können.

Könnten wir dann wenigstens die Hände vor dem Bauch verschränken? Dies wirkt sich in der Regel weniger abweisend auf den anderen aus, als mit den wesentlich kompakteren Armen den gesamten Brustbereich zu verbergen, zumal in diesem Fall auch mehr von den Händen selbst zu sehen ist.

2.2.2 Gestik und ihre positive Wirkung

Lassen Sie doch einfach die Hände locker an den Seiten herunterhängen. Erstens haben Sie auf diese Art den kürzesten Weg zum Gestikulieren bei Ihrem Wechsel vom Zuhörer zum Sprecher. Zweitens können Sie sich in Brust- und Bauchbereich offen Ihrem Gesprächspartner widmen und erreichen bei ihm dasselbe, wenn er zuvor eine eher verschlossenen Haltung eingenommen hat und Ihre Zuneigung auf fruchtbaren Boden fällt. Diesen positiven Synergieeffekt können wir übrigens auch bei zwei Rauchern beobachten, die zu gleicher Zeit oder kurz hintereinander die Asche von ihrer Zigarette abstippen. Oder zwei Partybesucher haben sich erst kurz vorher kennengelernt, flirten miteinander auf das heftigste und führen beide zugleich wie auf ein inneres Kommando ihr Glas zum Mund, ohne sich zugeprostet zu haben.

Apropos *Zuprosten:* Es ist ein herrliches Zeichen. In Verbindung mit dem Anlächeln und dem Hochziehen der Augenbraue nimmt es in der gängigen Szene der Lokale und Feste nach wie vor geradezu betörende Ausmaße an. Ein Flirt mitten ins Herz, wenn beim Klingen der Gläser der Trinkspruch ,,Auf Deines" von ihr/ihm mit einem strahlenden ,,Auf unseres" beantwortet wird!

Nach der Politik der kleinen Schritte heißt das: Bei einem Abstand von circa fünf Metern Blickkontakt aufnehmen, Augenbraue hochziehen, lächeln, zurücklächeln lassen, schließlich zuprosten und sich zuprosten lassen. Die Geste wirkt dann als Wink des Schicksals. Und danach: Nichts wie 'ran und ansprechen.

Sollten Sie dazu aus irgendeinem fast nicht mehr einleuchtenden Grund nicht den Mut haben, dann spendieren Sie ihm/ihr über den Kellner eben einen Drink. Das anschließende Zuprosten aus der sicheren Tiefe des Raumes sollte weder gönnerhaft noch verhuscht, sondern mit ansprechendem Wohlwollen ausfallen.

Stellen Sie sich vor, jemand steht vor Ihnen, wendet Ihnen den Rücken zu und begrüßt Sie in dieser Haltung. Sie würden sich ob dieser dreisten Unhöflichkeit wohl kaum angesprochen fühlen. Wir haben aber noch einen zweiten Rücken; unseren Handrücken. Analog ist die permanente Zurschaustellung der *Außen*-Seite unserer Hände nicht dazu angetan, bei unserem Gegenüber positive Gefühle zu wecken. Lassen Sie ihn beim Gestikulieren jeweils für Sekundenbruchteile etwas von Ihren Innenflächen sehen. Er soll spüren, daß es gerade zu diesem Zeitpunkt in Ihnen gut aussieht. Aus der Verinnerlichung wächst dann der gewünschte innige Kontakt.

2.3 Körperhaltung

2.3.1 Typische Fehlhaltungen

Rita begegnete Peter im Urlaub. Sie war beim Baden im Meer in einen Seeigel getreten. Peter war sogleich zur Stelle gewesen, hatte die größten Stacheln entfernt und ihr dann beim Gang zum Arzt geholfen. Er kam ihr nicht nur nett, sondern auch charmant vor; auch der Ausdruck seiner Augen und seine Mundpartie waren ihr sympathisch. Aber seine Haltung gefiel ihr ganz und gar nicht. Er streckte seinen Kopf weit vor, zog seine Schultern fast bis zu den Ohren hoch, so daß sein Hals praktisch nicht zu sehen war. In seiner geduckten raubvogelartigen Stellung schien er wie auf dem Sprung zu sein, als ob sich bei ihm Abwehr und Angriff ständig ablösen müßten. Glücklicherweise trafen sie sich noch öfter. Denn geraume Zeit später offenbarte er ihr, daß er in seiner Kindheit und auch noch in seiner Jugend unter ständigen Schlägen auf sämtliche Körperteile, vor allem auf den Kopf, zu leiden hatte. Nachdem Sie nun den Grund für seine schlechte Haltung erfahren hatte, hielt sie nichts mehr davon ab, ihrer Zuneigung zu ihm freien Lauf zu lassen. Sie brachte ihn dazu, gezielte therapeutische und gymnastische Übungen durchzuführen. Mit dem neuen Bewußtsein richtete sich auch seine Wirbelsäule auf.

Peters negative Körperhaltung im Zusammenhang mit seiner Entwicklungsgeschichte war ziemlich ausgeprägt. Oft reichen indes schon kleinere und kleinste Störfaktoren in unserer Körperhaltung aus, um beim Zugehen auf eine andere Person eine negative Reaktion hervorzurufen.

Nehmen wir einmal die wichtigsten Fehlhaltungen unter die Lupe:

Kopf:

Hinterkopf zugleich nach hinten und unten gezogen, Blick mechanisch nach oben gerichtet: Wir machen uns und anderen etwas vor, spielen Versteck, tun sehr wichtig, verhalten uns als (hinter-)listige Heimlichtuer.

Kiefer- und Kinnpartie zugleich vor- und hochgestreckt, Hinterkopf nach hinten und den Hals stark abgeknickt: Wir erzeugen eine Atmosphäre der Aggressivität und Drohung.

Hals:

Wenn der Hals zusammengezogen wird und zwischen den Schultern verschwindet, dann drücken wir damit wie auch immer geartete Angst aus.

Schultern:

Wir ziehen die Schultern hoch und den Kopf ein: Wir fühlen uns unsicher.

Wenn die Schultern nach vorne zusammengedrückt und der Kopf vorgestreckt wird:

Wir lassen ein verstärktes Schutzbedürfnis erkennen und rüsten uns gegen alle Angriffe.

Gerade diese Haltung wirkt sich als Flirtkiller aus, läßt sie doch in all ihrer Verschlossenheit und Verdrossenheit wichtige Tugenden zum Anbandeln vermissen: Mut, Risikobereitschaft, Zuversicht, Vertrauen und Humor.

Brustbereich:

Die Brust ist eingefallen, die Schultern sind vorgezogen, die Atemtätigkeit wird erschwert: Verstärkter Schutz der Herzgegend, damit wir uns eine Sache nicht so zu Herzen nehmen müssen.

Bauch- und Beckenbereich:

In der Lendenwirbelsäule eingesunken und eingefallen, dazu eingezogener Kopf: Wir leiden unter einem Mangel an Selbstvertrauen, lassen uns hängen und resignieren.

Sowohl Kreuz als auch Knie stark durchgedrückt (Hohlkreuz), Brust nach vorne geschoben: Wir geben uns intensiv unserem Ärger hin, lehnen uns gegen Personen oder Sachen auf.

Eine Stimmung aus Trotz, Ärger und Wut als solides Fundament für Flirt & Kontakt? Wohl kaum.

Damit wir uns richtig verstehen: Eine kurzfristige momentane und gelegentliche „Schieflage" bedeutet nicht, daß es sich um einen ständigen, nachgerade chronischen „Fall" handelt. Wir können innerhalb von mehreren Bewegungsabläufen durchaus mit einem Körperteil abknicken und einsinken, ohne daß dies ein Ausdruck für eine dauerhaft verfestigte Fehlhaltung sein muß.

2.3.2 Gibt es die optimale Haltung?

„Steh' doch nicht wieder so krumm da!" Ist Ihnen das in Ihrer Jugend auch bei den gängigen Familienfesten in beschwörendem und eindringlichem Ton zugeflüstert worden? Stehen/Sitzen/Gehen Sie jetzt „gerader" als früher? Oder ertappen Sie sich immer wieder beim Zurechtrücken Ihrer eingesunkenen Bereiche? Was ist das überhaupt, eine gerade Haltung?

Samy Molcho definiert das in seinem Buch „Körpersprache" so:

‚Objektiv steht man gerade, wenn sich das Knochengerüst des Körpers ohne Muskelanstrengung im Gleichgewicht befindet. Der Kopf ruht waagrecht im Nacken, und der Blick ist geradeaus gerichtet. Die Schultern hängen gerade, Hände und Arme locker entlang des Körpers. Kopf, Hals und Wirbelsäule sind in eine gerade Linie gebracht, der Brustkorb hängt ohne Druck oder Zug in der Wirbelsäule. Das Becken unterstützt in gerader Position die darauf ruhenden Körperteile, die Beine schaffen in Beckenbreite die direkte Verbindung zur Erde, tragen das Gewicht des gesamten Körpers, das gleichmäßig zwischen Ferse und Ballen des Fußes verteilt ist. Wir haben das ganze Skelett in eine vertikale Linie gebracht, und durch die Schwerkraft stabilisiert sich der Körper; es ist, als sei er wie an einer Kette von oben nach unten gehalten. Die Energie strömt gleichmäßig durch die Muskeln den Körper hinauf und schafft eine elastische Beziehung zu Erde und Raum. Solange dies geschieht, begegnen wir der Welt harmonisch.'

Bewegungen unseres Körpers sind Veränderungen unserer Haltung. Äußere Haltungen sind Spiegelbilder von *inneren* Haltungen und Einstellungen. Ergeben sich Widerstände, die durch negative Gefühle bewirkt werden, so schleichen sich Störungen in das schöne Bild der optimalen Haltung ein. Der geduckte Körper, die nach vorne hängenden Schultern, das Hohlkreuz, das Sich-in-die-Brust-werfen sind Folgeerscheinungen, die mit Muskelbelastungen einhergehen und mit einem erheblichen Energieaufwand verbunden sind. Typisch hierfür ist eine Begegnung mit einer sehr anziehenden Person und die damit verbundene Vorstellung, diesen Menschen auf der Stelle anzusprechen (ansprechen zu *müssen*?).

Die optimale Körperhaltung ist also ein Idealzustand, dem wir uns, einmal durch Streßsituation aus dem Gleichgewicht gebracht, nur durch den Ausgleich von Belastungsunterschieden wieder annähern können. So wird etwa das Hohlkreuz durch das Einziehen des Bauches in die normale Stellung der Lendenwirbelsäule zurückgeführt.

Es geht auch nicht darum, so kerzengerade zu stehen oder zu sitzen, als hätten wir ein Lineal verschluckt. Dieser Effekt wird durch förmlich-militärische Anordnungen (,,Nehmen Sie Haltung an!") erzwungen. Aus dem 18. Jahrhundert hat sich ,,Brust 'raus", eine Devise des Alten Fritz (Friedrich der Große, 1740 – 1786), bis in unsere Gegenwart herübergerettet.

Diese spazierstockartige Zwangsbegradigung ist sicherlich der falsche Ansatz.

Weniger aufwendig und für eine gute Körperhaltung wirkungsvoller ist die Losung ,,Brust hoch". Durch die Erhöhung des Brustbereichs werden folgende Bewegungen gefördert: die Schultern werden nach hinten gezogen, der Kopf wird ebenfalls zurückgenommen und richtet sich nach der waagrechten Blicklinie aus und gibt so ganz nebenbei auch den Blick auf den Hals frei. Der Hals als eine unserer verwundbarsten Stellen ist für die meisten Kinetiker *das* Zeichen für Vertrauen schlechthin. Dies bestätigt uns auch ein Ausflug ins Tierreich: Der Hund, der spielen will und mit sich spielen läßt, legt sich auf die Seite und gibt ganz offen seine Halspartie preis. Ähnliches gilt für die Offenheit beim Flirt: Nur ein vertrauensvoller Flirt ist ein guter Flirt.

Die Flirt-Intensität wird auch von der Art bestimmt, in der wir unseren Körper auf den anderen richten. Schlagen wir im *Sitzen* die Beine übereinander, so sorgt das dem Flirtpartner zugewandte obere Bein für die körpersprachliche Zuneigung. Auch die Bewegung von Kopf und Oberkörper in eine, nämlich in *seine* Richtung ergibt ein positives Bild.

Signale, die darauf ausgelegt sind, sich aus dem Kontakt her-
auszulösen, sind das Wippen mit dem Fuß (zumeist Vorderfuß
bei weiter am Boden haftender Ferse) und die nach vorne ge-
beugte Sitzhaltung. Unser Gegenüber fühlt sich offenbar nicht
mehr so wohl in seiner Haut und bereitet ungeduldig den Abschied von dieser für ihn nicht mehr angenehmen Situation vor.

Dagegen bedeutet die voneinander abgewandte Beinhaltung Des-
interesse.

Da die Veränderung der Körperhaltung naturgemäß mit einem veränderten Stimmungsbild einhergeht, ist es für uns wichtig, den Auslöser für dieses „Tief" in Erfahrung zu bringen, um mit Einfühlungsvermögen und Charme wieder eine Atmosphäre der gegenseitigen Sympathie herbeizuführen.

Ein weiteres Spiegelbild des seelischen (Ur-)Zustands ist der *Gang*. Wir kennen den schleppenden Gang des Erschöpften, den federnden Gang des Beschwingten, den erbarmungslosen Gang des mit Scheuklappen zum nächsten Termin Hetzenden, den behenden Gang des Temperamentvollen, den gewichtlosen Gang des Filigransportlers, den sinnlichen Gang aus der faszinierend schaukelnden Hüfte, den zögerlich-engen Gang des bedächtigen Bürokraten und den Storchengang des bis zum Mißtrauen vorsichtigen Perfektionisten.

Was hindert uns daran, Versuche der Annäherung nach dem bewegten Bild unserer eindrucksvoll vor sich hin schreitenden Zeitgenossen zu unternehmen? – Nur geschlossene Augen!

2.4 Stimme und Tonfall

2.4.1 Stimme

Beim Erklingen der Stimmen schließen die Stimmbänder, aus einer Verbindung von Ausatmung und Stimmbandbewegung heraus, bis auf einen engen Spalt aneinander. Die Höhe/Tiefe der erzeugten Töne hängt von Spannung und Länge der Stimmbänder ab. Heutzutage wird in unseren mitteleuropäischen Kulturen eher eine tiefe (rauchige!) Stimme als flirtig und sexy empfunden. Bei der Bruststimme (,,im Brustton der Überzeugung'') wird der Brustkorb im Gegensatz zu der leiseren Kopfstimme, der Fistelstimme und der Flüsterstimme ebenfalls erschüttert.

Unsere Stimme stimmt mit unserer Stimmung überein. Je besser wir uns fühlen, umso klarer, sonorer, voller und ausgeprägter ist unsere Stimme. Je schlechter unsere Stimmung, umso brüchiger, zittriger, unsicherer und undeutlicher hören wir uns an. Die Stimme wird je nach Veranlagung krächzend, heiser, schrill. Meine Damen und Herren, überprüfen Sie einmal die Veränderungen Ihrer Stimmlage, wenn's beim Anbandeln nicht so gelaufen ist, wie Sie sich das vorgestellt haben: Hat man da noch Töne – Sie sprechen mit tonloser Stimme. Auf Ihre Stimme legt sich ein Druck, hervorgerufen durch Frust, Müdigkeit, Alkohol: Sie sprechen mit be-legter Stimme.

Hat Sie das nicht gestört, meine Damen, wen Sie mit einem ,,Baum von einem Mann'' geliebäugelt haben, dessen dünnes, helles Stimmchen Mühe hatte, sich Gehör zu verschaffen? Von vielen Kursteilnehmerinnen war zu hören, daß sie einen einfühlsamen, warmen und zugleich für Geborgenheit und Ruhe zeichnenden Baßbariton bevorzugen.

Nun meint es das Schicksal natürlich nicht mit jedem so gnädig, daß es ihm diese Stimmlage beschert. Aber mit einer saft- und kraftlosen Stimme brauchen Sie sich auch nicht unablässig zu bestrafen. Tun Sie etwas für die Kräftigung Ihrer Stimme!

Das muß nicht gleich so weit gehen, daß Sie sich an Stimmbildner und Stimmtherapeuten wenden, die ihre Dienste nicht nur den Schauspielern anbieten. Gehen Sie doch einfach mal in den Wald; dort sind Sie unbeobachtet und können sich durch *Schreien* ein-stimmen.

Als wichtiger Bestandteil der Körper-Sprache ist die Stimme nicht nur ein Spiegel Ihrer seelischen Befindlichkeiten, sondern sie stellt auch den Bezug zu Ihrer Körperlichkeit her. Sich mit seinem Körper zu befassen, ihn zu trainieren, zu fordern und zu fördern — das führt auch zu einem besseren stimmlichen Verhältnis.

Eine gute Stimme muß nicht laut sein, obgleich es viel weniger gehemmte Leute mit einer zu lauten als mit einer zu leisen Stimme gibt. Im Unterbewußtsein spiegelt sich die Hoffnung wider, der andere möge nicht alles von uns Gesagte verstehen, weil wir uns dessen nicht so ganz sicher sind. Oder die Stimme ist am Anfang laut und deutlich vernehmbar, läßt aber im Verlauf des Gesprächs durch den zunehmenden emotionalen Druck (Disharmonien zwischen Flirtfrau und Flirtmann) an Intensität immer mehr nach.

Zu leises Sprechen kann sich besonders an Orten, wo es recht laut und turbulent zugeht, als verhängnisvoller Störfaktor erweisen. Da gehen in der Disco spätestens beim dritten Nachfragen („Was hast Du eben gesagt? Ich versteh' Dich so schlecht") die Lichter der Kommunikation aus, und es ergießt sich über Sie und Ihre Stimme ein Brei von schmetternder Musik, klirrenden Gläsern und wirren Sprechfetzen aus dem Hintergrund.

In diesem Kapitel war schon des öfteren von dem belebenden Element der Körpersprache die Rede. Indem wir unsere Stimme heben und senken, vermeiden wir jenen monotonen Gleichklang, der aus einem Flirt die langweiligste Sache der Welt macht. Denn sonst suchen wir uns am besten einen Partner zum fröhlichen Gähnen!

Der Ton macht die Musik.

,,Sind Sie denn . . . . *auch* hier?" Inhaltlich ist dieser Gesprächseinstieg in seiner puren Blödheit eine Katastrophe. Aber wenn wir die Worte ,,Sie" und ,,auch" stark be-tonen, bei dem Wörtchen ,,auch" die Stimme stark heben, zwischen ,,denn" und ,,auch" eine Pause von einer Sekunde einlegen und das selbstsichere Lächeln mit geöffnetem Mund nicht vergessen, dann kann selbst der dümmste Spruch zum Erfolg führen.

Es kommt also nicht immer so sehr darauf an, *was* wir sagen, sondern *wie* wir etwas zum Ausdruck bringen.

Der Tonfall als Klangfarbe und Melodie des Sprechens spielt in jedem Flirtgespräch eine große Rolle. ,,Ich finde das Muster Deines Pullis ganz bezaubernd!" Hier haben wir es mit einer Anhäufung von dunklen Vokalen (Muster; Pulli; bezaubernd: zweimal ,,u", einmal ,,au") zu tun. Um Licht in das Dunkel der Vokale a, o, u zu bringen, empfiehlt sich daher ihre möglichst intensive Hervorhebung durch eine kräftige Betonung und durch das Heben der Stimme, besonders bei dem Wort ,,bezaubernd". Verfallen wir dagegen in Tonlosigkeit und spulen den Satz leierkastenartig ab, so berauben wir dieses Kompliment eines großen Teils seiner Wirkung.

2.5 Weitere körpersprachliche Einflüsse

2.5.1 Gebietsverhalten

Sich auf einen noch so unverbindlichen Körperkontakt einzulassen, gelingt uns, wie wir bereits in Kapitel 1.1.9 dieses Buches dargelegt haben, erst bei einer Vertrautheit, die von beiden gewünscht und von mindestens einem der beiden herbeigeführt wird.

Da diese Vertrautheit in aller Regel unsere Intimsphäre berührt, wird diese Distanz die *intime* genannt. Im Grunde gestatten wir dem anderen die Distanzlosigkeit dort, wo der erotische Gehalt des Flirts als reizvolles Knistern nicht mehr ausreicht.

Vertrautheit beruht zumeist auf Bekanntheit. Aber ist Ihnen, liebe Flirterinnen und Flirter, nicht auch schon jemand begegnet, bei dem Sie unvermittelt das Gefühl hatten, ihn schon ,,ewig'' zu kennen? Dieses schnelle Vertrauen auf Grund von magisch anziehender, die Sinne betörender Ausstrahlung bewirkt den Berührungsschub als Übergang von der persönlichen in die Intimsphäre.

Andernfalls muß die Überwindung von räumlichem Abstand erst schrittweise vollzogen werden. Denken Sie nur an den Mann an der Hotelbar, der sich zunächst nicht traut, die Dame zu fragen, ob er sich dazusetzen könne und den Anstandshocker zwischen sich und ihr frei läßt, um dann, ob unbeachtet-verstohlen oder bei einsetzender Kommunikation hochoffiziell, doch auf dem Sitz neben ihr Platz zu nehmen.

Wir können Anbandeln als ein Sich-Herantasten verstehen, mitunter ist es sicherlich ein Heranschleichen und Herumscharwenzeln, von der *sozialen* (1 – 2 Meter) zur *persönlichen* Distanz (unter 1 Meter bis circa 40 Zentimeter). Dieser persönliche Abstand ist unsere Bandbreite zum Flirten.

Vera F. Birkenbihl formuliert das so: ,,In unsere persönliche Zone lassen wir freiwillig all jene Personen hinein, mit denen wir nicht so intim sind, daß sie unsere Intimzone betreten dürfen, die uns aber auch nicht so fremd sind, daß sie in unserer nächstweiteren Zone verbleiben müssen.''

Dieser Raum wird als Flirtbereich nur wenig akzeptiert, wenn es keine Möglichkeit mehr gibt, auf Distanz zu gehen, also in die Unverbindlichkeit der gesellschaftlich normierten sozialen Zone auszuweichen. Körpersprachliche Zuwendung (Blickkontakt, Lächeln, offene Körperhaltung) fällt in dieser ungesicherten Position besonders schwer.

In einer überfüllten S-Bahn, im Gedränge einer belebten Fußgängerzone oder in übervölkerten Wartezimmern hat jeder mit sich selbst am meisten zu tun, den als penetrant empfundenen Eingriff in die Intimsphäre zu verarbeiten. Er glaubt sich ein positives Signal gegenüber dem, der ihm schon zu nahe getreten ist, nicht leisten zu können.

Nebenbei, sitzend flirtet sich's leichter als im Stehen, weil hier die Schutzfunktion der innersten Zone wiederum besser greift. Wir müssen im Sitzen nicht soviel von unserem Körper preisgeben wie im Stehen.

Kennen Sie das Gebietsverhalten eines Machos? Er unterhält sich in einer Kneipe mit einer Frau, die er gerade kennengelernt hat. Neben ihm auf der anderen Seite sitzt ein Mann, der es ebenfalls auf die Frau abgesehen hat und an ihm vorbei entlang des Tresens mit ihr bereits Blickkontakt aufnimmt. Der Macho registriert das und macht ,,die Ecke zu''. Er schiebt seinen Stuhl einen halben Meter zurück, so daß das Gesichts- und Betätigungsfeld des Rivalen stark eingeschränkt ist und dieser fast nur noch die austrainierte Rückenpartie des Aufreißers vor Augen hat. Ein Macho-Rücken kann *nicht* entzücken.

Diese Körpersprache drückt die Verbindung von Gebiets- mit Besitzansprüchen aus: Das ist *mein* Jagdrevier und die Frau gehört mir, laß' die Finger davon, Junge, sonst setzt es 'was, am besten ist sowieso, Du verziehst Dich!

Claudia, eine attraktive Anfangsdreißigerin und art director einer Werbeagentur, sitzt im ICE von München nach Frankfurt. Noch zwei Minuten bis zur Abfahrt. Sie hat auf die Sitze links und rechts von sich Kleidungsstücke und Zeitschriften gelegt; die anderen Sitzreihen sind gut gefüllt. Ihre Gedanken gehen mit ihr spazieren.

. . . Das ist mein Territorium, ich muß mich ja schließlich ausbreiten können; da kommt mir so schnell niemand ins Gehege . . . es sei denn, er (naja, meinetwegen auch sie) ist wenigstens keck und kokett und nicht von jeglichem Charme unbeleckt . . . soll doch erstmal fragen, wenn er 'was will . . . ich

muß doch nicht gleich jedem hergelaufenen Stiesel Platz machen . . . und überhaupt – man trifft ja heutzutage kaum noch Männer, die auch nur halbwegs sympathisch sind und nicht sofort . . .

Männer! . . . Nie wieder einen Werbefritzen als Freund, höchstens später als Hausfreund . . . in dieser Inzuchtbranche denkt jeder Gartenzwerg, er hat die Potenz eines Schimpansen . . . also gestern vorm Briefing (Besprechung von Detailinformationen über einen Auftrag, Anm. d. Verf.) . . . was waren die Brüder nur doof . . . meinen aber alle, sie sind die Größten, wie im flimmernden Panoptikum . . .

Ha, die Sonne geht auf, der Typ da an der Tür . . . ob der verheiratet ist? Kommt mir eher vor wie glücklich geschieden . . . hm, dann eben nicht. Traut sich nicht mal zu fragen, ob da noch frei ist . . . Eh nix für mich . . .

Pah, die erinnert mich stark an meine alte Lehrerin . . . muß ich nicht haben . . . soviel Zeit, wie die hat – die kann ja wohl auch mit dem D-Zug fahren . . . hoffentlich kommt die nicht . . . jawohl, geht dran vorbei . . .

Mhm, das wär' schon eher was . . . nicht unflott . . . obwohl, 39 1/2 ist der nicht mehr . . . sieht irgendwie gelackt aus . . . als wär' er aus dem Schaufenster gesprungen, sowas von durchgestylt . . . vielleicht räum' ich doch besser die Illustrierten vom Sitz . . . an den trete ich glatt meine halben Gebietsansprüche ab . . . Na?

,,Verzeihung, ist der Platz noch frei?''

Na also . . . Die Männer sind doch alle feige . . . Schöne Hände hat er.

,,Ja bitte.''

,,Also wegen mir brauchen Sie nicht aufzuräumen. Ich kenn' das von meiner Frau. Die sagt immer: ,Wer Ordnung macht, ist nur zu faul zum Suchen.' Haha. Und meine Tochter, die gerät ganz nach ihr. Hahaha.''

Prost Mahlzeit . . . ein Witzbold mit Familie . . . Wahrscheinlich hat er auch noch einen Sohn, der Scherzkeks heißt . . .

Sie lachte pflichtschuldig mit. Aber aus dem gezwungenen

Verlegenheitslachen erwuchs ein befreites Glucksen, das in ein harmonisches, solidarisches Gelächter überging. Eine anregende Unterhaltung entwickelte sich. Bis Frankfurt blieb nur wenig Zeit.

2.5.2 Düfte und Gerüche

Jeder von uns hat einen eigenen Körpergeruch. Es ist zunächst im positiven Sinne des Wortes ein ganz individuelles Duftsignal. Nach Brockhaus ist der Geruchssinn „wichtig für das Auffinden der Nahrung und des Geschlechtspartners(!) durch Wittern . . . Der Vorgang des Riechens besteht darin, daß die Luft, die den Geruchsstoff, oft in sehr starker Verdünnung, enthält, mit der Riechschleimhaut in Berührung kommt (Schnüffeln, Schnuppern). Der von den Sinneshaaren der Riechzellen aufgenommene Geruchsreiz gelangt auf dem Nervenwege zum Riechzentrum des Großhirns."

Redewendungen wie „den kann ich nicht mehr riechen", „der stinkt mir gewaltig" oder „verdufte jetzt endlich" belegen die Bedeutung dieses Sinnesorgans für den zwischenmenschlichen, umgangssprachlichen Bereich. Die Chemie muß schließlich stimmen.

Das meinten auch einige Wissenschaftler verschiedener amerikanischer Universitäten, die im Geruch des menschlichen Körpers zwei sexuelle Reizstoffe, das moschusähnliche Androstenol und das Androstenon, entdeckten.

Unter den Achseln riechen wir am intensivsten. Coole Typen überspielen dabei den Übergang von Wohl- und Übelgeruch schon mal mit der flapsigen Bemerkung: „Liebling, kannst Du mir noch mal verzeihen, mein Deo ist heut' nicht in Form!"

Im letzten Jahrzehnt wurden körpereigene Lockstoffe durch eine auf-sprühende Duftwasserindustrie und deren aggressiver Werbung immer mehr zurückgedrängt. Also, meine Herren, verschütten Sie Ihren eigenen Körperduft nicht mit Davidoffs letzter Rache (wiewohl es wesentlich schlechtere unter den Aftershaves gibt), und lassen Sie sich, meine Damen, beim Auftragen von Estee Lauder's neuester Creation nicht hinter einer Parfumwolke verschwinden. Benutzen Sie vielmehr in Maßen, was den natürlichen Duft Ihres Körpers unterstützt.

Das hat selbstverständlich nichts mit der täglichen Waschhygiene zu tun. Denn einen übel riechenden Körper wollen Sie Ihrer und anderer Leute Nasen doch sicher allein schon aus Gründen des Umweltschutzes nicht antun!?

Beleidigte Nasen gibt's auch bei (schlechtem) Mundgeruch. Sagen Sie es dem betreffenden armen Menschen, damit seine Flirtchancen endlich wieder steigen; viele Leute mit Mundgeruch wissen nicht um ihr Problem, weil ihre Umwelt nicht den Mut hat, sie darüber zu informieren. Vielleicht gilt dann auch für Ihren Bekanntenkreis: Die Luft ist rein für saubere Flirter.

3. Tips und Tricks

Richtig, meine Damen und Herren, jetzt geht es ans Eingemachte! Tips und Tricks für Flirt & Kontakt in allen Lebensbereichen oder: Wie sprechen Sie wann wo wen unter welchen Umständen an?

3.1 Grundsätzliches und Theoretisches

Tips und Tricks − das liest sich so geflügelt und soll denn auch beflügeln. Was verbindet sich mit diesen beiden Ausdrücken aus dem angelsächsischen Sprachbereich?

Der Tip ist ein guter Rat, Ratschlag, Hinweis, eine Empfehlung. Damit wir *noch* besser flirten. Und der Trick? Die meisten Wörterbücher geben sich hier mit Kniff, List, Kunstgriff zufrieden und übersehen dabei, daß es auch eine unkonventionelle Methode, ja sogar ein Um-Weg ist, um zu einem wie auch immer gearteten Ziel zu kommen. Wir wollen oder können eben nicht immer den *direkten* Weg gehen („Dein Anblick hat mich überwältigt! Darf ich Dich zu einer Tasse Kaffee einladen?"). Mag sein, daß wir dazu nicht den Mut haben oder uns diese Art nicht nur zu direkt, sondern auch zu plump erscheint.

Keinesfalls aber sollten wir die Frage außer acht lassen, ob wir uns in die Schar der banalen, gebetsmühlenartig Sprüche ausspuckenden Anmacher(innen) einreihen oder uns um ein gewisses Maß an Witz und Originalität bemühen. Gesprächseröffnungen wie „Bist Du öfter hier?", „Wieviel Uhr ist es?", „Haben wir uns nicht schon mal gesehen?" oder Pseudokomplimente („Ich finde Dich nett") sind nicht flirtig, weil der andere das in seiner nichtssagenden Alltäglichkeit so oder ganz ähnlich schon tausendmal gehört hat.

Ein Kursteilnehmer hat von einem Freund berichtet, der im Tanzlokal eine ganze Reihe von Männern dabei beobachtet hat, eine attraktive Frau zum Tanzen aufzufordern. Sie gab allen einen Korb. Besagter Freund aber ließ sich dadurch nicht entnerven und sprach sie schließlich ebenfalls an: ,,Sag' mal, hast Du eigentlich 'ne Waschmaschine?'' Worauf die Frau entgegnete: ,,Also das hat mich noch keiner gefragt. Wie kommst Du denn darauf?'' ,,Naja, ich hab' mir gedacht, die Typen vor mir sagen alle dasselbe von wegen ,Wollen wir tanzen!' oder so, da hab' ich's eben mal mit 'was anderem probiert.'' So kam unser Freund erfolgreich ins Gespräch und später auch zum Tanzen. Er hatte den Mut, sich von den anderen abzuheben, indem er einfach etwas Neues brachte und so für frischen Wind und erhöhte Aufmerksamkeit sorgte.

Ich werde immer wieder gefragt, zu welcher Tageszeit das Flirten am leichtesten ist. Natürlich hat jeder Tagesabschnitt seinen Reiz; aber abends und nachts wird die Gefahr zunehmend größer, sich selbst und damit auch den Ansprechpartner unter Druck zu setzen. Demgemäß ist dieser tagsüber viel zu überrascht, um negativ auf Ihren Flirt zu reagieren. Bandeln Sie also schon am hellichten Tage an, und verabreden Sie sich für einen der nächsten Abende, so daß Sie sich abends schon in Begleitung den modernen Geschlechterkampf in aller Ruhe zu Gemüte führen und nicht den streßintensiven Erfolgszwang verspüren. Das einzige bedeutende Problem: Ihr ,,Flirt'' hat tagsüber keine Zeit. Aber auch das kriegen wir in den Griff (siehe auch Kapitel 3.7.6 ,,Auf der Straße'').

Wie bitte, am Tage müssen Sie arbeiten und haben keine Zeit zum Flirten? Nehmen wir einmal an, Ihr 24-Stunden-Tag läßt sich dritteln in acht Stunden Schlaf (brauchen Sie wirklich soviel?), acht Stunden Arbeit (mehr oder weniger?) und acht Stunden Freizeit, in der Sie zwar Ihren Besorgungen und Verpflichtungen nachkommen müssen, aber selbst diese mit Kontaktversuchen verknüpfen können (im Einkaufsmarkt; auf dem Weg zu und von der Arbeit). Da läßt sich doch wohl mindestens eine Stunde für den Flirt erübrigen.

Viele gescheite Leute führen Buch über ihr Geld; bedeutend weniger befassen sich indes damit, ob sie auch ihre *Zeit* annähernd sinnvoll verbringen oder einfach nur vernichten. Also, meine Damen und Herren, bevor Sie die Fernbedienung Ihres TV-Gerätes malträtieren oder nervtötend in Illustrierten blättern, machen Sie sich lieber ans Flirten; da haben Sie wesentlich mehr davon. Mit anderen Worten: Wenn Sie für Flirt & Kontakt keine Zeit *haben,* so müssen Sie sich die Zeit dafür *nehmen!*

Beiläufig sei noch erwähnt, daß alle Tricks auf beide Geschlechter zutreffen, falls nicht Sie, meine Damen, oder Sie, meine Herren, ausdrücklich und exklusiv erwähnt werden.

So, bevor wir uns nun mitten hinein begeben in das Spiel (für manch einen wird's eher auf einen Kampf hinauslaufen, über den er dann aber zum Spiel finden kann) um Gunst, Glück und gebrochene Herzen, lassen Sie uns noch einen kleinen Ausflug in die Theorie unternehmen. Bei all den Tips und Tricks, die wir im folgenden besprechen werden, kommt es ganz wesentlich auf drei Punkte an:

1. Entdecken Sie Gemeinsamkeiten zwischen Ihnen und Ihrem *Flirt*.
   Filtern Sie gemeinsame Hobbys, Interessen und Themen heraus und lassen Sie ein *Wir*-Gefühl entstehen. Dies können Sie mit folgenden Redewendungen einleiten: ,,Finden Sie nicht auch, daß . . .'', ,,Hast Du nicht auch den Eindruck, daß . . .'', ,,Geht's Ihnen da nicht auch so?''

Wir beginnen also mit einer geschlossenen Frage und gehen dann immer mehr zu offenen Fragen über. Auf eine geschlossene Frage gibt es nur eine kurze Antwort, meistens ja oder nein. Für uns Flirter ist natürlich das ,,ja'' wichtig, weil wir uns dadurch zunächst seiner oder ihrer Zustimmung versichern. *Offene* Fragen sind sogenannte W-Fragen, also ,,Was denken Sie über . . .'' oder reine Inhaltsfragen. ,,Wie ist Ihre Einstellung zum Zusammenhang des Papsttums im 19. Jahrhundert und der Maikäferplage in Niederländisch-Neuguinea vor 14 Jahren?'' Ihr Gegenüber wird Sie völlig fassungslos anblicken und dann seines Weges gehen. Doch auch bei sinnvolleren und einfacheren offenen Fragen (,,Lieber Tischnachbar, was können Sie mir zum Essen empfehlen?'') kann sich Ihr Ansprechpartner überfordert fühlen. Er glaubt sich bei einer Wissenslücke ertappt und reagiert mit erhöhter Aggressivität. Aber gerade das Entstehen negativer Gefühle wollten Sie beim Flirten schließlich vermeiden. Erleichtern Sie ihm daher seine Reaktion, und gestalten Sie die Ausgangssituation für Sie *beide* möglichst angenehm.

2. Anteilnahme
   Dies kann beispielsweise durch ein Kompliment erfolgen, wobei das *direkte* Kompliment (,,Die Zeichnung auf Deinem T-Shirt gefällt mir ausgezeichnet'') natürlich mehr Mut erfordert, aber auch eindrucksvoller ist als das *indirekte* (lächelnd: ,,Mir ist die Zeichnung auf Deinem T-Shirt aufgefallen'').

3. Nicht nur von unserem Gesprächspartner nehmen wir Signale auf, um von der formellen in die private Sphäre (nicht in die Intimsphäre) überzuleiten. Dies gilt besonders bei Beratungs- und Kundengesprächen. Ein Eingriff in den *Intim*-Bereich wäre etwa:
   ,,Komm, wir gehen jetzt zu mir, da kann ich Dir noch meine neue Software zeigen!''

Der Übergang zum *privaten* Bereich manifestiert sich am Beispiel Sylvias:
   Sie ließ sich in der Bank von ihrem doch recht sympathischen Berater über die Verzinsung einer Geldanlage aufklären. Plötzlich fängt es heftig zu schneien an, woraufhin sie ihn fragt: ,,Also, bei diesem Schneegestöber krieg' ich wirklich Lust aufs Skifahren. Fahren Sie auch Ski?'' ,,Ja, aber in den letzten Jahren gab's leider nicht allzuviel Schnee, da hat es sich für mich nicht so gut ergeben.'' ,,Kennen Sie das Skigebiet Saalbach-

Hinterglemm? Es ist sehr weitläufig und variantenreich; vor einiger Zeit ist auch noch die Verbindung zu Leogang hergestellt worden." "Ja, ein paar Freunde haben mir davon erzählt; ich selbst war noch nicht dort." "Ich könnte mir vorstellen, am übernächsten Sonntag mit Bekannten nach Saalbach zu fahren. Wäre das auch 'was für Sie?" "Eigentlich schon, jetzt haben Sie mir so richtig den Mund wäßrig gemacht. Ich weiß nur noch nicht, ob ich an einem Bank-Seminar teilnehmen muß. Würde es Ihnen etwas ausmachen, mich morgen tagsüber anzurufen? Dann kann ich Ihnen Bescheid geben." "Okay."

Hier kommt also das Signal von außen regelrecht hereingeschneit. Sylvia leitet mit dem Schneegestöber von dem neutralen Fachgespräch in die Privatsphäre über.

3.2 Service und Dienstleistungen

Wenn wir an die Wahrnehmung all der Möglichkeiten denken, die sich beim Übergang von der formell-beratenden in die privatpersönliche Sphäre ergeben, so kämen wir vor lauter Flirten gar nicht mehr zum Arbeiten. Welch schrecklicher Gedanke!?

Der Service als Dienst am Kunden wird in unserer Gesellschaft in zunehmendem Maße groß geschrieben. Sowohl dem Anbieter (Personal) als auch dem Anwender (Kunden) von Dienstleistungen bieten sich auf diese Art und Weise neue Wege, sich in das Innenleben der jeweils anderen Seite einzufühlen und zur Vertiefung der zwischenmenschlichen Kontakte beizutragen. „Kunde firtet mit Verkäuferin" – für die Zeitungen ist das zwar keine Meldung mehr wert, aber was wäre das Leben ohne den kleinen täglichen Flirt zwischen Kunden und Angestellten, Käufern und Verkäufern, Beratern und Interessenten, mit Kollegen, Chefs und Mitarbeitern?

Die zunehmende Automatisierung durch den Computer hat die Menschen auch in den Banken nicht davor bewahrt, miteinander anzubandeln. Finden Sie nicht auch, liebe Flirtgemeinde: Der Geldautomat bezieht für manche noch seinen gewissen erotischen Reiz aus dem Auswerfen von bunten knisternden Scheinchen, die doch das Leben so süß machen sollen. Der Charme des Kontoauszugsautomaten hält sich nun vollends in engen Grenzen, ist hier doch weit und breit keine zartfühlende Stimme zu vernehmen, die einem in anrührender Modulation das Abrutschen in die roten Zahlen näherbringt.

Solange Sie wenigstens hinter den Schaltern noch Menschen antreffen, nutzen Sie unbedingt die Chance, Bankverbindungen zu einem Flirt-Erlebnis werden zu lassen. Zwar gab es für den privaten Kontakt zwischen Angestellten und Kunden ziemlich strenge Richtlinien, die jedoch in den letzten Jahren gelockert wurden. Die Bankangestellten unter den Kursteilnehmern bestätigen immer wieder aufs neue, daß in den kundenorientierten Tresenbereichen geflirtet wird auf Teufel-komm-raus. Es ist halt so, wie unser Flirtkenner Monaco-Franze zu sagen pflegt: ,,Ein bißchen 'was geht immer . . .''

Wenn der Automat also Ihren Kontostand ausgeworfen hat, dann gehen Sie frohen Herzens zu Ihrem Schwarm hinter dem Schalter und sagen ihm lächelnd − ob sie nun mit 78 369 im Plus sind oder mit 28 912 in der Kreide stehen: ,,Das reicht ja gerade noch, um Sie zu einer Tasse Kaffee einzuladen!''

Aus dem Gespräch Kunde/Bankangestellte(r) resultieren natürlich nicht nur Entscheidungen wie über die Erweiterungen von Kreditlinien, sondern auch Informationen über die Verwendung dieser zusätzlichen Mittel. Brauchen Sie das Geld etwa für eine kleine Weltreise nach Peru-Bolivien-Ecuador? Dann können Sie darauf hoffen, daß Ihre Bankfrau, bei entsprechend genießerischer Schilderung Ihrerseits, sich zumindest für Ihre Urlaubsdias interessiert. Um sie darauf einzustimmen, schicken Sie ihr aus den fernen Gestaden noch eine Ansichtskarte. Nach Ihrer Rückkehr plaudert es sich logischerweise in einem südamerikanischen Spezialitätenlokal bei entsprechender Musik über den exotischen Urlaub am besten.

Oder Sie benötigen den Kredit für ein neues Auto. Dann finden Sie die Kenntnisse Ihres Bankangestellten über Vor- und Nachteile einzelner Automarken heraus und engagieren sich ihn auch noch als Kfz-Berater. Eine gemeinsame Probefahrt läßt Sie beide schließlich endgültig näher rücken!

Was ein richtiger Banker als Anlageberater mit Zeitproblemen während der Arbeitszeit ist, der kommt auch im Anschluß daran zu Ihnen ins Haus. Bei einem Glas Wein löst sich nicht nur jedes Vermögensproblem wie von selbst, sondern so fällt der Wechsel vom Geschäft zum Flirt besonders leicht.

Sie gehen in das Geldinstitut, suchen sich den schönsten Banker aus und eröffnen bei ihm ein Konto. Sie lassen Ihre Daten (Name, Adresse, Geburtsdatum, Beruf) aufnehmen; spätestens bei Ihrem Geburtstag geben Sie ihm das Zeichen zum Übergang von den Formalitäten zum persönlichen Kontakt: ,,30. 7. 69, also Löwe.'' Geht er darauf noch nicht ein, übernehmen Sie die Initiative. ,,Sind Sie auch ein Feuerzeichen?''

Nebenbei: Die Astrologie als hervorragendes Instrument zum Anbandeln wird bei unseren Flirttips noch öfter auftauchen. Schon geringe Vorkenntnisse wirken Wunder!

In der angelsächsischen Flirtliteratur machte der Trick mit dem Zettel die Runde, den der Kunde dem andersgeschlechtlichen Schalterangestellten hinschiebt: ,,Dies ist ein charmanter Überfall. Ich möchte Sie zu einem Glas Wein einladen!''

Vergessen Sie aber bitte als Kunde dabei nicht, ihm nach dem Wort ,,Überfall'' mit Ihrem inständigsten Lächeln zuzuflüstern: ,,Bitte lesen Sie weiter, und drücken Sie nicht auf den Alarmknopf, denn sonst muß ich neben dem Wein auch noch den Polizeieinsatz finanzieren!''

Selbstverständlich beschränkt sich das Flirtpotential am Ort der Dienstleistung nicht nur auf den Kontakt zwischen Kunden und Personal. Auch Kunden untereinander finden hier eine verführerische Spielwiese vor.

Einer Kursteilnehmerin war folgendes passiert: Sie stand zusammen mit einer Handvoll Leuten in der Schlange vor dem Bankschalter. Plötzlich drängte sich der Mann hinter ihr, den Sie bisher nicht beachtet hatte, unter unverständlichem Gemurmel vor und tätigte seine Überweisung. Dann ging er auf sie zu und säuselte mit entwaffnendem Lächeln: „Entschuldigen Sie bitte mein schlechtes Benehmen, aber ich habe es wirklich furchtbar eilig. Kann ich mich bei Ihnen mit einer Einladung zu einem Drink revanchieren? Wissen Sie was, ich geb' Ihnen meine Visitenkarte und würde mich über Ihren Anruf sehr freuen.'' Er hatte es geschafft, sein anfänglich so flirtfeindliches Verhalten in Charme zu verwandeln. Eine Woche später rief sie ihn an.

3.2.2 Im Supermarkt

Kennen Sie den Ort, wo Sie (fast) immer einen Korb kriegen? Richtig, es ist der Supermarkt. Durch den Einkaufskorb fällt Ihnen nicht nur der Transport Ihrer Ware, sondern auch der Kontakt zum anderen Geschlecht leicht, so daß *dieser* Korb Ihr erster und letzter ist!

Es lohnt sich also sehr, meine Herren, darauf zu achten, was die attraktive Frau in der Schlange vor Ihnen schon alles eingekauft hat. Fragen Sie sie einfach, wie man denn das Kalbssteak am besten zubereitet. Sie würden gerade einen Anfängerkochkurs der Volkshochschule besuchen und sich von ihr gerne in die hohe Schule des Kochens einweihen lassen. Schlagen Sie ihr einen Termin fürs gemeinsame fröhliche Kochen vor. Guten Appetit!

Wenn Ihnen die Frau Ihrer Träume noch kurz vor der Kasse begegnet und Sie genügend Zeit zum Beobachten hatten: „Ich habe Sie die ganze Zeit anschauen müssen, weil ich so fasziniert von Ihnen bin. Nun haben Sie's doch tatsächlich geschafft, daß ich nicht mehr weiß, was ich eigentlich kaufen wollte.'' Es folgt eine kurze gemeinsame Beratung über die Anschaffung des Rosé-Weins, an den Sie sich urplötzlich wieder erinnern und zu dem Sie sie an einem der nächsten Abende einladen werden.

Vom Anbandeln müssen Sie sich auch nicht beim Anblick eines bis oben hin mit Pampers beladenen Einkaufswagens abhalten lassen. Und dies gilt nicht nur für emanzipierte und praktizierende Jungväter. Flirt macht Laune, auch und gerade ohne die Aussicht auf eine feste Partnerschaft!

Meine Damen, lassen Sie sich von dem Gewicht Ihrer vollbepackten Tüten nicht erdrücken. Es gibt ja noch Männer, die gutaussehend *und* hilfsbereit sind. Bitten Sie ihn, Ihre Tüten bis zu Ihrem Auto zu tragen (keine Angst, er macht sich damit schon nicht aus dem Staub), und zeigen Sie sich mit einer Einladung zum Kaffee erkenntlich:

,,Also, im Tragen von Tüten sind Sie schon ganz gut. Um andere Fähigkeiten zu entdecken, müßte ich Sie allerdings ein klein wenig näher kennenlernen!''

Natürlich können Sie ihn auch nach der Dose Whiskas fragen, um mit ihm über Katzen ins Gespräch zu kommen. Auch wenn Sie selbst keine Katze haben, können Sie ja schließlich den Futterkauf für Ihre Freundin erledigen.

Haben Sie einen Hang zu umweltbewußtem Verhalten (sehr lobenswert!) und zu praktisch begabten Männern, so lassen Sie sich von *Ihm* Ihre Lebensmittel auspacken. Sie vervollständigen Ihren Beitrag zu *Flirt & Umwelt,* indem Sie seinen Humor mit der Bemerkung testen: ,,Aber lassen Sie bitte den Sekt in der Flasche, hier schlürft es sich so schlecht!''

Wenn Ihr Lächeln von Ihrem im Kaufrausch versunkenen Schwarm nicht erwidert wird, legen Sie ihm einfach eine kleine Packung Schnapspralinen in den Einkaufswagen. Auf seine erstaunte Reaktion entgegnen Sie: ,,Nehmen Sie's als Geschenk des Himmels, der uns hier zusammengeführt hat.'' Mit dem gemeinsamen Genuß einer Götterspeise setzt sich der himmlische Flirt fort.

3.2.3 Im Kaufhaus

Es gibt tatsächlich noch Leute, die sich trotz der aufwendigen Jagd nach den Sonderangeboten die Zeit für einen charmanten Plausch in der Spezialabteilung des Kaufhauses nehmen. Haben Sie nicht auch Lust, über Ihr Kaufobjekt spielerisch-leicht mit dem Personal oder anderen Kunden anzubandeln?

Da ist zunächst einmal das *Personal:* Viele Kaufhausangestellte sehen zwar recht unzugänglich aus, freuen sich aber dann doch über den netten persönlichen Kontakt (mitunter sogar vielbeschäftigte Verkäufer in Stoßzeiten). Wenn Sie sich nicht trauen, Ihrem umschwärmten Verkäufer den Hof zu machen, dann vergrößern Sie eben Ihre CD-Sammlung ganz allmählich: Lassen Sie sich so lange von ihm eingehend beraten, bis auch *seine* ganz privaten Interessen (musikalische und andere) zur Sprache kommen.

Rainer, ein Kursteilnehmer, meldete folgendes Erfolgserlebnis:

Er probierte an einem Samstagvormittag in der Bademodenabteilung des einzigen Kaufhauses im Ort mehrere flippige Badehosen an. Nachdem er sich mit der Verkäuferin über ,,etwas Passendes zu seiner Haar-, Augenfarbe und zu seinem Teint'' (braun, grün, braun) unterhalten hatte, empfahl sie ihm eine Hose in einem Muster aus den nämlichen Farben mit ,,weiß'' als Grundfarbe: ,,Diese da ist Ihrem Typ angemessen.'' Daraufhin er: ,,Ich möchte sie an dem neuen Baggersee bei Stadtberg einweihen. Kennen Sie den?'' Sie, die erst vor kurzem in diese Gegend gezogen war, kannte ihn nur vom Hörensagen. ,,Stadtberg, wie weit ist das denn von hier?'' ,,Ach, nur ungefähr zehn Kilometer. Haben Sie nicht Lust, heute nachmittag mitzukommen?'' ,,Naja, bei dieser Hitze ist das keine schlechte Idee. Aber heute geht's bei mir nicht. Vielleicht dann morgen?''

Sie tauschten Telefonnummern aus und verabredeten sich für Sonntagnachmittag. Sommer, Sonne, Seevergnügen.

Auf ihre Unnahbarkeit hin überprüfen könnten Sie, liebe Flirtmänner, die Verkäuferinnen aus der Parfümerieabteilung. In
Siegfried Lenz' Roman „Klangprobe" liest sich das aus der Sicht
des Protagonisten, eines Kaufhausdetektivs aus der Lebensmittelabteilung, so:

‚. . . wenn es etwas auf der Welt gibt, das ich nicht ausste-
hen kann, dann ist es unsere Kosmetikabteilung, und nicht nur
unsere, falls das jemanden interessiert. Schon die Mädchen machten mich rasend, die da hinter gläsernen Verkaufstischen standen und so damit zu tun hatten, sich selbst in den goldgefaßten
Spiegeln zu begutachten, daß sie die Kunden einfach übersahen.
Anders als die Verkäuferinnen unserer Lebensmittelabteilung,
die einem zuvorkommend und mit gewinnendem Lächeln sämtliche Wurstsorten aufzählten, überließen die Mädchen in der Kosmetikabteilung jeden Kunden sich selbst; fast kam man sich vor
wie ein Störenfried. Nie, wirklich nie, kamen diese meist nur
hauchenden Geschöpfe auf einen zu, schläfrig warteten sie ab,
bis man unmittelbar vor ihnen stand, und sagte man ihnen, was
man haben wollte, dann nickten sie nur andeutungsweise zu einem der unzähligen gläsernen Regale hinüber, vor denen man
selbst ziemlich aufgeschmissen war . . . Unbetreut und ratlos
vor den Regalen, suchte ich nach einem Karton mit Seife; ich
war so geladen, daß ich alles durchgrabbelte und die Kartons,
die nicht in Frage kamen, einfach aufeinanderpackte, was die
Mädchen überhaupt nicht rührte. Das ätherische Geschöpf, das
sich um mich hätte kümmern müssen, feilte sich ausdauernd die
Fingernägel.'

Also: Die Parfümerie- und Kosmetikabteilung, so verführe-
risch sie angesichts der gut geschminkten Damen sein mag, als
einen Kontakthof zu betrachten, ist in der Tat eine überaus ver-
messene Vorstellung. Jeder Mensch hat nur einen begrenzten
Energiehaushalt. Belassen Sie es doch beim bloßen Anblick, und
heben Sie sich Ihre Flirt-Energie für die anderen Abteilungen auf.

In der Regel müssen die Verkäufer(innen) ihre Arbeit bei
künstlichem Licht verrichten. Sprechen Sie also Ihrem *Flirt,* nach
einem kurzen Gespräch über Ihr Kaufanliegen, darüber Ihr Be-

dauern aus, und verbinden Sie es mit der Frage: ,,Darf ich Sie in den hellichten Tag entführen und Sie in Ihrer Pause zu einem kleinen exotischen Imbiß einladen?''

Dem gleichen Vorschlag können Sie natürlich auch ein Kompliment über die einfühlsame und unaufdringliche Beratung vorangehen lassen. Zufriedene Mienen danken es Ihnen.

Um mit einer *Kundin* anzubandeln, können Sie bei etwas mehr Mut und Einfühlungsvermögen auch dort ,,wildern'', wo Sie sich nicht ganz so gut auskennen. Wenn Sie durch die Schmuckabteilung schlendern, wird sich die Dame gewiß über das Kompliment bezüglich ihrer Ohrringe (,,hinreißend'') freuen.

Da Sie, liebe Damen, von Bekleidung besonders viel verstehen, fällt es nicht auf, wenn Sie sich auch einmal in der betreffenden Herrenbekleidung umsehen. Ist der Mann, der sich beim Überstreifen eines Pullovers ratlos nach dem nicht vorhandenen Verkäufer sehnt, nicht in jeder Beziehung an-ziehend für Sie? Sagen Sie ihm doch einfach, daß ein grünes Muster besser zu ihm paßt als grau. Die anschließende Einladung zum Kaffee dürfen Sie ruhig annehmen!

3.2.4 Beim Zahnarzt

Haben Sie Angst vor dem Zahnarzt? Dann gehören Sie zu den Millionen von Bürgern, die den Besuchstermin aus diesem unangenehmen Gefühl heraus so lange aufschieben, bis sich der Schmerz schließlich nicht mehr verdrängen läßt.

Selbst wenn es weh tut: Ihre Scheu ist unbegründet. Stellen Sie sich nur vor, im Wartezimmer sitzt ein Mensch, mit dem Sie ganz locker über Ihre Schmerzen reden können. Geteiltes Leid ist halbes Leid. Und ein aufmunterndes Wort an den Mitpatienten kann der Anfang einer lebhaften Unterhaltung sein. Wenn beispielsweise sein Weisheitszahn gezogen werden muß, raffen Sie sich trotz Ihrer mißlichen Lage lächelnd zu der Bemerkung auf: ,,Ohne diesen lästigen Zahn werden Sie sicherlich *noch* mehr Weisheit erlangen!''

Bevor nun einer von Ihnen in den Behandlungsraum geht, schlagen Sie Ihrem Gesprächspartner vor, danach zusammen noch etwas zu trinken: „Kann ich Ihren Leidensdruck dadurch vermindern, daß ich Sie zu einer Tasse Kamillentee einlade?" Sie werden erleben, wie stark gemeinsam bewältigtes Leiden diesen Flirt prägt und überdies eine hervorragende Ausgangsposition für weitere Verabredungen darstellt!

Sollten Sie den Termin vor Ihrem „Flirtobjekt" haben, so bieten Sie ihm an, die beiden Termine miteinander zu tauschen, weil *er* offensichtlich die größeren Schmerzen beklagt. Dies fällt Ihnen natürlich noch leichter, wenn Sie Ihrem Zahnarzt einen reinen Routinebesuch abstatten.

Nebenbei: Das Flirtszenario „Wartezimmer" erschien dem ZDF so erfolgversprechend, daß es die eben erwähnten Tips von unseren Kursteilnehmern nachstellen ließ und im Mai 1986 im ZDF-Heute-Journal sendete.

Vergessen Sie übrigens unser Kapitel 1.6.6 nicht; andere Patienten, die im Wartezimmer Ihr Geplauder mitbekommen, werden Sie dafür bewundern, daß Sie trotz Ihrer Beschwerden so offen auf eine Ihnen sympathische Person zugehen können!

Sie wollen als Patientin lieber gleich mit dem „Chef" flirten? Kein Problem. Bedanken Sie sich bei Ihrem Zahnarzt für die vorzügliche Behandlung, und fragen Sie ihn, wann er mit Ihnen Ihr neues Zahngebäude auf seine Bißfestigkeit testen wolle.

Sie, liebe männliche Leidensgenossen, haben natürlich bei Ihrer Testfrage die größere Auswahl: Sie können Ihr Restaurationswerk mit Zahnärztin, Zahnarzthelferinnen oder Sprechstundenhilfen bei einer kleinen Brotzeit einweihen.

3.2.5 An der Tankstelle

Während an den Zapfsäulen Selbstbedienung immer mehr an der Tagesordnung ist, warten die Tankstellenpächter an den Kassen mit einem sehr reichhaltigen Service auf, der fast schon die Ausmaße eines Supermarkts annimmt. *Nicht* zu diesem Service gehört der Mann beziehungsweise die Frau Ihrer Träume; doch lassen Sie sich überraschen: Die Tankstelle ist ein idealer Tummelplatz für all jene motorisierten Singles, die neben ihrem Schnelleinkauf noch herzhaft anbandeln wollen!

Meine Damen, verwickeln Sie Ihren ,,Tanknachbarn'' in einen Erfahrungsaustausch über Ihre Autos. Welcher Wagen verbraucht weniger Sprit und hat das bessere Umweltverhalten: Ihr schnittiger Flitzer oder die ruhige Limousine mit dem 5-Gang-Getriebe? Bei einem gemeinsamen Fahrtest wird Sie die Konzentration auf den Verkehr nicht daran hindern, Ihren Charme zu versprühen.

Natürlich können Sie auch schon auf der Autobahn mit Ihrem Schwarm den Kontakt von Auto zu Auto knüpfen, um ihn dann mit der entsprechenden zum Mund geführten Geste an der nächsten Tankstelle zum erfrischenden und die Flirtsinne belebenden Mineralwasser einzuladen. Sollte er Ihren Vorschlag ignorieren und einfach weiterfahren, dann machen Sie sich nichts daraus: Auch andere Mütter haben schöne Söhne!

Meine Herren, Sie helfen doch sicherlich anderen Verkehrsteilnehmern, wenn etwas an ihrem Wagen nicht in Ordnung ist?! Vielleicht wird Ihre Hilfsbereitschaft sogar noch belohnt: Öffnen Sie ,,ihr'' den klemmenden Tankdeckel, oder montieren Sie ihre neuen Wischerblätter, und schon winkt Ihnen ein aufregender Flirt mit anschließender Verabredung!

Die Frau Ihrer Träume erwidert Ihr verschmitztes Lächeln. Sie überreichen ihr daraufhin einen Gutschein von zehn Litern Benzin. Nachdem der Tankwart den Gutschein erwartungsgemäß nicht angenommen hat, schlagen Sie ihr vor, sie statt dessen zu einem Cocktail einzuladen. Man muß ja nicht immer nur bleifrei tanken!

3.2.6 Im Waschsalon

Porentief rein; nicht nur rein, sondern sauber; aprilfrisch . . .
Das kommt Ihnen irgendwie bekannt vor, nicht wahr? Früher

holten sich die Frauen einen kaputten Rücken und schrumplige Hände; heute geht alles wie von selbst mit Ariel doppelplus im faserschonenden Ökosuperschnellwaschgang bei 30, 40, 60 und sonstwieviel Grad.

Den Vorgang des Waschens mit Flirten in Verbindung zu bringen — darauf wären wohl die kontaktfreudigsten Saubermänner und -frauen nicht gekommen. Was liegt also näher, als sich die Kosten für die heimische Waschanlage zu sparen und dafür jede Menge Kontakte im *Salon* einzuhandeln?

Es ist wohl mehr eine Sache für Männer: Sich in die Mysterien der Waschmaschine einweihen zu lassen von Frauen, die gedankenversunken in ihre Trommel starren wie in ein Fischaquarium; die verzückt (oder besorgt) auf ihre gerade mit 900 Umdrehungen rotierenden Blusen schauen; die, bevor sie gar nichts tun, ihre Finger auf das Blättern in Zeitschriften abrichten.

Und jetzt kommen *Sie* und stellen die unschuldige Frage, ob sie Ihnen beim Mangeln helfen könne. Rührend! Und ob Sie einen Weichspüler nehmen sollten. Süß! Und ob diese bunten Hemden trotz der inwendigen 60-Grad-Sticker auch schon bei 40 Grad sauber würden. Zum Anbeißen!

Spätestens bei der Frage nach der Waschbarkeit Ihrer Cashmere-Krawatte(!) sollten Sie dann zu einem anderen Thema übergehen. Sonst könnte es Ihnen passieren, daß die gute Frau von Ihrer Naivität im Waschsalon auf die mangelnde Erfahrung in anderen Bereichen schließt . . .

3.2.7 Feuer geben lassen

Einen Raucher-Service ganz besonderer Art stellt das Feuergeben dar. Die erste sanfte Berührung ist eine Vertrautheit, mit der Sie in die Privatsphäre Ihres Gegenübers eindringen. Erfolgt dieser Hautkontakt aber zum richtigen Zeitpunkt (mit oder nach dem ersten Blickkontakt, nach dem ersten Satz), so kann er geradezu elektrisierend wirken.

So können Sie sich etwa von Ihrem *Flirt* Feuer geben lassen und dabei spielerisch leicht seine Hand berühren. Mit dieser Geste ziehen Sie ihn ein wenig näher zu sich. Während Sie die Hand des edlen Feuerspenders noch einen Augen-Blick sanft umspannen, lächeln Sie ihn an und bedanken sich. Ein Kompliment Ihrerseits über seine Hände (,,Sind Sie Pianist, weil Sie so schöne Hände haben?'') dürfte eigentlich nicht mehr notwendig sein, um seine gesteigerte Aufmerksamkeit auf Sie zu lenken. Wenn er's dann noch nicht merkt . . . Sie haben jedenfalls das Ihrige dazu getan!

Doch Vorsicht: Blasen Sie ihm den Rauch Ihrer Zigarette nicht ins Gesicht. Bieten Sie ihm vielmehr eine an. Wenn er ablehnt, hat das nichts mit Ihnen zu tun; entweder bevorzugt er eine andere Marke, oder er hat sein Feuerzeug tatsächlich nur dabei, um netten Leuten wie Ihnen Feuer geben zu können!

3.3 Büro, Büro

Eine schier unerschöpfliche Quelle von Begegnungen und Beziehungen ist das Büro mit all seinen Varianten: ob Chefzimmer oder Sekretariat, Großraum- oder Einzelbüro, ob in der Kantine, in den Gängen oder im Aufzug — ob am Telefon, Telefax oder Kopiergerät — das Flirten macht nun einmal mehr Spaß als die Arbeit. Einigen Chefs, die dem Balzverhalten hilflos-distanziert gegenüberstehen, wird das letztlich irgendwann zuviel, und sie präsentieren dem Mitarbeiter die Quittung im Zeugnis: ,,Der *sehr* kontaktfreudige Mitarbeiter hat sich bei seiner Arbeit viel Mühe gegeben.''

Wo sich zahlreiche Leute an einem überschaubaren Ort den ganzen Tag über aufhalten, ergeben sich fast zwangsläufig auch Kontakte von Mensch zu Mensch, die nichts mit dem fachlichen Bereich zu tun haben. Das fängt beim Einstellungsgespräch an und hört bei der Einladung zum Drink nach der Arbeit noch lange nicht auf. Sozialwissenschaftliche Untersuchungen belegen sogar, daß sich viele Ehepartner an ihrem Arbeitsplatz kennengelernt haben.

Ein Stoff, aus dem Filme entstehen, ist die Story vom fachlich tüchtigen, ansonsten aber ziemlich unbedarften Chef, den sich die selbstbewußte Sekretärin wie Wachs in den Händen vom Techtelmechtel bis zum Heiraten zurechtbiegt. Oder umgekehrt: Der seines Autoritätsvorschusses absolut sichere Boß zieht sich seine Mitarbeiterin von der grauen Tipp-Maus zur attraktiven Liebhaberin. Ausgelernt hat sie dann, wenn sie von ihm über die Türschwelle seines Hauses getragen wird.

Etliche Firmen haben es sich nachgerade zur Philosophie gemacht, bei der Einstellung von weiblichen Mitarbeitern, fachliches Können vorausgesetzt, auf Charme und ein reizvolles (nicht aufreizendes) Erscheinungsbild zu achten.

Insofern trifft oft *nicht* zu, was K.-H. Graudenz in seinem Buch über die Umgangsformen empfiehlt: ,,Weil das mehr oder weniger junge Fräulein X. sich um eine Anstellung und nicht um die persönliche Gunst eines Chefs bewerben will, wird sie jede Koketterie vermeiden. Wenn sie auffallend schöne Beine hat, dann mag sie der gütigen Natur für diese Gabe in stillen Stunden danken. Der Versuch, mit ihnen Eindruck zu machen, ist in dieser Umgebung unklug und kaum erfolgversprechend. Jeder Mann in leitender Person — mag er für weibliche Reize durchaus empfänglich sein — weiß, daß Stenogramme mit der Hand aufgenommen werden."

Natürlich sollten Sie sich darüber im klaren sein, daß Sie mit dem Vorgesetzten (Kollegen, Mitarbeiter) auch dann weiter zusammenarbeiten müssen, wenn es mit der Beziehung vorbei ist. Leichter und besser ist es da schon, mit einem Kollegen anzubandeln, der seinen Job in einer anderen Abteilung und vor allem in einem anderen Raum tut.

Dagegen ist ein reiner Aufmerksamkeitsflirt (,,Einen wunderschönen guten Tag, Frau Huber, Ihr neues Kostüm steht Ihnen ausgezeichnet") nur zu befürworten. Er lockert das Betriebsklima auf, erhöht die Arbeitszufriedenheit und führt so zu einer Steigerung der Produktivität. Liebe Firmenchefs, veranstalten Sie doch einen Wettbewerb für den besten Betriebsflirt, in dem Ihr(e) charmanteste(r) Mitarbeiter(in) prämiert wird. Erster Preis: Ein Flirt-Wochenende in Paris!

Sie wollen noch mehr über das riskante Anbandeln am Arbeitsplatz erfahren? Nun denn, meine Damen und Herren, falls Sie's noch nicht kennen, informieren Sie sich über das Tierkreiszeichen Ihres Schwarms, und legen Sie ihm bei Abwesenheit das aus der Zeitung ausgeschnittene (möglichst positiv ausfallende) Tageshoroskop auf den Schreibtisch. Am nächsten Tag fragen Sie dann ganz beiläufig: ,,Ach übrigens, hat Ihr Horoskop gestern gestimmt?'' Wenn dann die Einladung zu einem Glas Wein folgt, können Sie seiner Zuneigung sicher sein.

Erkundigen Sie sich, in welcher Abteilung oder in welchem Stockwerk sie arbeitet – und bringen Sie ihr eine Praline zum Naschen mit.

Fragen Sie sie, ob Sie nicht Lust hätte, zum Mittagessen mitzugehen; Sie hätten ein tolles neues italienisches Restaurant entdeckt, und in der Kantine gebe es heute nichts Besonderes.

Sie als Führungskraft können auch den Kaffee für Ihre Mitarbeiterin zubereiten (,,Hier kocht der Chef'') und dabei ein Kompliment aussprechen: ,,Ich habe heute noch keine gute Tat vollbracht und bin ganz besonders froh, dies für Sie tun zu können!''

Betriebsfeste und -ausflüge sind ebenfalls eine willkommene Gelegenheit, sich besser kennenzulernen und dem Kollegen, der sich sonst so kühl und zurückhaltend verhält, näherzukommen. Sie werden über seine Aufgeschlossenheit überrascht sein!

3.3.1 Der Telefon-Flirt

Ihnen sind Annäherungen in der eigenen Firma zu riskant?

Dann flirten Sie doch am Telefon, etwa mit der Kollegin in der Filiale oder mit dem Kunden. Zwar gibt es mitunter Gesprächsaufzeichner und Mithörmöglichkeiten in Telefonzentralen, aber in der Regel wird Ihr Flirtgespräch wegen knapper personeller Kapazitäten sowieso nicht mitverfolgt. Da gibt es doch tatsächlich (noch) Wichtigeres zu tun!

Beim Schäkern mit dem Kunden ist die Sache ohnehin klar: Am Telefon charmant zu sein gehört zum Service. Und zwischen Verkäufer-Charme und ausgeprägtem Flirtverhalten sind die Grenzen fließend. Wenn Sie etwa in der Autobranche tätig sind und Ihre Kundin nun nicht mehr einen grünen, sondern einen roten Wagen fahren will, dann dürfen Sie sie im Anschluß an die Fachberatung ruhig fragen, ob sich Ihre Lieblingsfarbe geändert hätte und sich das auch auf Ihre Wohnungseinrichtung, Kleidung, Nagellack bezöge.

Beim Filialkollegen erkundigen Sie sich am besten, wann er Ihre Kolleginnen und Sie denn endlich besuchen würde. Es liefen Wetten über seine Augenfarbe, und Sie wollten sich persönlich davon überzeugen, ob Sie die Gewinnerin seien. Auf jeden Fall sei er herzlich dazu eingeladen, am Gewinn, einer Flasche Sekt, teilzuhaben.

Bei einem Kompliment über sein/ihr Sprechorgan können Sie gar nichts falsch machen. Sie wissen ja: Je besser die Stimmung, umso besser die Stimme: ,,Bei Ihrer Stimme ist es schlichtweg unmöglich, schlecht drauf zu sein. Wenn Sie nur halbwegs so gut aussehen, wie Sie sich anhören, dann würde ich gerne einmal einen Cocktail mit Ihnen trinken – was halten Sie davon?''

Und hier liegt der Hase im Pfeffer. Wir sind von der Stimme am Fernsprecher sehr angetan und können uns nicht davon frei machen, sie mit einem gewissen äußeren Erscheinungsbild zu verknüpfen. Zumeist hält die Realität mit diesem Wunschbild nicht Schritt, und die Enttäuschung beim ersten Treff ist programmiert. Lassen Sie sich also gegenseitig Fotos zukommen; dann weiß jeder, woran er ist.

3.3.2 Im Aufzug

Der Aufzug ist eigentlich ein Ort mit wenig Atmosphäre. Gerade dort wird der für den Flirt unerläßliche Blickkontakt häufig vermieden. Viele sind mit der räumlichen Nähe der Mit-Fahrer (Eingriff in die persönliche Schutzzone) überfordert; einige neigen sogar zur Platzangst und sind froh, wenn sie aus diesem unpersönlichen Gehäuse heraustreten können.

Dennoch gibt es eine ganze Reihe von Tips zum Flirt im Aufzug.

Sagen Sie Ihrem *Flirt* doch einfach, daß er Ihnen schon ein paar Mal aufgefallen sei, ob er neu in der Firma sei, in welcher Etage er arbeite, und verabreden Sie sich dann zum Pausenkaffee.

Lassen Sie, lieber Herr der Schöpfung, der Dame, die hinter Ihnen auf den Lift wartet (Kollegin, Kundin, Besucherin) mit einer galanten Handbewegung den Vortritt. Anschließend im Aufzug, durchbrechen Sie das Schweigen mit der Frage:

„Komisch, ist Ihnen auch schon aufgefallen, daß man den nettesten Leuten im Aufzug begegnet?" Wenn sie das Kompliment wahrnimmt und sich dafür mit einem Lächeln bedankt, ist der Tag allemal gerettet!

Oder Sie fragen scherzhaft mit dem entwaffnendsten Lächeln, das Ihnen zur Verfügung steht: „Fahren Sie auch nach oben?" Oder: „Wollen Sie auch (so) hoch hinaus?" Oder: „Nächste Haltestelle Logistikabteilung!"

Sie dürfen auch schon mal den Wunsch äußern: „Hoffentlich bleibt der Lift jetzt stehen: Dann könnte ich mich mit Ihnen länger unterhalten." Allerdings würde es Ihnen die Dame kaum verzeihen, wenn Sie den Lift per Knopfdruck wirklich zum Stillstand bringen!

Natürlich haben Sie auch die Möglichkeit, mit schelmischer Spitzfindigkeit zu fragen: „Überlegen Sie noch, ob Sie mich ansprechen, oder haben Sie damit gerechnet, daß ich Sie anspreche?"

Grundsätzlich stellt der Flirt im Aufzug hohe Anforderungen an Ihre Fähigkeit, Intelligenz in Charme umzusetzen; bei einem länger anhaltenden Kontakt wird es Ihnen der noch nicht sehr vertraute Kollege oder externe Besucher hoch anrechnen, daß Sie den Mut aufgebracht haben, ihn ausgerechnet im Lift angesprochen zu haben. Haben Sie diesen anspruchsvollen Part erst einmal gemeistert, dann kann Ihnen nicht mehr allzuviel passieren. Sie sind selbst zu den schwierigsten Kontakten in Beruf und Privatleben durchaus fähig!

3.3.3 Auf dem Weg zur und von der Arbeit

Klaus, ein technischer Angestellter aus Duisburg, wußte nicht mehr weiter. Er schrieb mir, daß ihm jeden Morgen nach der Fahrt zu seiner Arbeitsstelle in die benachbarte Stadt dieselbe Frau begegne, auf dem Bahnsteig beim Aussteigen aus der S-Bahn. Er wartete immer noch auf die göttliche Eingebung der goldenen Gesprächseröffnung. Dabei ging es schlicht und einfach nur darum, zu sagen, was Sache ist: ,,Auch keine Gleitzeit? Sie sind mir schon ein paar Mal aufgefallen und scheinen, Ihrem Schritt gemessen, pünktlich an Ihrem Arbeitsplatz hier in der Nähe erscheinen zu müssen . . . .. Darf ich Sie einmal nach der Arbeit, wenn wir beide mehr Zeit haben, zu einer Tasse Kaffee einladen? Ich würde Sie gern kennenlernen!"

Klaus beherzigte diesen kleinen Tip; seine Kontaktaufnahme fiel auf fruchtbaren Boden.

In Kapitel 1.5.2 dieses Buches haben wir schon auf die Politik der kleinen Schritte hingewiesen. Sie brauchen also den Flirt nicht beim ersten Mal zu vervollständigen, wenn Sie Ihre Herzensperson im öffentlichen Verkehrsmittel (immer wieder) entdecken, sondern Sie bauen den vertrauensvollen Kontakt im wahrsten Sinne des Wortes ,,Zug um Zug" auf.

3.4 Freizeit und Urlaub

Der Unterschied zwischen Freizeit (arbeitsfreie Zeit der Berufstätigen) und freier Zeit wird immer mehr Zeitgenossen auf verhängnisvolle Weise klar: In der Freizeit machen wir immer mehr Dinge, die wir machen *müssen;* daher bleibt weniger freie Zeit für Dinge, die wir machen *wollen.* Zudem kämpfen wir mit dem Problem, dieses Angebot an Zeit sinnvoll wahrzunehmen, und so macht sich oftmals Langeweile breit.

3.4.1 In der Fußgängerzone

Als autofreie Oasen des freizeitorientierten Schauens und Verweilens haben sich in den Ortszentren die Fußgängerzonen durchgesetzt. Bisweilen artet diese Muße allerdings in einen Einkaufsstreß aus, dem sich eilige Leute derart aussetzen, daß sie schließlich durch Impuls- und Hamsterkäufe finanziell geschwächt den geraden Blick für den Mitmenschen unterlassen.

Nicht so ergangen ist es Kursteilnehmerin Christa, die bei einer Straßenbahnüberquerung an einer Fußgänger-Ampel (die selbstverständlich Rot zeigte) von einem schwer bepackten jungen Mann angelächelt wurde: ,,Entschuldigung, daß ich Sie hier so einfach anspreche, aber Sie erinnern mich an eine wunderschöne Sonnenblume!'' Als Christa daraufhin keinen Ton herausbekam, ließ sich der galante Verehrer nicht beirren: ,,Habe ich Sie erschreckt? Das wollte ich nicht. Darf ich Sie auf den Schreck zu einer Tasse Kaffee einladen?'' Wie in Trance folgte sie ihm ins nächste Café.

Natürlich setzt dieser Flirt bei Ihrer Herzdame einen gewissen Sinn für Romantik voraus, meine Herren. Denn sonst kann es Ihnen passieren, einfach stehengelassen oder mit der Antwort bedacht zu werden: ,,He, Alter, willste mich anmachen oder was is' los?''

Nebenbei: Auch eine brünette, dunkelhaarige Ansprechpartnerin darf mit einer Sonnenblume verglichen werden. Aber nicht mit einem Nachtschattengewächs, Mauerblümchen oder Kaktus!

In belebten Bereichen wie der Fußgängerzone empfiehlt sich auch schon mal das Anbandeln durch *Anrempeln*.

Durch einen geschickten, ganz leichten Stoß etwa von der Seite können Sie auf eine sehr ungewöhnliche Weise die Aufmerksamkeit Ihres Schwarms auf sich ziehen. Wäre das nicht etwas für Sie, meine Damen? Ihr Gegenüber ist zwar zunächst, je nach Temperament, verdutzt oder verärgert; das ändert sich aber sehr schnell, wenn Sie sich für Ihren Fehltritt entschuldigen. Erkundigen Sie sich doch einfach mit einem verschmitzten Lächeln, wie Sie Ihr ,,Verbrechen" wiedergutmachen können! Wenn diese fast schon rhetorische Frage unbeantwortet bleibt, laden Sie Ihr Opfer zu einem Glas Sekt ein.

Wenden Sie den Anstoß-Trick unbedingt dort an, wo sich viele Leute aufhalten. Je unübersichtlicher die Situation, desto verständnisvoller wird *er* reagieren. Vermeiden Sie jedoch allzu heftige Stöße. Ein gekonnt sanfter Rempler wirkt meistens wahre Wunder . . .

Aus einem solchen Ereignis ist schon so manche feste Beziehung entstanden. Warum also nicht die günstige Gelegenheit durch diese unkonventionelle Art des Körperkontakts wahrnehmen?

Wesentlich übersichtlicher gestaltet sich Ihr Flirt-Ambiente vor den Laden-*Schaufenstern*.

Hier löste Gudrun ihre Hausaufgabe. Sie stellte sich nach Geschäftsschluß neben einen Mann, der ganz versonnen einen Leinenanzug in der Auslage betrachtete. ,,Na, gefällt er Ihnen", fragte sie ihn. ,,Äh . . ., ja sehr!"

Gudrun wechselte das Thema. ,,Ich komme gerade von einem Flirt- und Kontaktkurs und würde gerne mit Ihnen meine Hausaufgabe machen." ,,Wie bitte", entgegnete er ungläubig. ,,Ja, ich war in einer Flirtschule", wiederholte sie. ,,Das gibt's

*doch gar nicht. Und was lernt man da?" "Tja, sehen Sie, das
wollte ich eben jetzt mit Ihnen zusammen ausprobieren. Wissen Sie 'was, gleich beginnt drüben am Dom das Altstadtfest.
Da suchen wir uns einige Leute aus und bandeln mit ihnen an.
Mal sehen, ob das stimmt, was mir mein Flirtlehrer auf den Weg
gegeben hat."*

Nach einer Phase des starren Erstaunens willigte er ein. Sie ban-
delten mit Singles, Pärchen und Gruppen an und kamen mindestens jedes zweite Mal ins Gespräch. Als sie keine Lust mehr
darauf hatten, beschäftigten sie sich nur noch mit sich selbst.

Wenn Ihnen das zu aufwendig ist, stellen Sie sich einen *Flirtpaß* aus. Sie kennen doch diese Scherzartikel, die den Führer-
scheinen nachempfunden sind. Heften Sie in einen solchen
Blanko-Ausweis Ihr Lichtbild ein, und fügen Sie unter der Überschrift „Flirtpaß" folgende Beschreibung an: „Der Inhaber dieses Ausweises ist berechtigt, mit Ihnen herzhaft und charmant
zu flirten. Zuwiderhandlungen können mit einer Ordnungsstrafe
von bis zu . . . drei Bussis bestraft werden."

Oder Sie fragen die anmutigsten Passanten in Ihrer Fußgängerzone, ob sie an einem Preisausschreiben mit dem Hauptgewinn
einer einwöchigen Flugreise nach Rom teilnehmen möchten. Sie
müßten Ihnen nur ein klassisches Liebespaar nennen (Romeo
und Julia, Tristan und Isolde, etc.) und schon hätten sie die
Chance auf einen Gewinn. Selbstverständlich versichern Sie Ihren
Auserwählten, ihre Adresse und Telefonnummer sogleich per
Computer auf eine spezielle Teilnehmerkarte für die Lostrom-
mel übertragen zu lassen.
   Ein paar Tage später beglückwünschen Sie dann telefonisch
Ihre Quizteilnehmer ganz herzlich zum Gewinn des 25. Preises:
„Ich habe eine gute Nachricht für Sie, Frau/Herr Meier . . .",
einem exotischen Longdrink im Südseelokal Sowosama. Sie hät-
ten die ganz besondere und außerordentliche Freude, die Ge-
winnvergabe persönlich vornehmen zu dürfen.

Ein Tip am Rande: Gestehen Sie ihnen ein wenig später diesen Trick. Nach seiner reizvollen Durchführung werden sie Ihnen großmütig verzeihen.

3.4.2 Im Urlaub

Der Urlaubsort wird besonders von den Medien dargestellt als ein Paradies für Flirter und solche, die es werden wollen. Schafft man(n)/frau den Anschluß nicht von selbst, so stehen in breiter Front Ferienclubs zur Verfügung, die mit lustig-bunten Programmen schüchterne Urlaubsgäste in kontaktfreudige Draufgänger zu verwandeln suchen. Da dieses hehre Vorhaben nun nicht besonders realistisch ist, geht die überzogene Erwartungshaltung des Clubkonsumenten schnell in Enttäuschung über.

Also, liebe UrlauberInnen, ob im Club oder im ganz gewöhnlichen Hotel: Verlassen Sie sich nicht auf die Mitreißfähigkeit von Animateuren und Fremdenführern, sondern fangen Sie bei sich und Ihrer spontanen Eigeninitiative an.

Zum Beispiel an der *Hotelbar*. Das gemeinsame Gesprächsthema ,,Urlaub'' ist vorgegeben, Fragen über An- und Abreisetermine lassen sich leicht beantworten. Geheimtips und hochoffizielle Sehenswürdigkeiten, versteckte Ausflugziele und große Tagesexkursionen, kleine verführerische Fischerkaschemmen und noble Speisesalons bestimmen die weitere Unterhaltung.

Wäre doch gelacht, wenn da nicht beim Zuprosten von Tequila und Batida eine Verabredung zur morgigen Bootstour auf die malerische Insel herauskommen würde!

Wie bitte, Sie sind ein Gegner von Bars und Kneipen? Dann sind Sie natürlich besonders ausgeschlafen, um sich morgens vor dem Tages-*Ausflug* im Bus neben Ihr Herzblatt zu setzen und ihm eine Kleinigkeit zu trinken oder zu knabbern anzubieten. Tagsüber sind Gräber, Statuen und Höhlen für den kulturbeflissenen Kenner wichtige Flirtrequisiten auf dem Weg zur handfesten Urlaubsbekanntschaft.

Doch Vorsicht, kehren Sie nicht Herrn oder Frau Oberlehrer(in) heraus. Das Dominieren mit geballtem Wissen ist ein Flirtkiller!

Das Abhaken von Sightseeing-Stationen ist gottlob nicht jedermanns Sache. Und tatsächlich, es gibt sie noch, die Spezies der bequemen Strandurlauber auf Sand oder Fels, in der Düne oder im Korb. Es wurde schon geunkt, sie seien im Aussterben begriffen (ebenso wie die guten alten Papagalli, ihres Zeichens Strandaufreißer mit mehr oder weniger aufdringlichem Charme). Die Touristikmanager behelligen sie mit Beschäftigungs- und Aktivprogrammen, damit sie sich nicht langweilen. Aber sie wollen einfach nur daliegen und nichts tun; wenn sie wirklich einmal der leutselige Tatendrang überkommt, wissen sie schon, wie es geht. *Wie* denn?

Sehen wir uns doch einmal die gesprächsintensiven Elemente des ganz normalen Strandlebens an:

Sonnenöl (-milch, -creme). ,,Kennst Du den Unterschied zwischen einem Taschenkrebs und Dir?'' ,,Nein, wieso?'' ,,Na, es wird bald keinen Unterschied mehr geben. Bald wirst Du auf Deinem Rücken so rot sein wie ein Krebs! Hier, nimm' mein Öl. Das wirkt sofort und fördert die Bräune.''

Die kessere Variante können Sie dann bei sich selbst testen: ,,Verzeihen Sie, ich weiß, es ist sehr schwierig, jemanden zu berühren, den man nicht kennt. Aber es gibt nun einmal Körperteile, die mit den eigenen Händen nicht zu erreichen sind. Ich fühle es genau zwischen den Schulterblättern brennen. Könnten Sie mich da nicht mit dieser Sonnenmilch einreiben?'' Das Spielchen läßt sich ohne weiteres fortsetzen, indem Sie nun Ihrerseits den Rücken Ihres *Flirts* eincremen und/oder ihn als Anerkennung für seine geleistete Hilfe zu einem Strandcocktail einladen.

Der herannahende Eisverkäufer ist für Sie die Gelegenheit, die bis zu zwanzig Meter von Ihnen entfernte Person Ihrer Wahl mit einem Eis zu beglücken. Entweder Sie laufen schnell hin und fragen, ob und wenn ja, welche Sorte Sie ihr/ihm als edler Spender mitbringen dürften. Oder Sie haben schon vorher mit ihr/ihm

,,auf die Entfernung'' angebandelt und kaufen gleich zwei Portionen mit dem recht geringen Risiko Ihres doppelt gekühlten Magens. Gehen Sie das Wagnis ein!

Mit einem Wasserball auf Ihr ,,Opfer'' zielen oder es beim Schwimmen kurz anspritzen. Danach Lächeln, tausendmal um Vergebung bitten und sich mit einem Drink revanchieren. Der Trick eignet sich nur für Geübte, da wir hier ein Negativthema als Ausgangsposition vorfinden!

Wenn es Ihnen am Strand für aktiven Sport und auch einen längeren Flirt zu heiß ist, dann fragen Sie eben, ob er/sie Lust hätte, mit Ihnen heute abend in der hoteleigenen Anlage Tennis zu spielen. Womit wir nahtlos den Übergang zum nächsten Thema gefunden hätten . . .

3.5 Der sportliche Flirt

Ein Mords-Flirt — der Sport-Flirt!

Was meinen Sie, liebe Leser, ist es leicht oder schwer, beim Sport anzubandeln? Richtig! Leicht, kinderleicht! Sie müssen nicht erst krampfhaft nach einem gemeinsamen Thema suchen; jede Sportart ist mit der entsprechenden Technik verbunden — und *das* ist Ihr Aufhänger für Flirt & Kontakt.

3.5.1 Tennis und Squash

Nehmen wir einmal an, meine Damen, Ihnen fällt auf dem Tennisplatz (in der Halle ist die Kontaktaufnahme wegen der größeren Überschaubarkeit noch leichter als im Freien) ein Mann sowohl durch sein sympathisches Äußeres als auch durch sein spielerisches Können auf: Nichts wie 'ran! Nach einem zart angedeuteten Kompliment über seine Rückhand lassen Sie sich von ihm zeigen, wie Sie Ihre eigene verbessern können, wie Sie zum

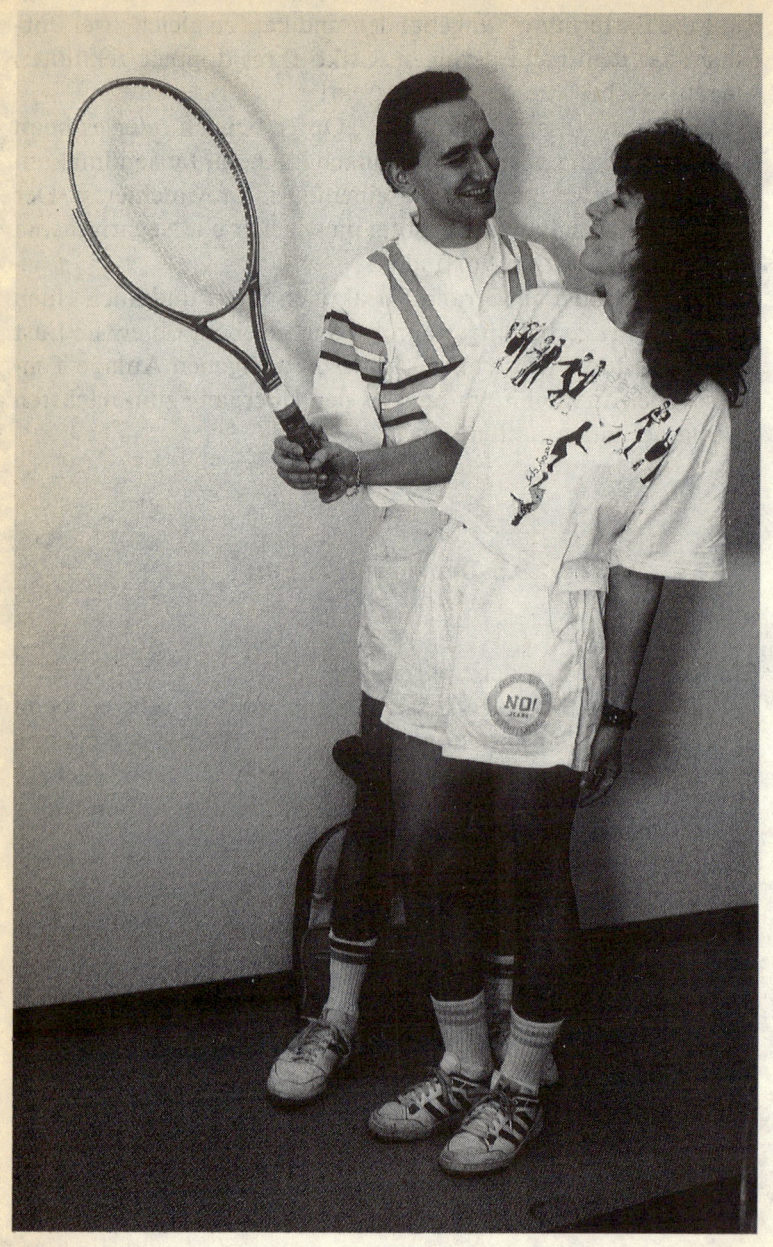

Ball stehen und mit welchem Griff Sie den Schläger halten sollen. Eine Verabredung zum anschließenden Erfrischungsdrink versteht sich dann von selbst. Mal sehen, wie es um weitere Qualitäten Ihres „Tennislehrers" bestellt ist!

Ebenso können natürlich auch die Herren der Schöpfung verfahren. Sich von einer Frau in die hohe Schule des Tennis oder Squash einweihen zu lassen bedeutet schließlich keine Abwertung der eigenen Person und wird mit Sicherheit auch nicht so aufgefaßt.

Wann findet sich nun die passende Gelegenheit, mit dem ballgewandten Crack anzubandeln? Wenn er am Ende der Spielzeit (meistens mit einem Gong verbunden) mit seinem Partner aus der Tennishalle oder dem Squash-Court kommt, können Sie ihn abfangen. Oder Sie lassen sich Zeit, bis Sie ihn im Restaurant oder an der Bar der Tennis- und Squash-Anlage wiedersehen. Sie können ihn auch noch anderswo aufspüren:

3.5.2 In der Sauna

Im Vergleich zur allgemeinen Sauna steht bei den Tennisspielern und Squashern, ebenso wie bei den Badminton- und Racketballspielern sowie den Fitness-Sportlern in der (Sport-)Sauna der privat betriebenen Anlagen das Entschlacken und Entspannen im Vordergrund, und nicht das Begaffen und Taxieren. Was nicht heißt, daß mann/frau sich an einer guten Figur nicht erfreuen darf. Nur, Komplimente über die Figur sind auch in einer Sportsauna nicht so sehr passend. Höchstens dies: „Bei Deiner durchtrainierten Figur hätte ich rein gefühlsmäßig eher an Squash als an Tennis gedacht." Besinnen Sie sich also auch in der Sauna auf den Sport als Gesprächseinstieg oder schalten Sie sich in die bereits laufende Unterhaltung ein.

Dagegen klingen Eröffnungsfragen wie „Heiß hier?" oder „Findest Du nicht auch, daß es ziemlich warm ist?" banal und hölzern. Statt dessen sollten Sie und Ihr Gesprächspartner sich lieber den (saunaspezifischen) Themen widmen, wer wann in welcher Höhe am besten schwitzt und unter welchen Umständen der Aufguß angebracht ist. Auch die unterschiedlichen medizinischen Auswirkungen von Sauna und Dampfbad sind einer gemeinsamen Erörterung wert. Fragen Sie dann noch: ,,Ab wieviel Grad Hitze denken Sie an ein kühles Bier?'', so müßte es schon mit dem Teufel zugehen, wenn Sie beide sich nicht nachher an der Bar zuprosten würden. Ob mit Bier, Mineralwasser oder sonstwas.

Sollten Sie den Eindruck haben, der bessere Tennisspieler zu sein, dann können Sie ihr/ihm Ihren fachlichen Rat anbieten: ,,Macht's Dir etwas aus, wenn ich Dir einen Tip gebe?'' Denn eine aufgedrängte, unerwünschte Hilfestellung (etwa: ,,Was spielst Du denn für einen Mist zusammen. Komm her, ich zeig' Dir, wie's geht'') führt ebenso zum Mißerfolg wie Angeberei durch das Vortäuschen von nicht vorhandener Spielstärke!

3.5.3 Fitneß und Bodybuilding

Natürlich, über die muskelstrotzenden Männer (und Frauen) mit ihren Bergen aus eiweißangereichertem Fleisch wird viel gelästert. Können Sie sich vorstellen, mit den stolzen Besitzern von geschwellten Brüsten und hemdzerreißenden Oberkörpern anzubandeln, liebe Leserinnen? Gleich und gleich gesellt sich gewiß auch hier gern.

Der Inhaber eines Fitneß-Studios erklärte mir allerdings, daß der Anteil von muskelbildenden Tätigkeiten am gesamten Fitneß-Programm zu Gunsten der gesundheitsbewußten Übungen von Jahr zu Jahr zurückgeht. Ein gesunder Geist wohnt in einem gesunden Körper.

Der Volksmund bezeichnet den Trainingsraum mit den Sport- und Massagegeräten gerne als Folterkammer. Bleibt bei derartigen Plackereien viel Zeit zum Flirten?

Wie bei jeder Sportart haben Sie die Möglichkeit, aus Ihrem Trainer einen Liebhaber zu machen und so das Nützliche mit dem weitaus Angenehmeren zu verbinden. Sollten Ihnen die Ausmaße dieses ehemaligen Mr. Europa, Mr. Germany oder Mr. Großdingharting allzu kompakt erscheinen, dann greifen Sie eben auf das unerschöpfliche Potential anderer figurbetonter Selbstquäler zurück.

Führen Sie auf dem Fahrradergometer mit elektronischer Pulsfrequenzmessung einen neckischen Plausch darüber, ob besagtes Meßgerät mit Ihrem „handgestoppten" Ergebnis übereinstimmt. Um ihm/ihr das ganz genau zu erklären, müssen Sie demgemäß auf „Pulsfühlung" gehen und Ihrem fitneßbewußten *Flirt* dabei ganz tief ins Auge schauen.

Als Laie auf dem Gebiet des Hanteltrainings lassen Sie sich das richtige Verhältnis zwischen Körper- und Hantelgewicht für Einsteiger und Fortgeschrittene sowie Chancen und Risiken für Leib und Leben erklären. Die Beratung erfolgt plastisch vor Ort und anschließend an der hauseigenen Bar bei einem Drink, der Sie beide mit all seinen Mineralien und Spurenelementen ganz seltsam in Schwung bringt.

Die Wirbelsäulen-Extensionsliege schließlich ist in jedem Sinne des Wortes der Aufhänger für Sie und die Begegnung mit dem Rest der Kreuz-Geschädigten. Ein angeregtes Fachgespräch über LWS-Syndrome und Lumbalneuralgien sollte sie jedoch nicht *so* sehr zum Schwärmen bringen, daß Sie darüber vergessen, sich die Telefonnummer des Leidensgenossen geben zu lassen. Im Ruheraum können Sie ihm dann immer noch versichern, daß seine Beschwerden sich überhaupt nicht nachteilig auf die Körperhaltung ausgewirkt hätten!

3.5.4 Im Schwimmbad

Hier sollte das *Schwimmen,* immerhin eine sehr naheliegende Art der Fortbewegung im Wasser, ausgeübt werden. Aber als alternative Form der Gymnastik erwartet uns von links ein Zusammenprall mit einem fremden Oberschenkel und zu unserer Rechten ein Knuff an den Hinterkopf. Hat es unserem lieben

Mitschwimmer mehr weh getan als uns? Wir sprechen ihn darauf an und schon haben wir's erfahren. Aber bitte, tauschen Sie wütende Empörung gegen Freundlichkeit und Charme, wenn Sie ihn bei einer kleinen schöpferischen Pause am Beckenrand sehen: ,,Ich bin eben wohl etwas zu nahe an Sie herangekommen. *Diese* Art der Annäherung war nicht beabsichtigt. Können Sie mir nochmal verzeihen? Vielleicht kann ich mich nachher bei einer Tasse Kaffee revanchieren!?"

Nettigkeiten, die seinen/ihren Schwimmstil betreffen, verknüpfen Sie am besten mit der naiven Neugierde des bedingt lernfähigen Hobbyschwimmers: ,,Also, Sie müssen ja eine hervorragende Atemtechnik haben, bei der Art, mit dem Kopf ins Wasser einzutauchen und gleich wieder nach oben zu gelangen. Sind Sie im Verein?"

Die positive Anteilnahme an ihrem Badeanzug sollten Sie vorsichtig dosiert wiedergeben, meine Herren: ,,Dieses leuchtendrote Badekleid habe ich doch irgendwo schon mal gesehen, aber ich weiß nicht, ob Du die Trägerin warst; kommst Du öfter hierher?"

Informationsfragen nach dem Whirlpool, den Schwallduschen, dem Wellenbad, dem Bademützenzwang und den besonderen Heiß-, Warm-, Kaltbadetagen tun ein Übriges, um mit dem Herrn oder der Dame Ihres Herzens ins Gespräch zu kommen. Es ist sicherlich *die* Methode, bei der Sie sich am wenigsten vergeben müssen, doch bedenken Sie: Die persönliche, unmittelbare Kontaktaufnahme wirkt intensiver und wird meist belohnt!

3.5.5 Beim Skifahren

In den Alpenländern gibt es ein ungeschriebenes Gesetz, wonach sich Leute ab 1500 Metern über dem Meeresspiegel duzen. Das soll sowohl den Gruppenzusammenhalt in Notsituationen als auch die Geselligkeit in der rauhen Bergwelt fördern.

Die Geselligkeit gegenüber dem anderen Geschlecht können Sie selbstverständlich auch wie Star-Skifahrerin Susanne im folgenden Beispiel demonstrieren:

Neulich bin ich mit meiner Freundin auf der ‚roten' Abfahrt ins Tal gefahren. Vor uns auf der Piste war einer, dessen Skier mit ihm machten, was sie wollten. Plumps, da war schon der erste Griff in den Schnee. Also, irgendwie sah der Typ viel besser aus als sein Fahrstil. Meine Freundin sagte noch, der fährt wohl nach dem Motto: ‚Wer überlebt, hat gewonnen'. Bei der Einfahrt in den nächsten Steilhang hat es ihn dann wieder erwischt. Sah anfangs verdammt komisch aus, wie er da so heruntergepurzelt ist. Mal war von ihm mehr zu sehen, mal von der Mini-Lawine, die ihn gerade wieder überholte. Aber dann verging uns das Lachen, als wir ihn da so liegen sahen. Wir fragten ihn, ob er sich verletzt hätte. Gott sei Dank war ihm nichts passiert. Er konnte schon wieder lachen: ‚Jetzt bin ich sicher um drei Liter Schnee im Bauch schwerer. Anscheinend habe ich heute früh zu wenig gefrühstückt.' Seine Skier und Stöcke waren oberhalb von ihm im weiten Umkreis verstreut. Wir sammelten sie auf und entfernten den Schnee von den Bindungen.

Unten an der Talstation trafen wir ihn wieder — genauer gesagt, wir warteten auf ihn, ganz unauffällig natürlich. Mit dem neuen Dreier-Sessellift sind wir halt dann nochmal hochgefahren; als Skifahrer im zweiten Winter ließ er sich bereitwillig erklären, wie das geht: mit der Belastung von Berg- und Talski, mit in-die-Knie-gehen und Schwung-ansetzen. Das Wort ‚Schwung' löste bei ihm eine bahnbrechende Signalwirkung aus: ‚Seid ihr beim Einkehrschwung auch so stark wie beim Parallelschwung? Ich möchte euch sehr gern zum Glühwein einladen.'

Soviel hatte er also schon gelernt. Es wurde in der Tat ein sehr beschwingter Hüttenzauber auf einer kleinen Skihütte mit großem Kamin.

3.5.6 Der Fahrrad-Flirt

Im Jahre 1900 entwickelte ein gewisser Herr Sachs für das Fahrrad den Freilauf, um von den Velo-Fahrern viel Mühsal und Plage abzuwenden. Mit der zunehmenden Verkehrsdichte und der Enge in den Straßen der größeren Städte verwandelte sich der gemächliche freie Lauf des öfteren in den freien Fall; Kollisionen und Stürze förderten einen Kontakt, wie er *so* mit Sicherheit nicht geplant war. Der Himmel schickte *den* Flirter, der in Personalunion auch noch Schutzengel, Retter und Erste-Hilfe-Doktor war.

Als der Absatz von Fahrrädern mit zunehmender Motorisierung vor sich hin dümpelte, hatte die Fahrradindustrie kein Verständnis mehr für die betuliche Art des Strampelns und suggerierte den Pedaltretern, daß ihr Gefährt doch nun wirklich hoffnungslos langsam und ach so *altmodisch* sei. Ebenso schnell wie das neue Fahrrad war der Griff in den Geldbeutel der Wohlstandsradler, die es sich auch aus ihrem neuen Schlankheitsbewußtsein heraus nicht mehr leisten konnten, ihr Veloziped im Keller vergammeln zu lassen.

Im Windschatten der Geschwindigkeitsfanatiker fahrende Frauen bekamen ihre Helden gerade noch bei der Rot-Ampel am Hinterrad zu fassen, um ihnen ein Kompliment über ihr metallic-grünes 21-Gang-Mountain-Bike mit eingebautem Anti-Brems-Blockierer und automatisch verstellbarer Rahmenhöhe hinterherzuhecheln. Nur wenn die rennbegeisterten Damen sich an die Fabel vom Hasen und dem Igel erinnerten und sich nach der nächsten Abkürzung den wilden Reitern in den Weg stellten, konnten Sie ihre Bewunderung in ein Fachgespräch über die geplante eigene Anschaffung einer solchen Tretmaschine ummünzen. Natürlich ergab sich dann die Verabredung zur gemeinsamen Fahrradtour wie von selbst. Fragt da noch jemand, um wieviel leichter das Anbandeln beim reduzierten Tempo von, sagen wir, 15 km/h gefallen wäre − quasi im Vorbeiradeln?

Den Frauen war diese Art des Flirtens eigentlich doch zu anstrengend, und sie sehnten sich insgeheim danach, daß die Männer wieder die (Radler-)Hosen anhätten und doch bitte schön den ersten Schritt täten. Dazu wollten sie natürlich auch blickfangmäßig ihren Beitrag leisten, und so fragten sie bei den Bekleidungsherstellern nach, was denn alles für modebewußte Radlerinnen in Arbeit sei. Da gab es aerodynamische Plastik-Integralhelme, schock-grelle Blousons mit dem Ausschnitt für alle Körbchengrößen, neonfarbige bike-trousers und extravagante Brillen aus rotem Gestell und grünem Glas. Wen wundert's, daß sie bestellten und bestellten und kauften und kauften? Und siehe da: Die perfekt gestylte Bikerin mit dem richtigen Outfit war geboren.

Bei ihrem Anblick verirrten sich die Männer auf ihrem Hochgeschwindigkeitskurs, bekamen den Mund nicht mehr zu, verrenkten sich den Hals und setzten ihr Strampelgerät an den nächsten Baum − bis sie auf die glorreiche Idee kamen, langsamer zu fahren, um für die Genüsse des täglichen Lebens empfänglicher zu sein. Sie würdigten in gebührendem Maße das äußere Erscheinungsbild der modebewußten Trimmerinnen und reichten ihnen das Tüchlein, auf daß diese sich den Schweiß von der Stirn wischen konnten. Sodann sperrten sie ihre Räder zusammen ab, gingen Arm in Arm ins nächste Café und schworen sich, die zulässige Höchstgeschwindigkeit für Lkws(!) nicht zu überschreiten.

Schließlich kamen beide Geschlechter zu der Einsicht, daß das Leben schon kompliziert genug sei, und fanden wieder zum einfachen Flirt zurück. An belebten Fahrradwegen hielten sie an, ließen die Luft aus dem Reifen, daß es nur so zischte, und schnappten sich das voll ausgerüstete sympathische Helferchen auf Rädern. Sie selbst hatten natürlich leider ausnahmsweise überhaupt keine Luftpumpe dabei, dafür jedoch genügend Kleingeld, um mit dem Retter die Behebung der Panne bei einer Radler-Maß im Biergarten zu feiern.

Ich könnte Ihnen noch Dutzende von Sportarten nennen, mit deren Hilfe Sie anbandeln können. Aber da würde mir meine Lektorin den Wiederholungsrotstift ansetzen. Denn für jeden

Flirt über den Sport gilt: Schauen Sie genau hin, *wie* der andere die Sportart ausübt, und beziehen Sie sich im Gespräch darauf. Natürlich sind nicht alle Sportarten in gleichem Maße kontaktintensiv. Beim Drachenfliegen, Pistolenschießen und Sportangeln hält sich die Gesprächsbereitschaft eher in Grenzen als etwa beim Kegeln, den Ballsportarten und — denen, die wir bereits besprochen haben!

3.6 Der Kultur-Flirt

Was verstehen *Sie* unter Kultur, liebe LeserInnen? Na . . .? Gar nicht so einfach, nicht wahr?

Mir fiel auf Anhieb auch nichts Gescheites ein, und so fragte ich meinen Sekretär, Herrn Brockhaus, in Gestalt seines gleichnamigen Lexikons: ,,Die Gesamtheit der Lebensäußerungen eines Volkes'', las ich da.

Unwiderstehlich fiel mir da unser Dichterfürst J.W. Goethe ein, der seinen Faust in all seiner Ratlosigkeit sagen läßt: ,,Hier steh' ich nun, ich armer Tor, und bin so klug als wie zuvor!'' Aber dann heißt es, ich solle doch bitte weiterlesen bei ,,Wesen der Kultur''. Na gut. ,,Kultur ist das Ganze der Bestrebungen, die natürliche Fähigkeiten des Menschen zu entwickeln, zu veredeln und zu gestalten, sowie die Hilfsmittel hierzu und ihr Ertrag.'' Aha.

Und nun? Gehen wir einfach her und ersetzen in diesem schlauen Satz frech das Wort ,,Kultur'' durch ,,Flirt''. Was sagen Sie? Eine derartige Verallgemeinerung sei . . . unzulässig? Naja, also dann lieber nicht.

Halt, jetzt dämmert's: Das Flirten ist *eine* dieser berühmten natürlichen Fähigkeiten, die Hilfsmittel sind zum Beispiel positive körpersprachliche Signale, und der Ertrag? Eine wunderbare Beziehung bis ans Ende der Tage. Auf jeden Fall aber das, was Sie sich wünschen und erreichen wollen.

Damit wir auch nichts verpassen, wollen wir die Kultur des Flirtens möglichst weit fassen. Wir bandeln nicht nur im Museum, Theater, Konzert und Kino an, sondern auch in Bibliotheken und Buchhandlungen, bei gesellschaftlichen Anlässen wie Festen und Empfängen sowie im Restaurant. Es gibt schließlich sowohl eine Party- als auch eine Eßkultur!

3.6.1 Im Museum

Zum Flirten ins Museum, geht denn das? Und ob!! So ein Kunsttempel ist geradezu ein idealer Ort der Begegnung, wenn Sie die Einleitungsfloskel ,,Darf ich Sie in Ihrer Betrachtung kurz ein wenig stören?'' berücksichtigen. Reden Sie mit Ihrem Schwarm über das, was gerade vor Ihnen ausgestellt ist: das Gemälde, die Skulptur, das Foto etc.

Dabei brauchen Sie von der ,,Hohen Kunst'' gar nichts zu verstehen. Fragen Sie Ihren Flirtpartner, ob er die Farbzusammenstellung des Bildes auch so gelungen findet, wie er den Übergang zwischen Vorder-, Mittel- und Hintergrund beurteilt oder was das Bild über den betreffenden Künstler aussagt. So sei Ihnen beispielsweise aufgefallen, daß der Maler in dieser Abteilung sehr viel durch die Farbe Grün ausgedrückt hätte. Wenn der/die Angesprochene sich in der Szene auskennt, so wird Ihnen möglicherweise erklärt, daß diese Bildersequenz seiner damaligen Lebensgefährtin gewidmet sei, und diese hätte vornehmlich grüne Kleider getragen.

Keine Angst, Ihr Gegenüber wird Ihnen den Mangel an Fachwissen nicht verübeln und Sie deshalb etwa geringschätzen; im Gegenteil, er wird sich noch geschmeichelt fühlen, weil Sie seinen Rat suchen. Sollten Sie allerdings merken, daß der andere auch nicht gerade durch übermäßigen Kunst-Sachverstand glänzt (was dem Kontakt keinen Abbruch tut), so lassen Sie Ihrem Charme auf ironische Weise freien Lauf: ,,Hat der Zeichner den Strich von unten nach oben oder von oben nach unten gezogen?'' oder ,,Müssen wir uns auf den Kopf stellen, um das Bild richtig zu deuten?''

Grundsätzlich ist es angeraten, von einem Fachgespräch möglichst bald zu einer persönlichen Plauderei überzuleiten, etwa mit der Frage, ob der andere selbst auch malt/fotografiert. Oder Sie unterhalten sich über Land und Leute, um die es in der Ausstellung geht, und tauschen dabei Ihre Reiseerlebnisse aus. Zum weiteren Gespräch bietet sich eine Einladung in das angegliederte oder nahe gelegene Café an . . .

Noch ein Tip, eher für Flirtmänner: Die Führungen durch die Museen werden häufig von Studentinnen abgehalten, die damit ihre Ausbildung finanzieren. Machen Sie also der Dame ein Kompliment für ihre hervorragenden Kenntnisse, und verdeutlichen Sie dies beim anschließenden Informationsgespräch über charmante Persönlichkeiten aus der Kunstgeschichte!

Also, meine Damen und Herren, wozu bis zum Abend warten, wenn Sie schon tagsüber im Museum flirten können?!

3.6.2 Theater und Kino

Weiter auf dem Kulturtrip: Abends geht's dann ins Theater oder ins Kino. Welch herrliches Ambiente, dort mit anderen Menschen Kontakt aufzunehmen, wo sich die Musen ungehindert küssen. Die Schauspieler charmieren vor und hinter dem Vorhang, unter sich und mit dem Publikum, auf Brettern, die die Welt bedeuten.

Da brauchen Sie als Besucher natürlich nicht hintanzustehen. Sie haben das Zeug dazu, einen guten Flirt aufs Theaterparkett zu legen; unberührt von der gekonnten Routine des Akteurs, sind Sie vom Zwang befreit, in irgendeine fremde Rolle schlüpfen zu müssen. Sie dürfen sich *selbst* spielen.

Manche sogenannten Flirtprofis rechnen die Theaterszene auf ein Aufwands-Ertrags-Verhältnis herunter und erscheinen zwecks Bestandaufnahme des „Potentials" nur zu Beginn der Vorstellung, um sich im Bedarfsfall noch schnell eine Eintrittskarte zuzulegen.

Aber im Theater ist der Theaterbanause auch ein Flirtbanause!

Kaufen Sie sich lieber *zwei* Eintrittskarten für eine Vorstellung, die nahezu ausverkauft ist, und treten Sie dann am Tag der Vorstellung vor die Abendkasse (wo die Zukurzgekommenen noch verzweifelt Restkarten suchen), um sich diejenige Person auszuwählen, die Ihnen vom optischen Eindruck her am besten gefällt. Und ihr geben Sie dann je nach Geldbeutel die zweite Karte zum vollen Preis, zum ermäßigten Preis oder zum Nulltarif — aber nicht zum Schwarzhändlerpreis!

Dabei ist Ihre Ausgangsposition für den amüsanten Plausch doppelt günstig: Zum einen dient Ihnen das Theaterstück als hervorragendes gemeinsames Thema, zum anderen sitzt Ihr Flirt während der Vorstellung unmittelbar neben Ihnen!

Ein Vorteil, den wir aus der zunehmenden Automatisierung für Flirt & Kontakt ziehen können: Der gleiche Trick ist auch in *Kinos* mit computer-numerierten Plätzen anwendbar, unabhängig davon, ob Sie den 29. Teil von ,,Indiana Jones'' oder den neuesten Wim-Wendes-Film sehen wollen.

Während der Vorstellung ist das Anbandeln im Kino einfacher als im Theater. Im Lichtspielhaus bieten Sie Ihrem *Flirt* ein Eiskonfekt oder Bonbons an. Wenn das nicht gerade am spannendsten Punkt des Films geschieht, werden sich auch die anderen Besucher dadurch nicht stören lassen. Danach können Sie mit ihm/ihr über den mehr oder weniger gelungenen Film reden.

Aber stellen Sie sich einmal vor, Sie würden im Theater der Dame zu Ihrer Linken mit nervenzerfetzendem Geraschel gelbe und orangefarbene Gummibärchen überreichen: Der arme Schauspieler könnte vor Schreck gar nicht mehr richtig agieren. Als Romeo haucht er seiner Julia die unendliche Liebe ins Gesicht und verhaspelt sich hoffnungslos. Und Sie wollen daran schuld sein?

Sollte der liebe Mensch nicht neben Ihnen sitzen, so haben Sie in der *Pause* ausreichend Gelegenheit, sich die Männer und Frauen anzuschauen, die für einen Flirt in Frage kommen. Vielleicht werden Sie ebenso überrascht sein wie ich, wie viele Leute tatsächlich alleine ins Theater gehen. Eine ganze Menge!

Allemal eignet sich die Frage an Ihren Schwarm, wie ihm denn das Stück bisher gefallen hätte. Wenn Sie ihn gerade in der Schlange an der Bar entdecken, erleichtern Sie sich die Kontaktaufnahme, indem Sie ihn bitten, Ihnen etwas mitzubringen. Umgekehrt können Sie ihm natürlich auch einen Drink mitbringen, mit ihm auf die Vorstellung anstoßen und für die Zeit danach eine Verabredung treffen.

Falls Sie auch in der Pause mit Ihren Bemühungen leer ausgegangen sind, brauchen Sie Mut und Hoffnung keineswegs fahren zu lassen. Begeben Sie sich unmittelbar *nach* der Vorstellung mit Ihrer auserwählten Person auf gleiche Höhe und teilen ihr Ihre ureigensten Empfindungen mit: ,,Hallo, seien Sie mir bitte nicht böse . . . aber mich hat das Stück unheimlich aufgewühlt. Ich brauche unbedingt noch jemanden, mit dem ich darüber reden kann. Da vorne ist das Weinhaus ,Zur goldenen Rebe'. Haben Sie nicht Lust, auf ein Glas Wein mitzugehen?''

Dasselbe schlagen Sie auch am Ende des Films vor, wenn etwa in ,,Neuneinhalb Wochen'' die 10. Woche angesagt ist und Kim Basinger es endlich geschafft hat, sich aus den Chauvi-Klauen Mickey Rourkes zu befreien. Aber legen Sie beim Ansprechen den Schnellgang ein. Die Leute verflüchtigen sich nach dem Öffnen der Ausgangstüren in Sekundenschnelle!

3.6.3 Im Konzert

Ebenso vielschichtig wie die Art der Konzerte ist das Publikum: Eher konservativ bei klassischen Aufführungen, bei Jazz-Darbietungen feinfühlig-intellektuell und bei Pop-Konzerten jugendlich-schrill.

Das Flirt-Konzept für die klassischen Konzerte besteht darin, Ihrem (Musik-)Liebhaber das Gefühl zu vermitteln, daß Sie ein musisch veranlagter Mensch sind und dem Flair der großen Konzertsäle eine Zuneigung abgewinnen können, die sich in kontaktfreudigem, sicherem Auftreten niederschlägt.

Wenn Sie überdies das „musikalische Gehör" haben, Stärken und Schwächen des Dirigenten, der Solisten und einiger anderer Orchestermusiker herausfiltern und den Übergang zum Thema „Welches Instrument spielen *Sie* denn?" mit einer geschickten Untertreibung Ihrer eigenen instrumentellen Fähigkeiten garnieren, wird aus dem konzertanten Flirt ganz sicher ein länger anhaltender Kontakt: Die kleine Nachtmusik als Duett der Verliebten.

Im Jazz-Konzert sollten Sie sich schon ein wenig mit den verschiedenen Stilrichtungen auskennen, um die einzelnen Interpretationen kommentieren zu können. Ansonsten reden Sie, liebe Flirterinnen, am besten gleich über Gott, die Welt und die Echtheit seiner lockigen Haarpracht. Sie müssen ja nicht sofort nachprüfen, ob er das Toupet pünktlich um Mitternacht in den Schrank sperrt!

Bei den Pop-Konzerten wollen die Fans (meistens *kids*) ihre Idole anhimmeln und sie bis zur ekstatischen Verzückung bejubeln. Bandeln Sie nicht mit Ihrem verklärt dreinblickenden Nebenmann an, indem Sie ihm oder gar seinem Liebling auf der Bühne in Sprache und Körpersprache nacheifern. Gegen Rod Stewart (oder Tina Turner) haben Sie keine Chance! Zu durchsichtig ist diese Art der Anbiederung.

Der wahre Besucher von derlei Veranstaltungen will sich durch nichts in seiner genüßlichen Hinwendung stören lassen. Das bezieht sich indes nur auf den oder die absoluten Stars des Abends. Während die Vorgruppe spielt, bietet sich schon eher eine Gelegenheit zum Anbandeln, und zu diesem Zeitpunkt wird eine „Störung" auch nicht nachgetragen.

3.6.4 Buchhandlung und Bibliothek

Das Lesen an sich ist kein besonders flirtiges Hobby, setzt es doch ein Maß an Konzentration voraus, das sich durch fortlaufende Unterbrechungen wie Sprechen und Zuhören nur schwer aufrechterhalten läßt. Leser gehen in sich, ruhen sich von ihrer realen (Um-) Welt aus und versenken sich in die Welt des Buches, wo das abstrakte Wort durch die Phantasie Gestalt annimmt.

Der Leser kann erst dann zum Flirter werden, wenn er dort zugreift, wo die Kommunikation über Gelesenes und zu Lesendes an der Tagesordnung ist: in Buchhandlungen und Bibliotheken.

Sie können sich wohl lebhaft vorstellen, daß sich in der Buchhandlung *ein* Trick geradezu aufdrängt: Gehen Sie in den Laden mit dem sympathischsten weiblichen/männlichen Verkäufer, und äußern Sie, daß Sie einem Bekannten das Buch „Flirten" von P. Hollinger zum Geburtstag schenken wollten. Suchen Sie sich dabei einen Zeitpunkt heraus, zu dem das Personal die Muße hat, sich mit Ihnen auf eine Diskussion über dieses Buch einzulassen (etwa Dienstag vormittag). So bieten sich etwa die Fragen an, ob es Ihr Ansprechpartner schon gelesen hätte, was er denn ganz persönlich vom Flirten hielte und ob er denn nicht wüßte, daß Sie beide jetzt schon miteinander flirten würden. Auf sein ungläubiges Staunen versichern Sie ihm zähneblinkend: „Kennen Sie die Steigerung dieses Flirts? . . . Na, ich hab' jetzt leider keine Zeit mehr. Wie wär's, wenn ich Ihnen das heute abend in aller Ruhe bei einem Glas Wein erklären würde?!"

Für die Kontaktaufnahme mit anderen Leseratten gilt: Zeigst Du mir Dein Buch, so kann ich auch etwas über Dich sagen. Ob es das jüngste Werk von Loriot (wird auch schon mal von humorvollen Charmebolzen mit Hang zur Ironie gelesen) oder ein Buch über die neuesten Untersuchungen auf dem Gebiet der Quantenphysik ist (die spröden Tüftler unter den Naturwissenschaftlern haben das Flirten nicht gerade erfunden) – immer lassen sich Rückschlüsse von Buchtitel und -inhalt auf den Erwerber dieses Druckerzeugnisses ziehen.

In der Bibliothek sind die flirtigsten Orte der Begegnung die Schalter für die Rück- und Ausgabe. Einer der beiden ist in der Mittagszeit (von der böse Zungen behaupten, sie sei identisch mit der Öffnungszeit) wegen fehlenden Personals meistens geschlossen. Grämen Sie sich nicht über die lange Warteschlange, sondern nutzen Sie die Zeit, um Ihren Vordermann oder Hinterfrau in ein Gespräch über das gerade entliehene Buch zu verwickeln, sagen wir einmal, Stefan Zweigs ,,Schachnovelle'' und seine persönliche Beziehung dazu.

Wie bitte, Ihnen ist es am Schalter zum Flirten zu turbulent? Völlig ungestört sind Sie in einem der abgelegenen Gänge zwischen den Regalen, zum Beispiel in der Abteilung ,,Kriminalromane'', wo Sie einem gleichgesinnten Anhänger von spannungsgeladener Schmökerliteratur ,,auflauern'', mit dem Sie in aller Ruhe über Unterschiede und Gemeinsamkeiten der Werke von Agatha Christie und Patricia Highsmith diskutieren. Bringen Sie ihm aber nicht das Gruseln, sondern das gespannte Interesse an Ihrer Person bei!

Es muß nicht immer das geschriebene Wort sein — bandeln Sie über das *Band* an! Vor allem dann, wenn diese Cassette ständig ausgeliehen und vorbestellt ist, könnten Sie sich mit dem netten Menschen, der sie Ihnen vor der Nase weggeschnappt hat, über eine interne Regelung einig werden. Versprechen Sie ihm nicht nur, daß Sie dieses herrliche Stereoton-Erzeugnis brav bei ihm abholen und wieder rechtzeitig bringen, sondern sichern Sie ihm beim Austausch Ihrer Telefonnummern für sein großes Vertrauen eine kleine Überraschung zu. Was das sein soll? Das wird nicht verraten, sonst wäre es ja keine Überraschung mehr!

3.6.5 Partygeflüster

Lieben Sie Parties? Wie immer Sie dazu stehen: Ob auf einer Geburtstags-, Jubiläums-, Cocktail- oder sonstigen Feier, ob sitzend oder stehend — einen Korb bekommen Sie fast nie. Es wäre doch jammerschade, wenn Sie Ihre Flirtchancen auf diesem breiten Betätigungsfeld ungenutzt verstreichen ließen!

Sollte Ihnen die Atmosphäre für eine direkte Ansprache Ihres Schwarms zu kühl erscheinen, dann greifen Sie zu einem alt-

bewährten Trick: Lassen Sie sich vom Gastgeber mit der Dame oder dem Herrn bekanntmachen. Vorab eingeholte Informationen über Ihr „Opfer" helfen Ihnen dabei, bei einem lockeren Plausch Gemeinsames zu entdecken. Grundsätzlich gilt: Je steifer die Runde, desto behutsamer müssen Sie beim Anbandeln vorgehen.

Haben Sie den Eindruck, die Dame vis-à-vis hat Appetit auf einen Happen vom kalten Buffet? Mit einem gewissen Sinn fürs Dekorative füllen Sie zwei Teller mit ein paar Köstlichkeiten und fragen Ihren Flirt in spe, welchen er denn gern hätte. Es ist ein hervorragender Gesprächseinstieg, auf Festen über das Essen zu plaudern . . .

Wenn die Fete von mehreren Leuten veranstaltet wird, eröffnen Sie den Small talk mit der Frage: „Durch wen bist Du denn hierher gekommen?" Das ist zwar nicht sehr originell, aber oft ist der einfache Weg der wirkungsvollste!

Wesentlich ausgefallener nimmt sich da schon die Möglichkeit aus, meine Damen, ihm den Inhalt Ihres Weinglases über seine jüngst erworbene Seidenhose zu kippen und danach mit arglosem Lächeln tausendmal um Vergebung zu bitten. Viel Mut und Organisationstalent zur Beschaffung der Säuberungsinstrumente sind angesagt!

Übrigens: Mit der Zahl der Gäste wachsen Ihre Möglichkeiten, einen interessanten Menschen kennenzulernen, der nicht bereits partnerschaftlich gebunden ist. Auf kleinen Parties (unter 20 Personen) finden Sie hauptsächlich Pärchen vor.

Seien Sie einladend!

Obwohl Sie allgemein beliebt sind, werden Sie niemals zu Feten eingeladen?

Nun, dem kann ganz leicht abgeholfen werden. Geben Sie einfach mal selbst ein rauschendes Fest — auch ohne besonderen Anlaß!

Laden Sie mindestens zehn Leute ein, die Sie privat oder beruflich kennen, und schlagen Sie diesen vor, weitere Bekannte mitzubringen. Wird Ihnen das zu teuer, dann regen Sie an, daß jeder Gast entweder Getränke oder ein paar Knabbereien beisteuert. Den Rest übernehmen Sie. Als Gastgeber halten Sie die Fäden in der Hand: Mit jedem Flirtkandidaten kommen Sie spielend leicht ins Gespräch.

Wenn Sie Lust haben, Ihren Bekanntenkreis von Grund auf zu erneuern, lassen Sie Ihre Party per Inserat oder beim örtlichen privaten Radiosender unter Angabe Ihrer Telefonnummer veröffentlichen!

3.6.6 Im Restaurant

Es ist heute wesentlich leichter als noch vor zehn Jahren, alleine in ein Restaurant zu gehen. Dies trifft auf Männer *und* Frauen zu. Also, liebe LeserInnen, trauern Sie verflossenen Beziehungen nicht nach, überwinden Sie Ihre Trägheit und begeben Sie sich unter die Leute! Sie werden sich wundern, wieviel Singles Sie dort antreffen!

Sollte das gütige Schicksal Sie und Ihren Schwarm bereits an einem Tisch zusammengeführt haben, so nutzen Sie das hervorragende Gesprächsthema: die Speisekarte. Lassen Sie sich beispielsweise das gut gewürzte, herzhafte Gulasch von ihm empfehlen. Sie dürfen ihm auch einen Tip geben, falls Ihnen das betreffende Gericht noch von Ihrem letzten Besuch in guter Erinnerung ist.

Es zeugt ganz sicher nicht von plumper Anmache, wenn Sie den netten Flirtpartner vom Nebentisch fragen: ,,Finden Sie nicht auch, daß es langweilig ist, alleine zu essen?'' Eine reizende Unterhaltung über Speisenzubereitung im allgemeinen und Ihre Kochkünste im besonderen zeichnet sich dann ab.

Nehmen wir an, Sie können oder wollen den direkten Kontakt zu Ihrer ,,Traumfrau'' nicht herstellen, die sich eben alleine oder mit ihrer Freundin in die entfernteste Ecke des Lokals gesetzt hat. Schreiben Sie auf die Rückseite Ihrer Visitenkarte oder auf einen Zettel: ,,Ich kann Ihnen das Boeuf Stroganoff wärmsten Herzens empfehlen. Ihr Mann vom Tisch gegenüber.'' Das lassen Sie ihr vom Kellner überbringen und erkundigen sich dann, ob es ihr geschmeckt hat. Lächelnd stellen Sie sich als der ,,Mann mit dem heißen Tip'' vor. Ein Platz an ihrem Tisch ist Ihnen sicher!

Nebenbei: Es gibt immer noch viele Lokale, in denen vor allem den weiblichen Gästen ohne eine Möglichkeit ihrer Einflußnahme von ,,bösen'' Kellnern ein ganz bestimmter Platz zugewiesen wird. Und dies trifft eben leider *nicht* nur auf Restaurants mit sehr begrenztem Platzangebot zu. Lassen Sie sich nicht mit dem strategisch ungünstigen Katzentisch abspeisen, meine

Damen, sondern informieren Sie − wenn nötig − das Personal schon am Eingang, *wohin* oder *zu wem* Sie sich gerne setzen möchten.

3.7 Sonstige private Anlässe

3.7.1 Der Auto-Flirt

Welches Transportmittel bringt Sie flink und flirtig von Punkt A zu Punkt B?

Befassen wir uns einmal mit dem Fortbewegungsmittel Nummer eins, dem Automobil. Als Insasse dieses unpersönlichen Kastens aus Stahl, Blech und Glas verpassen Sie im Grunde die besten Chancen zum Anbandeln. Flirtintensiv wird es erst an den Nahtstellen seiner Innen- und Außenwelt: beim Ein- und Aussteigen, an der Ampel, im Stau und beim Parken.

Wußten Sie schon, daß Ihnen Ihr mangelndes Talent zum Einparken eines Tages zugute kommen kann? So haben Sie nämlich die Möglichkeit, nicht nur die Hilfs-, sondern auch die Flirtbereitschaft Ihrer Mitmenschen zu testen.

Selbst geübte Autofahrer müssen noch lange keine perfekten Parkkünstler sein. Scheuen Sie sich also nicht, einen der Passanten um Hilfe zu bitten! Gestehen Sie charmant, daß Sie allein nicht sicher in die Lücke finden − und rückwärts schon gar nicht. Ein freundlicher Helfer wird bestimmt auf Ihr Schäkern eingehen. Danach zeigen Sie sich mit einer kleinen Aufmerksamkeit erkenntlich.

Als Parkeinweiser(in) fragen Sie nach getaner Arbeit: ,,Wer lädt jetzt wen ein? Egal, was halten Sie davon, daß ich Sie einlade? Ich spendiere Ihnen gerne einen Kaffee, weil Sie mir auf Anhieb noch besser gefallen als Ihr Auto!'' Je schwieriger das Einparken, desto größer ist dabei die Chance, daß Er/Sie aus Erleichterung über das erfolgreich abgewickelte Manöver Ihrem Vorschlag zustimmt.

Wenn Sie, liebe Damen, Ihren Wagen aus der engen Parklücke herausjonglieren wollen, dann verzichten Sie nicht auf die Unterstützung des netten Typs von nebenan. Es könnte der gutaussehende Mann aus Ihrer Nachbarschaft sein, mit dem Sie ohnehin schon mal Kontakt aufnehmen wollten.

Und Sie, meine Herren, haben Sie heute noch keine gute Tat vollbracht? Wie wäre es, wenn Sie das Auto Ihrer Herzdame aus der Parklücke schieben würden, wenn es im Winter auf Schnee und Eis immer wieder ,,ausrutscht''? Ein anschließendes Gespräch bei Glühwein, Grog oder Punsch trägt sehr gut dazu bei, sich füreinander zu erwärmen! ,,Auf diese Anstrengung hin haben *wir* uns etwas zur Stärkung verdient.''

Sich aus einer mißlichen Situation herauszulavieren bezieht sich naturgemäß nicht nur auf das Einparken, sondern auch auf Keilriemen- und Reifenpannen, vereiste Türschlösser (der erfahrene Kavalier am Steuer hat das entsprechende Spray bei sich) und zu erneuernde Scheibenwischerblätter. Allenthalben kann sich der ,,Beholfene'' aus Dank *und* Sympathie gegenüber dem Helfer durch eine Einladung erkenntlich zeigen. Der Helfer indes schafft sich durch seine Ritterlichkeit die beste Grundlage für den Übergang zu Flirt & Kontakt. ,,Ich freue mich sehr, falls wir uns zu einem anderen Anlaß wiedersehen können. Tauschen wir unsere Telefonnummern aus?''

Leider hat die Emanzipation das weibliche Kavalierstum, gepaart mit technischem Verständnis, immer noch nicht in einem deutlich wahrnehmbaren Maße erreicht. Welche versierte Autofahrerin zeigt mir handwerklich ungeschicktem Mannsbild, wie ich den schmutzigen Vergaser säubern oder einen Ölwechsel fach- und umweltgerecht durchführen kann? Mithin sind die Rollen unverändert klar verteilt: mann hilft frau. So ein Pech aber auch!

Die typische Situation des Lenkers mit fahrbarem Untersatz: Die Ampel schaltet auf Rot, Sie halten an. Neben Ihnen kommt ein Fahrzeug mit einer attraktiven Person zum Stehen. Blickkontakt, An- und Zurücklächeln ist eins. Danach steht die Ampel viel zu schnell auf Grün; beide fahren los und der Kontakt ist beendet. Sie bedauern das? Dann gibt's nur eins (nein, nicht hinterherfahren!): Sie kurbeln das Beifahrerfenster herunter und machen Ihrem Schwarm ein ganz dickes Kompliment: „Ihr Lächeln hat mich derart fasziniert, daß ich gar nicht anders konnte, als Sie anzusprechen. Ich möchte Sie gern näher kennenlernen. Kann ich bei Ihnen mal vorbeiklingeln?"

Wenn es der Hintermann ist, der Ihnen so gut gefällt, müssen Sie eben aussteigen und sich nach hinten bemühen. Sich die Beine zu vertreten und nach frischer Luft zu schnappen war noch nie das Schlechteste!

Natürlich hat die Ampel schon längst auf Grün umgeschaltet; das bemerken Sie am unvermeidlichen Hupkonzert der ungeduldigen Autofahrerzunft. Stört Sie das etwa? Es wird Sie garantiert niemand anzeigen. Und was ist das Gehupe von Leuten, die Sie Gott sei Dank nie wiedersehen, gegen die Aussicht auf ein bezauberndes Rendezvous?

Nun wollen wir uns noch kurz den männlichen Brutalo-Flirtern zuwenden, die es tatsächlich nicht lassen können, der Frau von der Ampel bis zu ihrer Wohnung nachzufahren. Abgelehnt! Sollten Sie sich wirklich mal dabei ertappen, Mann-oh-Mann, dann gehen Sie sinnbildlich vor der ängstlich-wütenden Frau in die Knie, bitten sie tausendmal um Vergebung und stammeln irgend etwas davon, daß Ihnen das noch nie passiert sei. Vielleicht läßt sie noch einmal Gnade vor Recht ergehen.

Wenn der Stau anbricht, haben Sie in Ihrem „Stehzeug" die Muße, mit aller Ruhe nach rechts, links und im Rückspiegel in die Gesichter der Leidensgenossen zu blicken. Legen Sie doch einfach mit Ihrem *Flirt* von nebenan oder hintendran eine Eß-, Trink- und Gesprächspause ein. Wohl bekomm's!

Angenommen, Sie sehen auf der Autobahn-Nebenspur ein Cabrio mit dem Kennzeichen FDS (Freudenstadt im Schwarzwald) stehen — dann erzählen Sie Ihr oder Ihm doch von Ihren Freudenstädter Bekannten oder davon, daß Sie schon soviel über diesen schönen Ort gehört hätten, und verknüpfen Sie das mit dem

Angebot, bei Ihrem nächsten Aufenthalt in Freudenstadt Ihrer neuen Bekanntschaft einen Besuch abzustatten.

Apropos Cabriolenker: Sie sind Limousinenfahrern beim Flirten haushoch überlegen. Denn ohne störendes Verdeck fallen die Kontakte zu anderen Verkehrsteilnehmern leichter.

Von den etwa 300 000 Cabrios in Deutschland werden knapp zwei Drittel von Frauen gefahren, die sich leichten Herzens Radlern, Fußgängern und auch anderen Autofahrern widmen können. Aber auch alle anderen Verkehrsteilnehmer brauchen nicht in der Passivität zu verharren.

Neben der Möglichkeit, durch beiderseitiges Anhalten ins Gespräch zu kommen, können Sie einen Zettel unter den Scheibenwischer des geparkten Cabrios klemmen: ,,Würde Ihnen gern begegnen, da ich sicher bin, daß es sich bei einem so charmanten Fahrzeug auch um eine äußerst charmante Fahrerin handelt." Dazu die eigene Telefonnummer und – eine Blume, wenn Sie sich vergewissert haben, daß Ihr Herzblatt sich an diesem Ort nur kurzfristig aufhält, so daß niemand dieses tolle Gewächs entfernen kann . . .

Allerdings sollte man(n)/frau beachten: Je kleiner das Cabrio (Käfer, Golf, Escort), desto größer ist die Möglichkeit, daß es von einer Frau gefahren wird. Statistisch gesehen fahren Männer größere Cabrios wie BMW, US- und Italienimporte. Also, liebe Cabrioinhaber(innen), bestellen Sie bei Petrus schönes Wetter; dann geht alles wie von selbst!

3.7.2 Flirt in öffentlichen Verkehrsmitteln

Zur Überprüfung der betreffenden Flirtgelegenheiten in umweltfreundlichen Verkehrsmitteln verwandte ich meine Monatskarte für ein Experiment:

Ich fuhr ein paar Mal mit U-Bahn, S-Bahn, Omnibus und Straßenbahn, zog meinen aufladbaren Taschenrasierer hervor und rasierte mich.

*Eh' ich mich so recht versah, traf mich auch schon der miß-
mutige Blick einer etwa 50jährigen Frau: ,,Sie haben wohl keine
Zeit, sich zu Hause zu rasieren!" ,,Nein, das mache ich, um
mit den Leuten leichter ins Gespräch zu kommen", entgegnete
ich kühn. Ihr bis zur Fassungslosigkeit geöffneter Mund ließ
erkennen, daß hier Hopfen und Malz ganz sicher verloren seien.*

*Beim nächsten Mal setzte sich eine ungefähr 45jährige Frau
mir gegenüber. Wellen der Begeisterung schlugen mir entgegen.
,,Sie, das muß ich meinem Mann gleich erzählen; der hat morgens auch nie Zeit. Was kostet denn sowas?" Ob solch uner-
warteter Art des Kontakterfolgs verdattert, bekam ich gerade
noch ein mühevolles ,,150 Mark" heraus. ,,Ha, wissen Sie was?"
Nein, nichts. ,,Das schenke ich meinem Mann übernächste Woche zum Geburtstag." Wieder war der Tag gerettet.*

*Nächste Szene: Voll durchgestylter Yuppie mit Brillant-
Ohrring, Krawatte und feinstem Tuch sitzt neben mir und blättert in ,,Capital", dem Lifestyle-Magazin für Geldbewußte. Das
Summen meines Rasierapparates pariert er mit der Coolness,
die vermutlich nur zu ihm ganz alleine paßt: ,,Eh, Mann, geil,
ich mach' das in meinem Porsche auch immer, aber der is' grade
zur Inspektion, Du weißt schon, haha, deswegen fahr' ich mal
wieder mit der Popel-Krücke." Ja, wenn das so ist . . .*

*Am nächsten Tag, die Haut an meinem Kinn ist schon ziem-
lich abgeschabt, rasiere ich mich vis-à-vis von einer jungen Frau,
etwa Ende zwanzig. Sie lächelt zu mir herüber; in dem Moment,
da ich ihr Lächeln erwidern will, wendet sie sich ab. Dieses Spielchen wiederholt sich noch ein paar Mal, bis ich sie schließlich
anspreche. ,,Lächeln Sie, weil ich mich hier rasiere?" ,,Äh,
ja-a, eigentlich irgendwie schon." ,,Das mache ich, damit ich
mit den Leuten leichter ins Gespräch komme." Eine Mischung
aus Überraschung und Neugierde spricht aus ihren Augen.
,,Dann ist das also ein Trick", bemerkt sie. ,,Ja, das ist es."
Zu dem ungläubigen Blick gesellt sich ein Lächeln, das diesmal
voll auf mich gerichtet ist. ,,Mhm, ja gar nicht schlecht, die Idee,
gar nicht schlecht!" Wir haben uns acht Stationen lang sehr gut
unterhalten.*

Und was tun Sie, liebe Flirterinnen? Rasieren Sie sich die Beine? Wohl kaum. Aber vielleicht ziehen Sie weniger ausgefallene Möglichkeiten der Kontaktaufnahme vor? Lassen Sie sich von Ihrem Boulevard-Zeitung-lesenden Galan in der U-Bahn Ihr Horoskop vorlesen: ,,Darf ich Sie in Ihrer Lektüre kurz stören? Ich weiß, daß ein Tageshoroskop eigentlich schwachsinnig ist – aber reizen würde es mich doch. Könnten Sie mir's bitte vorlesen, ich bin Waage.'' ,,Er kramt die Seite mit den Sternzeichen hervor. Da steht beispielsweise: ,,Sie sollen sich heute vor bösen Männern in der U-Bahn hüten'', oder eine andere Voraussage, durch die Sie ein witziges Geplänkel über Ihre astrologische Beziehung zueinander weiterentwickeln können.

Oder Sie fragen ihn, ob das Theaterstück ,,Wer hat Angst vor Virginia Woolf'' noch läuft (natürlich läuft's noch). Sie hätten den Kinofilm mit Liz Taylor und Richard Burton gesehen und würden sich liebend gerne die Theaterfassung zu Gemüte führen. Wenn er sich nicht als uninteressierter Muffel, sondern als charmanter Plauderer entpuppt – ab ins Theater!

An der *Haltestelle* haben Sie grundsätzlich drei Möglichkeiten:

1. Sie kommen über irgendwelche „technischen" Fragen (Fahrtziele, Wechselgeld, Tarife) und der Überleitung zum gemeinsamen Besuch von Sehenswürdigkeiten oder guten Lokalen ins Gespräch.

2. Sie nehmen äußere Widrigkeiten (Eiseskälte, Hitze, Gewitter, starker Regen, Betriebsstörungen) zum Anlaß, nicht länger an der Haltestelle zu verweilen, sondern sich mit dem Flirtpartner zu einem Plausch im nächstgelegenen Bistro zusammenzuschließen.

3. Sie haben den Mut zur ganz persönlichen Bemerkung: „Verzeihen Sie, Ich habe mir gedacht, ich spreche Sie einfach mal an, weil Sie mir sympathisch sind . . . aber ich weiß nicht, wie ich das machen soll; mir fällt dazu kein schlauer Spruch ein. Können Sie mir nicht weiterhelfen?"

Im *Zug* ist das Anbandeln aus Zeitgründen wesentlich einfacher als im Nahverkehrsbereich: Sie können in aller Ruhe auf den Lesestoff (Buch, Illustrierte) Ihres Gegenübers eingehen, sich nach Heimatort und Fahrtziel erkundigen und ihn dann zu einem Drink im Speisewagen einladen. Wenn Ihnen gar nichts anderes einfällt, testen Sie mit einem verschmitzten Lächeln seinen Humor: „Fahren Sie auch in die Richtung?"

3.7.3 Im Bistro

Bistros sind in den letzten Jahren in größeren Städten wie die Pilze aus dem Boden geschossen. Ohne sich stilistisch immer an das Pariser Original zu halten, bietet diese aufgelockerte Kombination aus herkömmlichem Café und Kneipe vielfältige Flirtmöglichkeiten. Ob im Stehen oder im Sitzen, ob am Tisch oder an der Bar, stets findet sich hier ein ergiebiges Jagdrevier für Kontaktwillige beiderlei Geschlechts!

Grundsätzlich gilt: Das Anbandeln von Tisch zu Tisch ist im Stehen unverbindlicher und daher leichter als im Sitzen. Steht nun die Person Ihrer Wahl einige Meter von Ihnen entfernt, erfolgt das altbekannte Spielchen: Blickkontakt, Lächeln und Zuprosten. Erwidert sie Ihren Blick, gehen Sie auf sie zu und fragen etwa, ob der Espresso zu empfehlen sei.

Wenn Ihnen das zu lange dauert, können Sie auch sofort schnurstracks auf Ihren *Flirt* zusteuern. Geben Sie vor, in Eile zu sein, und bitten Sie ihn daher, schon mal zu bestellen (zum Beispiel grünen Tee), während Sie noch eine dringende Besorgung machen müssen. Das kann ein wichtiges Telefonat oder einfach der Gang zur Toilette sein. Je interessanter und ausgefallener Ihre Bestellung ist, desto leichter fällt Ihnen danach die Unterhaltung mit ihm.

Spielen Sie Lotto, meine Damen und Herren? Im Bistro ist das sicherlich einen Versuch wert. Ziehen Sie Ihren Lottoschein aus der Tasche. ,,In letzter Zeit lag ich mit meinen Zahlen immer daneben. Nennen Sie mir doch bitte sechs Zahlen von 1 bis 49. Die bringen sicherlich mehr Glück!'' Anschließend malen Sie sich mit Ihrer Glücksfee oder Ihrem Glückspilz aus, was Sie beide mit dem Lottogewinn anfangen.

Bei drei Richtigen böte sich nur der erhebende Kurzbesuch eines Fast-Food-Lokals an. Lieber nicht! Vier Richtige genügen für zwei prächtige Longdrinks. Mit dem Gewinn aus fünf richtigen Zahlen dinieren Sie beide im ,,ersten Haus am Platze''. Ist auch noch die Zusatzzahl richtig, verbringen Sie Ihren Skiurlaub in einer Schweizer Nobelherberge. Tja, und beim Volltreffer − heiraten Sie . . . oder Sie fahren mit dem Taxi nach Paris und fliegen dann mit dem Überschallflugzeug nach New York.

Spätestens an dieser Stelle kommt der Einwand, daß die Zahlen ja eh nicht ,,drankämen''. Dann vergeben Sie eben einen Trostpreis: Eine Einladung zu einem Glas Rosé in der nächsten Woche. Damit Sie Ihren Schwarm vom Ergebnis der Wochenendziehung informieren können, brauchen Sie natürlich auch seine Telefonnummer . . .

Soweit sich das überhaupt statistisch feststellen läßt, hatte der sogenannte Lotto-Trick bei unseren Kursteilnehmern die höchste Erfolgsquote. Pech im Spiel? Glück in der Liebe!

Bei Ihrem nächsten Besuch im Bistro (oder Café; Pub; Bar; Kneipe; Lokal) sollten Sie es sich nicht nehmen lassen, sich an den Tisch einer Dame, eines Herrn oder mehrerer Leute zu setzen, obwohl andere Tische noch frei sind. Sie bringen sich sonst nämlich völlig unnötig um die Chance, neue Bekanntschaften zu schließen.

Wenn Sie nun freundlich fragen, ob dieser Platz frei ist, wird der betreffende Gast in aller Regel bejahen. Sie können Ihren Wunsch noch persönlicher ausdrücken: ,,Darf ich mich dazusetzen? Ich sitze wirklich ungern allein im Lokal.''

Ein ,,Nein'' auf Ihre Frage bedeutet keine Kritik an Ihnen oder gar einen ,,Korb'' für Sie: Der Gesprächspartner ist gerade nicht anwesend oder wird zu einem späteren Zeitpunkt erwartet. Oder mann/frau will eben nicht gestört werden. Das Risiko eines Mißerfolgs gehen Sie dabei also nicht ein: Ist der gewünschte Platz tatsächlich reserviert, setzen Sie sich halt an einen anderen Tisch!

3.7.4 Beim Tanzen

Die *Discothek* ist nicht gerade der ideale Ort der Begegnung. Es ist zu laut und zu dunkel (oder wegen der künstlichen Lichteffekte zu grell). Viele Singles besuchen die Disco nur, um zu sehen und gesehen zu werden. Die Unantastbaren gefallen sich in ihrer passiven Rühr-mich-nicht-an-mach-mich-nicht-an-Haltung. Logischerweise will da die gute Flirtstimmung nicht so recht aufkommen, zumal jener Tanzstil vorherrscht, der ohne Körperkontakt die Tanz-,,Partner'' eher auseinandertreibt als zusammenführt. Als Konditionstraining und Joggingersatz ist das ganz nett, wenn nur die Luft in diesen verräucherten Bunkern nicht fast so alt wäre wie die vor sich hin hopsenden Kids!

Wenn Sie's trotzdem probieren wollen — Constanze Elsner („Wie man eine Frau/einen Mann aufreißt") hilft Ihnen weiter. Sie empfiehlt, sich angesichts der kommunikationsfeindlichen Atmosphäre auf Stichworte zu beschränken („Heiß hier", „Durst?", „Tanzen?") in der Hoffnung, der Nichtgesprächspartner werde wenigstens das noch akustisch und geistig verarbeiten können.

Ansonsten: Tanzen Sie ein paar Runden und sprechen den anderen dann zum guten Schluß an: „Hallo, hier können wir uns wohl nicht so gut unterhalten, aber das können wir ja an einem anderen Ort und zu einer anderen Zeit nachholen. Hier ist meine Visitenkarte; ich freue mich, wenn Du mich anrufst. Ciao." Sie überreichen ihr/ihm Ihre Visitenkarte mit folgendem Text auf der Rückseite: „Wissen Sie, was ein Optimist ist? Ich möchte es Dir gern erklären."

Ein positiver Trend ist auch in der Disco nicht zu verkennen: Immer mehr Mädels fordern die Jungs zum Tanzen auf. Weiter so!

Das gute alte *Tanzlokal* feiert seit ein paar Jahren seine Wiedergeburt. Vorbei sind die Zeiten, wo das Leben einzig und allein in der Discothek getobt hat. Der Tanzpalast mit Band, Combo oder Kapelle erfreut sich wieder großer Beliebtheit.

Hier bedeutet eine Aufforderung zum Tanz immer auch die verführerische Aussicht auf Körperkontakt ohne große Worte. In der Kürze der verfügbaren Zeit, etwa während eines flotten Foxtrotts, kann man mit natürlichem Charme Anteil an der Person des anderen nehmen (lächelnd: „Ich habe Sie doch letzthin erst im Fernsehen bewundert — bei den Europameisterschaften in den Standardtänzen!"), mögliche Gesprächsaufhänger herausfinden und zum Ausdruck bringen (die Musikgruppe; die Solisten; das Ambiente des Lokals): Das ist die Kunst, beim „Schwofen" einen Flirt anzufangen.

Meine Herren, was sagen Sie nun, wenn Sie sich eine Tanzpartnerin „ausgeguckt" haben? Vom feierlichen „Darf ich bitten?" über das alltägliche „Haben Sie/hast Du Lust, mit mir zu tanzen?'' bis hin zum lässigen ,,Wollen wir mal (die Beinchen schwingen?)'' reicht die Bandbreite der Kontaktaufnahme. Vergessen Sie dabei nicht, daß Sie bei einem ,,Korb'' noch eine weitere Chance der Kontaktaufnahme haben. Etliche Frauen wollen zwar gerade nicht tanzen, aber dafür umso lieber reden!

Wenn Sie sie in der Tanzpause zu Ihrem Platz begleiten, können Sie nach einer ersten anregenden Plauderei fragen, ob Sie sich dazusetzen und sie zu einem Drink einladen dürfen.

Glauben Sie nicht, ein perfekter Tänzer sein zu müssen! Ein unfreiwillig falscher Schritt kann bereits ein gemeinsames, herzliches Lachen hervorrufen, mit dem das Eis zu schmelzen beginnt. Übung macht schließlich auch hier den Meister!

Sollten Sie indes ein wahrer Künstler auf dem Parkett sein, dann brauchen Sie ohnehin keine Bedenken zu haben. Ihre Freude an der Bewegung wird sich automatisch auf Ihre Partnerin übertragen. Klar, daß Sie eines auch bei der schwierigsten Samba-Figur nicht vergessen: Lächeln . . .

Zahlreiche passionierte Tänzerinnen beklagen sich über die männlichen Tanzmuffel, kommen aber auch nicht auf die Idee, sie kurzerhand selbst aufzufordern. Und Sie, liebe Tänzer, geben Sie Ihrem Herzen einen Stoß, und lassen Sie sich auch von der bloßen Präsenz vieler Geschlechtsgenossen nicht entmutigen, die sich auf dem Barhocker nur an ihrem Glas festhalten. Quantität ist nicht gleich Qualität!

3.7.5 Im Park

Zuallererst läßt uns das Idyll von Bäumen und Sträuchern, von Wiesen und lauschigen Plätzen an ein Flirt-Biotop denken. Ist das gelungene Anbandeln hier wirklich nur Formsache?

Tatsächlich ist die Kontaktaufnahme dort ganz einfach, wo wir Spaziergänger(innen) antreffen, die mit ihrem Hund Gassi gehen. Mit Fragen nach der Herkunft, der Rasse, dem Alter, den Freß-, Beiß- und Spielgewohnheiten der Vierbeiner erobern Sie sogar die Herzen ganz hartgesottener Zweibeiner im Sturm.

Da die stolzen Hundebesitzer mit ihrem Zamperl jeden Tag zur selben Zeit am selben Ort spazieren, können Sie Schritt für Schritt vorgehen. Bei der ersten Begegnung lächeln Sie, dann grüßen Sie (,,Hallo''), daraufhin steigen Sie in das Hunde-Fachgespräch ein und letztlich fragen Sie Ihren Schwarm, ob Sie ihn ein Stück begleiten können, ob Sie zusammen einen Kaffee trinken oder ob Sie den Hund für ihn/sie ausführen sollen (viele Herrchen oder Frauchen in Zeitnot sind froh darum).

Bei deftigeren Fragestellungen ist das entwaffnende Lächeln unbedingt erforderlich:

– Darf ich Ihren Hund zu einem Napf Schappi einladen?

– Wo wohnt denn der süße Fratz?

– Wer von Euch beiden geht ans Telefon, wenn ich morgen anrufe?

Ohne Hund gestaltet sich das Anbandeln in den Grünanlagen mangels gemeinsamen Themas wesentlich schwieriger. Freilich können Sie das Problem dadurch umgehen, daß Sie wiederum auf den Hund kommen: ,,Wieso haben Sie keinen Hund dabei?'' ,,Wie bitte?'' ,,Dann könnte ich mit Ihnen leichter ins Gespräch kommen!''

Aber auch Erkundigungen nach dem nächsten Biergarten, dem netten Gartencafé oder der schicken Eisdiele lassen sich zu einem gemeinsamen Genuß verdichten (,,Ich stelle mir gerade vor, wie uns beiden jetzt ein dickes großes Erdbeereis mit Sahne schmecken würde'').

Ihrer Nachbarin auf der Parkbank pflücken Sie als schnell entschlossener Flirter ein paar Blümchen (bitte nicht aus den Beeten!) und verwickeln sie in ein Gespräch über Botanik. Sie, liebe Leserin, widmen sich seinem Buchtitel oder den dicken Lettern seines Nachrichtenmagazins und stürzen sich in das abenteuerliche Vorhaben, einen Mann zum Sprechen zu bringen, ohne daß er das Gefühl hat, vom Lesen abgehalten zu werden. Viel Vergnügen!

3.7.6 Auf der Straße

Der Flirt auf der Straße ist am schwierigsten, weil wir innerhalb von Sekunden mehrere Entscheidungen treffen müssen:

1. Gefällt uns die Person, die uns da auf dem Gehsteig entgegenkommt?

2. Wenn ja, sprechen wir sie an?

3. Wenn ja, *wie* sprechen wir sie an?

Viele Leute, denen wir auf der Straße begegnen, sind in Eile oder geben zumindest vor, keine Zeit zu haben. Einige empfinden diese Situation als zu unpersönlich, zu direkt und lassen sich aus einer inneren Abwehrhaltung heraus grundsätzlich nicht ansprechen. Auch finden wir erst einmal kein gemeinsames Thema in unserer Umgebung vor, worüber wir mit dem anderen sprechen könnten.

Also müssen wir dieses Gesprächsthema *schaffen*. Wie wäre es mit folgender Szene: ,,Entschuldigung, wissen Sie, wo die Bismarckstraße ist?" ,,Hm, gehört hab' ich davon schon mal, aber genau kann ich Ihnen das auch nicht sagen." ,,Ein Freund hat mir erzählt, es soll da ein Lokal namens ,,B 21" geben, in dem zauberhafte Südseedrinks serviert werden. Mögen Sie solche Drinks?" ,,Ja, eigentlich schon." ,,Er meint, einen solch tollen Planter's Punch hätte die Welt noch nicht getrunken." ,,Das klingt nicht schlecht." ,,Haben Sie jetzt Lust und Zeit? Wir suchen dieses Bistro gemeinsam und prüfen mal nach, ob er recht hat." ,,Okay."

Bei der Anwendung dieses Tricks sollten Sie natürlich über die örtlichen Gegebenheiten Bescheid wissen, um im entscheidenden Augenblick die entsprechende Lokalität ,,abrufen" zu können.

Wenn er/sie gerade keine Zeit hat, ist das kein ,,Korb", sondern der Normalfall. Selbstverständlich ist damit noch gar nichts verloren; dann verabreden Sie sich eben für einen anderen Zeitpunkt. Haben Sie den Eindruck, Ihr Gegenüber ist ein resoluter Typ, so überlassen Sie ihm den Vorschlag für das ,,date": ,,Wann paßt es Ihnen?" Kommt Ihnen der andere eher unentschlossen vor, so stellen Sie einen eigenen Tip voran. ,,Ist Ihnen der kommende Freitag, 20 Uhr 30, recht?" Notfalls präsentieren Sie ihm noch einen weiteren Termin. Geht er darauf wiederum nicht ein und zeigt selbst keine Initiative, dann vergessen Sie's; das ist ein klarer Fall von vergeblicher Liebesmüh'!

Übrigens: Damit Sie sich gegenseitig informieren können, wenn Ihnen für Ihr Rendezvous etwas dazwischen kommt, tauschen Sie sicherheitshalber Telefonnummern aus. Denn wer läßt sich schon gerne versetzen?

Begeben Sie sich als ,,Tourist" mit dem Fotoapparat auch mal in Ihrer Heimat auf Motivsuche, und bitten Sie den attraktiven Passanten, vor diesem Hintergrund (etwa ein Jugendstilhaus oder ein großes Plakat mit zwei lachenden Gesichtern) ein Foto von Ihnen zu machen. Sie seien heute unheimlich gut drauf und wollten diese Stimmung gerne bildlich festhalten. Er müßte nur auf den Auslöser drücken; Sie würden ihm gerne einen Abzug zukommen lassen.

Ansonsten bleibt es Ihnen nach wie vor unbenommen, sich gewisser Äußerlichkeiten Ihres Schwarms zu erfreuen und dies auch ihm gegenüber mit sanfter Ironie lächelnd zum Ausdruck zu bringen: ,,Wer solch elegante Schuhe trägt, hat es verdient, kennengelernt zu werden!"

Wenn Ihnen das zu direkt ist, können Sie den Umweg über Ihre Verwandten nehmen: ,,Verzeihen Sie, daß ich Sie hier mitten auf der Straße anspreche, aber Ihr faszinierendes Sweatshirt hat mich dazu veranlaßt. Ich möchte meiner Schwester (meinem Bruder) zum Geburtstag auch etwas so Hinreißendes schenken. Wo haben Sie es gekauft?" Sie eröffnen ein kurzes Gespräch über schöne Kleidung in schönen Läden und lassen sich davon ein wenig mehr bei einer Tasse Kaffee inspirieren. Später ist noch Zeit genug, ihm/ihr zu gestehen, daß Sie gar keine vergleichbaren Geschwister haben!

3.8 Fazit

Hoffentlich schwirrt Ihnen nun nicht der Kopf von all diesen Tips und Tricks! Einige sind Ihnen sicherlich bekannt, andere unbekannt; einige kommen Ihnen banal, andere originell vor; einige erscheinen Ihnen für Ihre Person anwendbar, andere weniger praktikabel. Wählen Sie aus, was zu Ihnen am besten paßt. Denn etwas auswendig Dahergesagtes, losgelöst von der eigenen Persönlichkeit, wirkt aufgesetzt und führt zu einer inneren Blockade.

Insofern soll Ihnen mit diesen Anleitungen zum Anbandeln weder Spontanität noch Flexibilität genommen werden. Vielmehr hilft Ihnen jene Einstellung weiter, die wir im Kapitel 1.2 bereits unter dem Begriff ,,déjà-vu'' beschrieben hatten: Es genügt, wenn Sie bei Ihren Flirts einige jener Alltagsszenen auch nur ansatzweise wiedererkennen, die wir in diesem Buch besprochen haben. So fördert Bekanntes Ihre Zuversicht in der jeweiligen Situation.

So, nun ist der Blick frei für sämtliche Möglichkeiten der Kontaktaufnahme vom Aufstehen bis zum Zubettgehen. Wenn Sie täglich nur *eine* davon wahrnehmen, werden Sie sich bald einen größeren Terminkalender zulegen müssen . . .

4. Flirt & Kommunikation

Wie geht es nach dem gelungenen Einstieg weiter?

Bei etlichen Kursteilnehmern begegnen wir dem Phänomen, den Einstieg in das Flirtgespräch gut über die Bühne gebracht zu haben, aber dann nicht mehr weiter zu wissen, in ein (Gesprächs-)Loch zu fallen und schließlich, je nach Mentalität, zu resignieren oder durch verstärkte Aggressivität ein negatives Gesprächsklima auszulösen.

Was müssen wir nun beachten, um den ersten Kontakt nicht nur aufzunehmen, sondern ihn auch zu einem guten Ende zu bringen?

4.1 Schweigen ist nicht immer Gold

Reden ist Silber, Schweigen ist Gold. Dieses deutsche Sprichwort hilft uns beim Flirten nicht weiter, eher schon die Redewendung „Durch das Reden kommen die Leut' zusammen", wobei eben damit die „Mauer des Schweigens" eingerissen wird. Zwar gibt es Situationen, in denen Unaussprechliches auch besser nicht gesagt worden wäre. Doch dies bezieht sich insbesondere auf Themen, die geeignet sind, unsere Mitmenschen mit unseren eigenen Gefühlen zu belasten und zu verletzen („Besonders schlank bist Du nicht gerade. Wenn ich Dein Freund wäre, würde ich Dir sagen, Du solltest Dich öfter vor den Spiegel und auf die Waage stellen!").

Mit einer flirtigen Kommunikation können wir den Anspruch einlösen, Profil zu gewinnen, uns in Szene zu setzen, bestimmte Wesenszüge zu verdeutlichen und uns letztlich im weitesten Sinne des Wortes so gut zu verkaufen (ohne daß es auf Kosten des anderen geht), daß Menschen, an denen uns gelegen ist, von uns überzeugt, ja sogar begeistert sind. Wir machen Eindruck durch (sprachlichen) Ausdruck.

Oft hindert uns ein zu geringes Selbstwertgefühl daran, uns die Freiheit zu nehmen, die wir für eine sprachintensive Begegnung benötigen. Aus einer übersteigerten Erwartungshaltung heraus haben wir Angst davor, uns mit Personen, die uns sehr sympathisch sind, Wort für Wort auseinanderzusetzen. Dieser soziale Druck geht einher mit der Überbewertung eines negativen Gesprächsausgangs: ,,Der wär' schon 'was für länger. So stelle ich mir eigentlich meinen Partner vor. Aber was ist, wenn er 'nein' sagt?''

Der Sozialpsychologe und Kontaktforscher Philip Zimbardo berichtet über das Verhältnis von Schüchternheit und mangelnder Bereitschaft zu reden: ,,Volle 80 Prozent (der Schüchternen) berichten, daß ihre Abneigung gegen das Reden ihnen selbst und anderen verrät, daß etwas nicht in Ordnung ist . . . Doch nicht nur schüchternen Leuten verschlägt es die Sprache. Vielmehr zeigen die Forschungsergebnisse, daß das Schweigen eine naheliegende Reaktion auf die Beklemmung ist, die wir alle in bestimmten Situationen spüren. Weil es aber schüchterne Menschen immer wieder versäumen, sich auszudrücken, gelingt es ihnen weniger gut, ihre eigene Welt zu formen. Zwischenmenschliche Beziehungen bestehen aus einem fortwährenden Verhandeln – um Dienstleistungen, Bindungen, Zeit, Sicherheit, Liebe . . . Ohne den freien Gedanken- und Gefühlsaustausch mit anderen ist dieses wichtige Handeln und Verhandeln nicht möglich.

Dieser Widerwillen der Schüchternen, mit anderen Kontakt zu knüpfen, läßt sich am besten mit dem Begriff der ,Schweigsamkeit' beschreiben. Der Schweigsame hat eine Abneigung dagegen, unaufgefordert zu sprechen; er bleibt am liebsten stumm . . . Das Problem der Schweigsamkeit beruht nicht einfach auf einer mangelnden Fähigkeit zur Kommunikation; grundlegender ist dabei eine verzerrte Wahrnehmung des eigentlichen Wesens menschlicher Beziehungen. Der Schweigsame handelt wie ein sehr konservativer Kapitalanleger in einer riskanten, sprunghaften Marktlage. Die Hoffnung auf einen möglichen Gewinn wird übertrumpft durch die Angst vor einem Verlust. Warum sich also erst auf etwas einlassen?" (vgl. dazu unser Kap. 1.2.7: Die Angst vor dem „Korb"!)

Demnach ist die Fähigkeit, sich gut ausdrücken zu können, keine Garantie für eine herzhafte Unterhaltung mit einem sympathischen Menschen. Aber die sprachliche Gewandtheit ist ein Instrument, das uns im Flirtgespräch eine gewisse Sicherheit verleiht und somit zur Selbst-Sicherheit beiträgt. Warum also nicht anstreben, was durch Training erreicht werden kann? Es gibt Rhetorikkurse, Seminare für Kommunikation (und Körpersprache), Übungsbücher für besseres Sprechen und Reden und – es gibt schließlich auch Tonbandgeräte, auf denen etwa ein Zeitungstext in freier Rede wiedergegeben und so der Umgang mit der Sprache Zug um Zug verfeinert werden kann.

4.2 Du verstehst mich (nicht) – Die Kommunikation zwischen Mann und Frau

Die eine Person sagt: „Schön, Dich hier in diesem herrlichen Park zu sehen!" Die andere Person entgegnet: „Schön, daß wir uns überhaupt treffen; ich hatte schon gedacht, das wird heute wieder nichts."

Es dürfte wohl kaum jemand Schwierigkeiten haben, bei diesem Dialog die Frau und den Mann zu erkennen. Bei ihrem ersten Rendezvous mit Robert gibt Lena die einfühlsame Verknüpfung seiner Person mit der herrlichen Umgebung wieder, während Robert in seiner leicht belehrenden Art das Umfeld ignoriert und ihr zugleich noch einmal das Scheitern der letzten Treffs „hinreibt". Lena läßt sich davon aber nicht beirren und rettet die Stimmung, indem sie das Gespräch über das romantische Ambiente weiterentwickelt.

Noch ein Beispiel eines typischen Gesprächs zwischen Mann und Frau: Günter fragt Michaela, die er gerade im Biergarten kennengelernt hatte, ob sie mit ihm zu einem Konzert von Rod Stewart gehen wolle. Als sie seinem Vorschlag zustimmt, hält er ihr einen längeren Vortrag über die Person des Rocksängers, wie oft er schon in Deutschland aufgetreten sei, wieviel er insgesamt schon verdient, wieviel LPs er schon verkauft, wieviel Ehefrauen er schon gehabt hätte und so weiter und so fort.

Gerne hätte Michaela mit ihm gesprochen — über ihn, über sich, über sie beide. Statt dessen muß sie sich nüchterne Informationsergüsse anhören, die sie ebenso gut einem Programmheft hätte entnehmen können. Günter glaubt, sich als wandelnde Fachzeitschrift produzieren zu müssen, und vergißt bei der Einseitigkeit des Gesprächs vorübergehend ganz die Anteilnahme an der Person Michaelas.

Belehrungen, Informationen, Fakten, Wissen, Macht — aus diesen fünf Elementen setzt sich vorwiegend das männliche Gesprächsverhalten in den obigen Beispielen zusammen. Damit wir uns richtig verstehen: Robert und Günter sind allein deshalb keine schlechten Flirter. Robert freut sich über das Wiedersehen mit Lena (,,schön . . .''), und Günter hat mit der Idee des gemeinsamen Konzertbesuchs eine gute Wahl getroffen.

Aber die erwähnten ,,männlichen'' Attribute wirken sich in unseren Beispielen flirtbehindernd aus. Robert geht nicht auf den ,,herrlichen Park'' ein und wertet damit Lenas Kompliment ab. Überdies beeinträchtigt er das positive Gesprächsklima durch seine machtorientierte, nachtragende Haltung in ganz erheblichem Maße.

Aktivität, Initiative, Mut, Risikobereitschaft, Überzeugungskraft. Das sind maskuline Eigenschaften, die durchaus einen Flirteffekt hervorbringen. Es ist die direkte Sprache, von der Frauen in ihrer aggressiven Kraft fasziniert und in ihrer Plumpheit und Rohheit abgestoßen werden!

Britta und Karl lernen sich im Urlaub in südlichen Gefilden kennen. Abends bei Essen, Trinken und Tanz unter freiem Himmel bemerkt Britta, wie der Ober einem Gast ein flambiertes

Eis serviert. Sie hatte mit Karl soeben die Hauptspeise zu sich genommen. „Sieh' mal, ist das nicht toll, dieses sprühende Feuerwerk?!" Karl, der gerade damit beschäftigt war, den Tanzstil der einzelnen Leute zu beobachten, quittiert ihre Begeisterung mit verhaltener Zustimmung. „Ja, das sieht gut aus", stellt er trocken fest. Dann geht er wieder auf das ausgelassen tanzende Paar vor ihnen ein. Geistesabwesend pflichtet ihm Britta bei. Sie ist verstimmt und hätte sich eine Reaktion erwartet, aus der mehr Begeisterung spricht. Vor allem ärgert sie sich darüber, daß Karl nicht auf die Idee kam, sie zu fragen, ob sie nicht auch gerne diese Nachspeise haben möchte . . .

Stefan und Christine, beide Management-Trainer, sind sich zum ersten Mal beim Workshop auf einer Tagung begegnet. Nach dem offiziellen Abendessen kommen sie sich näher. Sie möchte das traute Beisammensein in einer anderen Umgebung fortsetzen. „Haben Sie Lust, noch irgendwo ein Glas Wein zu trinken?" „Nein, danke, lieber nicht." Damit ist der Fall erledigt, die gute Laune allerdings auch. Sie ist sauer, weil er ihrer Meinung nach ihre Bedürfnisse nicht berücksichtigt. Er versteht nicht, warum sie plötzlich die Beleidigte spielt.

Sie hätte ja schließlich ihre Absichten deutlicher kundtun können! Stefan kann ihre Gedanken nicht lesen. Sie äußert nicht, daß sie selbst gern ein Glas Wein trinken will. Der Wunsch vermittelt sich dem Gesprächspartner nicht. So kommt, was (nicht) kommen muß: Schlechte Stimmung durch Mißverständnisse. Christines Hoffnung auf sein „feeling", auf ein besonders großes Einfühlungsvermögen angesichts der Kürze ihrer Bekanntschaft, wird nicht erfüllt.

In beiden Beispielen wären Appelle an die gemeinsame Aktion die Bedingungen für ein weiterhin gutes Flirtklima gewesen. „Komm', laß' uns das auch bestellen" (Britta) und „Wollen wir noch irgendwo ein Glas Wein trinken" (Christine) — diese Sprache dient eher der guten Verständigung zwischen den Geschlechtern.

Der weibliche Kommunikationsstil ist geprägt von Vorsicht, Rücksichtnahme, Harmonie und einem großen Bedarf an vertrauensbildenden Signalen. In ihrer Angst vor zuviel Direktheit und vor Zurückweisungen nimmt frau Zuflucht zu Andeutungen von Vorschlägen und Ideen, mit der mehr oder minder begründeten Erwartung, der Mann werde diese schon richtig auslegen und in Handlungen umsetzen. Das tut er aber nicht immer, weil er in seiner Interpretationsfähigkeit mitunter überfordert ist!

Männliche Gesprächsmuster betonen Inhalte, Energie und permanenten Handlungsbedarf. Weibliche Kommunikation zeichnet sich durch eine intensive Phase des Herantastens und das Streben nach Konsens aus. Deshalb sind Reibungsverluste in den ersten Begegnungen vorprogrammiert. Aber Männer und Frauen können ohne weiteres voneinander lernen. Sie brauchen nur zu wissen, daß es ein geschlechtsspezifisches Sprachverhalten auch bei Flirt & Kontakt gibt. Allein das macht das gegenseitige Verstehen schon sehr viel leichter.

4.3 Zum Beispiel: Das Flirtgespräch

Die folgenden Rollenspiele erheben keinen Anspruch auf Perfektion. Sie wurden in einem unserer Kurse durchgeführt, mit Video aufgenommen, unmittelbar danach abgespielt und von der Gruppe kommentiert. Demgemäß soll zunächst das Gespräch wörtlich wiedergegeben und dann das Gruppenergebnis zusammengefaßt werden.

4.3.1 Fallstudie 1

Ulli und Evelyn begegnen sich, nebeneinander sitzend und auf die Beratung wartend, als Kunden in einem Reisebüro.

Er: Ach, ist das schön hier . . . Reisebüros — da fühlt man sich so richtig wohl, die große weite Welt vor den Augen . . .

177

hoppla (streift mit der Hand das Reisemagazin, in dem Evelyn blättert; erster Blickkontakt zwischen den beiden) . . . (Gesprächspause von fünf Sekunden) . . . wann kommt denn endlich die Reisebüro-Tante, jetzt wart' ich schon zehn Minuten?!

Sie: Ja, schön langsam wird's Zeit.

Er: Aber Sie scheinen Zeit zu haben.

Sie: Ja ja, mir pressiert's nicht, überhaupt nicht.

Er: Gefällt Ihnen die Atmosphäre in diesen Reisebüros auch so?

Sie: Ja, eigentlich schon, das bringt mich immer so in Urlaubsstimmung.

Er: (euphorisch) Ah, ich find' das toll hier in dem Laden, da knistert es so richtig!

Sie: Naja, knistern . . .?

Er: Ich meine, ich gehe schon seit fünf Jahren hierher, ich muß wirklich sagen, das ist für mich das schönste Reisebüro in der ganzen Stadt.

Sie: Mhm.

Er: Gehen Sie sonst hin und wieder auch in andere Reisebüros?

Sie: Naja, das ist halt meine erste Reise, die ich mit dem Flugzeug mache, und da buche ich eben über dieses Reisebüro; bisher bin ich immer mit dem Auto oder dem Zug in Urlaub gefahren.

Er: Jetzt muß ich doch mal neugierig fragen: Wohin möchten sie denn fahren? Oder haben Sie sich noch gar nicht entschieden?

Sie: Doch, doch. Es soll nach Amerika gehen.

Er: Ah, nach Amerika . . . Das ist ja komisch, oder vielmehr lustig, ich habe ein ähnliches Reiseziel.

178

Sie: Wirklich, wohin fahren Sie?

Er: Tja, ich muß zwangsläufig meinen komischen Erbonkel besuchen, in Silver City, ich hab' da ein kleines Problem. Das können Sie sich gar nicht vorstellen.

Sie: (hebt die Stimme) Na, erzählen Sie mir's halt, wenn Sie wollen.

Er: Ich weiß ja gar nicht, ob ich Ihnen damit nicht ein bißchen zu nahe trete . . .?
(Sie schüttelt den Kopf)
Es ist eigentlich eine ganz lustige Geschichte. Ich hab' da eine Erbschaft gemacht, und mein Erbonkel will unbedingt, daß ich ihn einmal im Jahr besuche und daß ich ihm ein echtes einheimisches Mädel mitbringe (Grinsen im Publikum) . . . und ich hab' da so meine Schwierigkeiten . . . und wenn ich Sie mir so neben mir sehe, dann muß ich sagen, Sie wären eigentlich schon . . .

Sie: (unterbricht Ihn) So ein Pech, das ist nämlich nicht meine Richtung: Ich fliege nach Florida!

Er: Naja, Texas oder Florida, das ist ja nicht so weit voneinander entfernt.

Sie: Aber das geht leider nicht, ich habe für diese Zeit schon feste Verabredungen getroffen, die ich unmöglich absagen kann.

Er: Na, Sie sehen mir aber sehr flexibel aus!

Sie: (lacht verlegen) Meinen Sie? Das täuscht.

(mehrere Sekunden Pause)

Er: Ja . . . ich fände es gar nicht so schlecht, wenn wir uns mal über unsere Amerika-Erfahrungen länger unterhalten könnten. Ich weiß nicht, ob Sie daran Interesse haben . . .?

Sie: Ja, das wäre sicher eine Möglichkeit. Vielleicht auf dem Rückflug.

Er: Mit welcher Gesellschaft fliegen Sie denn?

Sie: Mit ,,Global-Flug".

Er: Ah ja, ,,Global-Flug", damit bin ich auch schon öfter geflogen; das ist eigentlich eine recht flotte Gesellschaft. Kann ich Ihnen sehr empfehlen.

Sie: (nickt) Mhm, ja, ich bin gespannt; es ist das erste Mal.

Er: Es ist toll, daß Sie diese Reise machen. Ich bin sicher, Sie werden viel Freude daran haben.

Sie: Schauen wir mal.

Er: Ach, da kommt sie ja schon. Kennen Sie übrigens die Dame, das ist die Annette, die ist schon fünf Jahre hier in dem Laden und eine ganz versierte und gute Verkäuferin. Dazu kann ich Ihnen auch raten. Wenn Sie noch ein bißchen Zeit haben . . .? Sie bedient Sie sicherlich gleich anschließend.

Sie: Ja, sicher.

Er: Annette, das ist das Fräulein . . . ach, wie heißen Sie eigentlich?

Sie: Äh, ja, mein Name ist Bender.

Er: Das Fräulein Bender . . . wenn Du Sie bedienen möchtest . . . ich bin sicher, da hast Du für die Zukunft eine gute Kundin.

(Pause)

Sie: Nett, wirklich nett, daß Sie mir so helfen.

Er: Man tut, was man kann.

Sie: Schön.

Er: Ja, jetzt bin ich fertig, muß gehen. Jetzt sind Sie dran.

Sie: Ja, äh . . .

180

Er: (unterbricht sie) Damit wir uns nicht aus den Augen verlieren . . .

Sie: (unterbricht ihn) Sie können mir ja trotzdem mal Ihre amerikanische Adresse geben, vielleicht komme ich dazu . . .

Er: (unterbricht sie) Ich gebe Ihnen gerne meine Telefonnummer von hier; wenn ich Sie kurz vor Ihrem Abflug noch mal anrufen darf . . ., vielleicht kann ich Ihnen noch ein paar kleine Tips mitgeben.

Sie: Wann fliegen Sie denn genau?

Er: In einer Woche, das kommt jetzt auf den Termin an, den ich hier bekomme.

Sie: Ja, Sie können mir Ihre Nummer mal geben und . . .

Er: (unterbricht sie) Würde es Ihnen Spaß machen, wenn wir uns kurz vorher noch einmal unterhalten?

Sie: Ja sicher, warum nicht.

Er: Ich war nämlich schon ein paar Mal drüben; vielleicht kann ich Ihnen noch ein paar kleine Ratschläge auf den Weg geben.

Sie: Ja, das würde mich interessieren.

Er: Dann gebe ich Ihnen hier meine Telefonnummer. Entschuldigen Sie bitte, daß ich keine Visitenkarte habe. Ich schreibe sie Ihnen auf einen Zettel.

Sie: Visitenkarten finde ich eh sehr unpersönlich. Das ist schon in Ordnung.

Er: Ja, wollen Sie mir Ihre Telefonnummer auch geben?

Sie: Also, das mache ich eigentlich ungern. Ich rufe lieber Sie an, okay?

Er: Aber wenn Sie den Zettel verlieren?

Sie: Keine Angst, den verliere ich nicht.

Er: Na gut, wenn Sie meinen . . .

Sie: Alles klar.

Er: Hat mich gefreut; ich hoffe, Sie finden den richtigen Flug.

Sie: Ja, Ciao.

Er: Tschüß.

Zwischen Evelyn und Ulli war vereinbart worden, daß die Anfangsinitiative von ihm ausgehen sollte.

Ulli will erst einmal die Aufmerksamkeit der eher unbeteiligt wirkenden, mit ihrem Reisejournal beschäftigten Evelyn erregen. Dazu ist seine eröffnende Bemerkung („ach, ist das schön hier . . .") recht gut geeignet, weil sie seine positiven Gefühle bezüglich des Reisens widerspiegelt. Allerdings wird dieser Eindruck durch die Verwendung des Wörtchens „man" gedämpft. Er hat nicht den Mut, sich zu seiner Person zu bekennen und in der „ich"-Form zu sprechen. Eine Unterhaltung ergibt sich dabei noch nicht, weil Evelyn Ullis schwärmerischen Kommentar (noch) nicht auf sich bezieht, sondern gleichsam als kurzes Selbstgespräch auffaßt.

Er ist sich bewußt, daß er bei der Kontaktaufnahme behutsam vorgehen muß, um sie bei ihrer Zeitschriftenlektüre nicht zu stören. So vermeidet er erst einmal die direkte Ansprache. Aber da sie nur blättert und nicht wirklich konzentriert liest, könnte der Gesprächseinstieg auch persönlicher ausfallen: „Darf ich Sie kurz stören? Ich sehe da in Ihrem Magazin eine Abbildung über . . . Kennen Sie diese Gegend?"

Die Idee, ihre Illustrierte absichtlich-unabsichtlich zu berühren, um den Blickkontakt herzustellen, ist gut. Der begleitende Ausdruck („Hoppla") ist jedoch zu neutral und oberflächlich. Hier wäre ein lächelnd vorgebrachter Ausdruck des Bedauerns („Entschuldigung" oder spielerischer: „Oh Verzeihung") eher zutreffend.

Um das Gespräch nun in Gang zu bringen, wechselt Ulli das Thema. Er sucht sein Heil in einem Gesprächsstoff mit negativem Beigeschmack (,,wann kommt denn endlich die Reisebüro-*Tante* . . .''), im Vertrauen darauf, daß sich Evelyn mit seiner Ungeduld und der Auswahl eines schuldigen Opfers in Gestalt der Angestellten solidarisiert.

Größte Vorsicht beim Ansprechen von Negativthemen! Sie können beim Gesprächspartner schnell Gefühle erzeugen, die dem Flirt zuwiderlaufen. Hier geht es gut — Evelyn pflichtet ihm mit Ruhe und Gelassenheit bei, was Ulli zu einer anerkennenden Bemerkung mit Fragecharakter (,,Aber Sie scheinen Zeit zu haben'') veranlaßt.

Nun gelingt es ihm, den *Flirt-Faden* seiner ersten Bemerkung aufzunehmen (,,Gefällt Ihnen . . . Atmosphäre . . . *auch* so?''), sich ihrer sehr persönlich formulierten Zustimmung zu versichern und auf diese Art und Weise eine erste positive gemeinsame Grundhaltung herbeizuführen.

Er will das Spielchen vorantreiben, beschleunigt dabei aber zu stark, indem er zu diesem frühen Zeitpunkt des Gesprächs bereits das ,,Knistern'' erwähnt. Dies hätte sich wesentlich besser später im Zusammenhang mit dem gemeinsamen Reisefieber anbringen lassen.

Ihre leicht abwertende Reaktion läßt ihn seine — sehr positive und gut vorgetragene — Meinung zum Reisebüro äußern. Ein kleiner Versuch der Rechtfertigung? Auf jeden Fall aber ein Kompliment, das indes wiederum die Person Evelyns ausschließt.

Sie macht es ihm bisher nicht leicht, ist von seinem Charme noch nicht überzeugt, nimmt eine abwartend-passive, aber keine abweisende Haltung ein.

Insofern will Ulli das Risiko einer offenen Frage nicht eingehen und sichert sich mit einer geschlossenen Formulierung (,,Gehen Sie auch in andere Reisebüros?'') ab. Dennoch lädt er sie mit dieser Fragestellung dazu ein, von sich ein wenig zu erzählen und ihm mit der Information über ihre erste Flugreise ein Signal zu geben, das er im Gespräch verarbeiten kann.

Ullis Frage ist allerdings nicht sehr flirtig. Wie kommt er nur auf den Gedanken, daß sie noch kein festes Reiseziel hätte? Daneben trübt die sprachliche Ungenauigkeit (,,fahren'' statt ,,fliegen'') das Bild nicht so sehr wie ,,jetzt muß ich doch mal neugierig fragen''. Geschenkt, weil zu bürokratisch! Außerdem hat hier das Wort ,,neugierig'' den Charakter von ,,aufdringlich''. Statt dessen empfiehlt sich in gehobener Tonlage: ,,Ah, wohin fliegen Sie denn?''

Gut klingt die Verbesserung von ,,komisch'' (negative Komponente im Sinne von ,,merkwürdig'') zu ,,lustig''. Überhaupt sind Begriffe wie lustig, spaßig und witzig flirtfördernd, verkörpern sie doch ganz entscheidende Elemente beim Anbandeln: Lust haben auf . . ., Spaß haben mit . . . . und Witz haben — als die Gabe, Lustiges schlagfertig anzubringen.

Das Wir-Gefühl wird schließlich auch noch durch das ,,ähnliche Reiseziel'' hervorgehoben. Noch spontaner würde allerdings ein ,,Ha, da flieg' ich auch hin'' wirken. Wie auch immer, ihre echte Anteilnahme (,,Wirklich, wohin . . . . Sie?'') ist ihm gewiß.

Im folgenden ist der Verlauf des Gesprächs nicht geeignet, eine vertrauensvolle Flirtatmosphäre entstehen zu lassen, aus zwei Gründen:

1. Der *Erb*-Onkel. ,,Onkel'' allein hätte genügt, denn das Thema ,,Erbe'' rückt ihn in die Nähe eines sich mit Geld aufplusternden Angebers — ein Umstand, der durch seine Wortwahl (,,Tja, ich muß zwangsläufig . . .'') noch unterstützt wird. Daher ist erst einmal alles, was mit Geld zu tun hat, ein Flirtkiller! Denn Leute, die ihren materiellen Status zur Sprache bringen, beschwören beim anderen negative Gefühle als Störfaktoren herauf. So kann etwa die Bemerkung ,,Geld spielt keine Rolle'' Neid, Mißgunst, Habgier und Minderwertigkeitskomplexe hervorrufen, während die Redewendung ,,Aber ich hab' doch kein Geld'' zu Mitleid und Ablehnung beiträgt.

2. Der Vorschlag an Evelyn, sozusagen als Gunstbeweis mit Ulli den „komischen Erbonkel zu besuchen. Nach eigenem Bekunden war er von Ulli halb im Spaß (der entsprechende Effekt reicht leider nicht aus), halb ernst gemeint. Mit diesem unpassenden, viel zu direkten und absolut übereilten Ersuchen, das weitaus mehr auf Paare mit länger bestehendem Kontakt zutrifft, tut er sich selbst den geringsten Gefallen.

Im Grunde muß er wieder ganz von vorne anfangen, weil die Unverbindlichkeit und das spielerisch-lockere Element als tragende Teile des Flirts wieder neu aufgebaut werden müssen. Daran ändert auch das geschickte Erwecken von Neugierde („Das können Sie sich gar nicht vorstellen.") und der Versuch eines ersten Kompliments („Wenn ich Sie so neben mir sehe . . .") nicht viel.

Klarerweise fällt ihre Reaktion auf diese Art der Gunstbezeugung in einer moderaten Mischung aus Erleichterung und Ironie („So ein Pech. Ich fliege nämlich nach Florida.") negativ aus. Sein hartnäckiges Festhalten an seinem Vorschlag und die fehlende Akzeptanz ihres Einwands („. . . schon feste Verabredungen . . .") läßt auch das nächste Kompliment („Sie sehen mir aber sehr flexibel aus.") nicht ankommen. Eine längere Pause entsteht.

Bei dieser Gelegenheit sollten wir einiges zum Begriff „Pause" zurechtrücken. Eine Pause im Dialog bedeutet zunächst das, was ihr auch ganz allgemein zugeschrieben wird: Ruhe. Sie dient zur Erholung, zur Regeneration, zur inneren Sammlung. Wir machen im Urlaub eine Pause vom Arbeitsleben, in der Nacht machen wir eine Pause vom Wachsein. Die Fußballer machen in der Halbzeit Pause von ihrem Sport.

Vieler Leute Gesprächsverhalten wird von der Vorstellung bestimmt, keine Pause zulassen zu dürfen; darin ist die Befürchtung enthalten, daß eine derartige Ruhepause vom anderen als Unsicherheit, als Schwäche, als ein Nicht-mehr-weiter-Wissen gedeutet wird. Diese Angst ist unbegründet. Zahlreiche Untersuchungen im Bereich der Kommunikationsforschung haben ergeben, daß eine Pause in der Unterhaltung erst frühestens nach sieben Sekunden als unangenehm und erst nach 15 Sekunden als peinlich empfunden werden *kann*.

In Ullis Fall beträgt die Gesprächspause sechs Sekunden, so daß kein weiterer störender Einfluß das Flirtklima belastet.

Er hat die Pause gut genutzt, denn sein neuerlicher Vorschlag (Austausch der Amerika-Erfahrungen) paßt wesentlich besser in das Konzept des sukzessiven Gesprächsaufbaus, des Sich-Herantastens. Noch flirtiger wäre allerdings eine positive Wortwahl (,,sehr gut'' statt ,,gar nicht so schlecht''). Evelyn stimmt ihm zu und hilft ihm mit der Bemerkung ,,vielleicht auf dem Rückflug'' weiter. Spätestens hier zeigt sich jedoch die mangelnde Zuhörfähigkeit Ullis, der auf das von ihr Gesagte nicht konkret eingeht; er befragt sie über ihre Fluggesellschaft, greift aber in der Folge ihre Idee nicht mehr auf.

Ein schlechter Zuhörer ist immer auch ein schlechter Flirtpartner, weil das Abweichen vom unmittelbaren Gesprächsstoff vom anderen häufig als Anmaßung und mangelndes Interesse angesehen wird. In Wirklichkeit handelt es sich jedoch darum, daß der Zuhörer mit seiner Rolle, sich dem anderen zu widmen, überfordert ist, weil er zu stark und zu lange mit seinen *eigenen* Gedanken beschäftigt ist und dabei Streß verspürt (,,Was sage ich denn als nächstes?''). Fraglos ist das ein Problem unserer Zeit — mittlerweile ist gutes Zuhören eine Kunst geworden!

Ulli begibt sich also auf eine andere Ebene des Dialogs. Es beginnt die Phase, da er sich als Kenner in Sachen Fernreisen ausweist und sich so einen — berechtigten — Autoritätsvorschuß gegenüber der in dieser Beziehung unbedarften Evelyn verschaffen will.

Übrigens: Ausdrücke wie ,,flott'' oder auch ,,pfiffig'' wirken sich auf die Unterhaltung belebend aus, was sich bei unserem Beispiel auch umgehend in ihrer lebhaften Reaktion und einer Gefühlsäußerung (,,bin gespannt'') niederschlägt. Davon inspiriert, kann auch er nun endlich ganz gradlinig einen einfühlsamen Anteil an ihrer Person nehmen (,,toll . . .'', ,,viel Freude'').

Auch der Einfall mit Annette ist zu begrüßen, wird doch damit Ullis Hilfsbereitschaft gegenüber Evelyn sowie seine Vertrautheit mit der Reiseszene (mit Annette per ,,du'') belegt. Geschickt geht er dazu über, die beiden miteinander bekannt zu machen, um Evelyns Namen zu erfahren.

Doch unglücklicherweise fragt er sie anschließend nicht nach ihrem Vornamen; schlimmer noch, er stellt sich selbst nicht vor und unterläßt somit eine wichtige vertrauensbildende Geste. Schließlich will jeder Mensch beizeiten wissen, mit wem er es zu tun hat!

Überdies ist es nicht jeder Frau Sache, mit ,,Fräulein'' bezeichnet zu werden. Muß man da nicht gleich an Gretchen (auch so eine sonderbare Verkleinerung!) in Goethes Faust denken? Ihr fällt die mutige Erwiderung zu: ,,Bin weder Fräulein, noch bin ich schön, kann ungeleitet nach Hause geh'n.''

Wie die meisten jungen Damen über 18 möchte die attraktive Evelyn (20) lieber mit ,,Frau'' angesprochen werden, während die Unter-18jährigen sich eher als ,,Mädchen'' verstehen und mit Vornamen genannt werden wollen. Der Fräulein-Titel verschwindet also zunehmend aus unserem Sprachgebrauch, und das ist gut so. Oder wollen etwa Sie, liebe junge Männer, mit ,,Herrlein'' oder ,,Männlein'' angesprochen werden?

Das positive Werturteil bezüglich der guten Kundin ist zwar als reine Annahme gewagt, aber angesichts der Formulierung (,,sicher'', ,,für die Zukunft'') durchaus vertretbar. Es ist nur konsequent, daß sie ihm das Kompliment als Anerkennung für seine entgegenkommende Art offen und ehrlich zurückgibt (,,Nett, wirklich nett . . .''). Dies ist der faszinierendste Augenblick im Rollenspiel der beiden. Bei der Video-Wiedergabe wurde dieser Moment auch körpersprachlich von den anderen Gruppenmitgliedern als eine harmonische Annäherung gedeutet, wie sie weder vorher noch nachher zu begreifen war.

Die Flirtatmosphäre kühlt sich wieder ab, weil sich Ulli nur mit einer Flucht in eine abgedroschene Floskel zu helfen weiß: ,,Man tut, was man kann.'' Wie wäre es mit ,,Das tu' ich gern für Sie''?

Nun setzt Ulli stillschweigend seine Besprechung mit der Reisebürokauffrau Annette an und bringt dann aufs neue Evelyn ins Spiel (,,Jetzt sind Sie dran'').

Es folgt eine hektische Abschlußphase, in der sich die beiden häufig unterbrechen, um sich mit ihrem eigenen Vorschlag in Szene zu setzen. Zunächst läßt er sie nicht ausreden und wird dann selbst (trotz seiner hübschen Wendung: ,,. . . nicht aus den Augen verlieren'') ausgekontert. Was wiederum ihn nicht ruhen läßt, um in diesem Finale obenauf zu bleiben. Das aber ist ein verhängnisvoller Fehler, weil er dadurch nicht erfährt, was sie mit seiner amerikanischen Adresse anfangen will (Evelyn äußert dann in der Besprechung, daß sie ihm eine Ansichtskarte schicken oder ihn anrufen wollte).

Ihm ist dieser Vorschlag zu vage und zeitlich zu weit entfernt. Er will sie noch vor ihrem Abflug wiedersehen und sich nicht damit begnügen, seine Telefonnummer herzugeben und darauf zu warten (hoffen?), daß sie ihn möglichst bald anruft (,,wenn ich Sie . . . noch mal anrufen darf''). Als Begründung reicht er seine kleinen Tips nach, die er ihr geben kann.

Er könnte es leichter haben und es auch ihr leichter machen, wenn er sie fragte, ob sie nicht ihre Telefonnummern austauschen könnten. So aber geht der Machtkampf weiter.

Um Zeit zu gewinnen, erkundigt sie sich nach seinem Abflugtermin, den er ihr noch nicht mitteilen kann. Ulli fühlt sich nun endgültig in die passive Ecke gedrängt und fährt ihr einmal mehr ins Wort. Diesmal weckt er jedoch mit seiner Fragestellung (,,Würde es Ihnen *Spaß* machen'') ihre positiven Lebensgeister. Endlich rückt er damit heraus, daß er schon ein paar Mal drüben war und erweckt damit ihr Interesse.

Das Hickhack um die Telefonnummern wird durch ein kurzes Harmonieerlebnis beim Thema ,,Visitenkarten'' unterbrochen. Wenn Ulli hierüber einen Meinungsaustausch anregen würde, könnte er nun wieder etwas Ruhe ins Gespräch bringen . . .

Er kann sich immer noch nicht so recht damit abfinden, daß er auf Evelyns (Anruf-)Initiative angewiesen ist. Die Befürchtung, sie könnte überhaupt nichts mehr von sich hören lassen, sitzt ihm tief im Nacken. Deshalb versucht er es noch ein letztes Mal mit einem nicht gerade vertrauensvollen Pseudoeinwand (,,Aber wenn Sie den Zettel verlieren'').

Evelyn empfand Ulli als intelligent, nett und zuvorkommend. Deshalb ließ sie über ein Wiedersehen mit sich reden. Er war ihr aber nicht so sympathisch, daß sie mit Maßnahmen einverstanden gewesen wäre, die sie als große Verpflichtung und damit als belastenden Druck empfand (gemeinsamer Aufenthalt in USA, Preisgabe der eigenen Telefonnummer).

4.3.2 Fallstudie 2

Margit flirtet mit Walter beim Radeln an der Ampel.

Sie: Hallo! Hübsches Fahrrad, was Sie da haben. Fahren Sie schon länger damit?

Er: (kurze Pause) Na, seit ungefähr einem halben Jahr.

Sie: Ist das ein richtiges Mountain-Bike?

Er: Ja, mit 21 Gängen. Und wieviel Gänge hat Ihres?

Sie: Tja, leider nur 12, aber normalerweise komme ich damit gut aus.

Er: Auch bei den großen Steigungen?

Sie: Da bestell' ich immer den kräftigen Rückenwind (sie bläht die Backen, bläst, und beide lachen).

Er: Wenn Sie einen Vertrag mit dem da oben (deutet in die entsprechende Richtung) abgeschlossen haben, dann reicht Ihnen ja auch ein Holland-Rad ohne Gangschaltung!?

Sie: Naja, ganz ohne ist es mir auch wieder zu langweilig.

(Pause)

. . . Da, schauen Sie auf die Ampel: Grüner wird's nicht!

Er: Ja, tatsächlich. Fast hätte ich's vergessen!

Sie: (lächelt) Haben Sie Lust, ein Stück mit mir zu fahren? Mal ausprobieren, ob ich ein paar Meter mit einem so schnell aussehenden Mann mithalten kann.

Er: Ja, gut. Fahren wir doch am besten in diese Richtung. Da gibt's viel Natur.

Sie: Auf geht's!

Margit eröffnet den Dialog mit einem Kompliment (,,hübsches Fahrrad"), wobei der Ausdruck ,,hübsch" sich auch häufig auf Personen bezieht und daher besonders flirtig ist. Ein Kompliment an Walters Fahrrad ist ein Kompliment an Walter selbst!

Nun wäre es besser, nach dieser Aussage ihn zu Wort kommen zu lassen, um seine Reaktion darauf zu testen.

Auf Komplimente zu reagieren − das ist so eine Sache. Das berühmte Zauberwort mit den fünf Buchstaben (Danke) will uns nicht so einfach über die Lippen. Dabei ist es sehr wichtig, auf eine positive Anteilnahme auch positiv zu reagieren. Denn eine Abwertung eines Kompliments (in unserem Rollenspiel etwa: ,,Ach, mein Fahrrad ist doch ein alter Hut, da gibt's viel bessere") bedingt eine Abwertung *beider* am Gespräch beteiligten Personen. Kein guter Beitrag zu einer gediegenen Flirtatmosphäre!

Möglicherweise hat Margit diese Befürchtung, wenn sie schnell ihre Frage (,,Fahren Sie schon länger damit?") nachschiebt. Allemal muß sie jene Verdutztheit erwarten, mit der im allgemeinen Männer reagieren, wenn Frauen mit ihnen anbandeln. Auch bei Walter läßt die anschließende kurze Pause auf dieses Überraschungsmoment schließen (in diesem Rollenspiel war der ,,Gesprächseröffner" nicht bestimmt worden).

In Margits nächster Informationsfrage steckt bewundernde Anteilnahme, wenn Sie von einem *richtigen* Mountain-Bike spricht. Sie baut damit ihren Gesprächspartner auf und erntet prompt die Gegenfrage, die das mittelbare Interesse an ihrer eigenen Person verkündet (,,Und wieviel Gänge hat Ihres?").

Das „leider nur" in der Antwort Margits drückt eine unnötige Abwertung aus. Sie macht sich damit zu klein – ein Umstand, der allerdings durch die folgende Aussage („. . . komme damit gut aus") wieder in ein helleres Licht gerückt wird: Sie steht dazu!

Mittlerweile hat Walter seine Verblüffung endgültig abgelegt und paßt sich ihrer leicht herausfordernden Tonart („auch bei den großen Steigungen") an. Er hat nun „angebissen".

Margit, gar nicht faul, weist mit ihrer sehr witzigen Bemerkung vom „kräftigen Rückenwind" den weiteren Flirt-Weg. Sie testet seinen Humor, der auf ihrer Ebene liegt. Unvermittelt lachen beide und geben so eines der schönsten Erlebnisse beim Flirten wieder. Spätestens zu diesem Zeitpunkt ist das Eis gebrochen und das muntere Geplänkel entwickelt eine Eigendynamik, der sich niemand mehr entziehen will.

Daraufhin fügt sich Walters Kommentar über den „Vertrag" bis zum „Holland-Rad" nahtlos in die lustige Stimmung ein. In ihrer Entgegnung auf seine Aussage mit Fragecharakter läßt Margit ihrer Unternehmungslust freien Lauf: „Langweilig" soll das Radeln eben nicht sein, weshalb sie das Zeichen zum Aufbruch gekommen sieht und ihn an die Grün-Ampel erinnert.

Walters Erstaunen ist als spontane Gefühlsregung zu werten und wirkt deshalb positiv auf das Unterbewußtsein Margits ein.

Dies unterstützt sie in ihrem Mut, ihm den Vorschlag über das gemeinsame Radeln zu unterbreiten. Dabei stellt sie die Frage („Haben Sie Lust . . .") zuerst und liefert sozusagen ihr Motiv nach; sie vermittelt ihm den Reiz, das flirtige Spiel mit dem „schnell aussehenden Mann" auf der Basis des sportlichen Wettkampfs fortzusetzen. In diesem kessen Satz steckt eine gehörige Portion Ironie, die durch ihr entwaffnendes Lächeln gemildert wird. Walter geht darauf nicht ein. Fahrlässigkeit oder Geschick? Jedenfalls nimmt er ihr Angebot an und bestimmt nun seinerseits die (Fahrt-)Richtung mit dem vielsagenden Hinweis über „viel Natur".

Margit bewirkt bei Walter in kurzer Zeit jenes gelöste und heitere Klima, das für einen herzhaften Flirt notwendig ist. Walter läßt sich von ihrer unkomplizierten, witzigen Art schnell anstecken, so daß die anschließende gemeinsame Unterhaltung eine (psycho-)logische Folge dieser Anbandel-Szene ist.

4.4 Goldene Regeln der Flirtkommunikation

4.4.1 Die fifty-fifty-Situation

Sorgen Sie immer dafür, daß jeder der beiden Gesprächspartner wenigstens annähernd zu gleichen Teilen das Wort hat. Je mehr Sie vom Gleichgewicht in der Unterhaltung abkommen, desto ungünstiger stehen die Chancen, den anderen auf charmante Art für sich einzunehmen. Vermeiden Sie also Monologe oder monologartige Satzkonstruktionen! Denn sonst fühlt sich Ihr Gesprächspartner von Ihrem Redeschwall an die Wand gedrückt, überfallen und erschlagen. Geben Sie ihm daher genügend Zeit und „Raum'', zu seiner eigenen Person zu finden und sich entsprechend zu artikulieren. Warten Sie lieber eine Sekunde zu lang als zu kurz, ob er nicht doch noch etwas von sich gibt. Sie wollen ja schließlich in der Kürze der Zeit einiges von ihm wissen, nicht wahr? Wie lange kennen Sie sich selbst? Jahre und Jahrzehnte. Wie lange kennen Sie Ihren Flirtpartner? Eben, erst seit ein paar Sekunden.

Ohne Punkt und Komma zu reden ist niemals ein Zeichen von Stärke. Im Gegenteil, häufig wird es auch als Manöver durchschaut, von den eigenen Unzulänglichkeiten abzulenken. Die Einstellung „solange ich rede, kann mir nichts passieren'' bedeutet also nichts anderes, als auf den Mitmenschen nicht eingehen zu können. Und wer gibt sich schon gern als Staffage für salbungsvolle Selbstgespräche her?

4.4.2 Häufiger Rollenwechsel

Vergessen Sie als aufmerksamer Zuhörer nicht, wieder in die Rolle des aktiven „Sprechers" zu schlüpfen und sich aktiv ins Gespräch einzubringen.

Nichts belebt den Flirt so sehr wie der häufige Rollenwechsel. *Sie* eröffnet das Gespräch, *er* übernimmt von *ihr* die Gesprächsführung, gibt sie dann wieder an *sie* zurück und profiliert sich kurze Zeit später wiederum intensiv als aktiver, wißbegieriger Fragesteller, Themenerneuerer und Stellungbezieher. Oder umgekehrt!

Daher ist es auch ein gutes Zeichen, wenn der Gesprächseröffner nicht zugleich auch derjenige ist, der den Vorschlag zu einem Rendezvous macht.

Das Spielchen mit Frage und Antwort, mit Rede und Gegenrede sollte nicht nur von mündigen, sondern auch von flexiblen, sich in ihrer jeweiligen Rolle wohl fühlenden Personen gespielt werden.

4.4.3 Profil zeigen statt Anbiedern!

Die Anbiederung an das andere Geschlecht ist eine Vertraulichkeit, die sich im nachhinein fast immer als plump erwiesen hat. Dazu gehört das unechte pflichtschuldige Lachen über einen Witz ebenso wie die berechnende Zustimmung wider besseres Wissen und das Eingehen auf einen Vorschlag, der einen in Wirklichkeit weder betrifft noch interessiert. Nach dem Mund zu reden ist noch niemandem gut bekommen, wird doch vom anderen meist recht schnell als billiger taktischer Schachzug entlarvt, was um jeden Preis Sympathie erheischen sollte. Man merkt die Absicht und ist verstimmt.

Sich als Mann bei Frauen mit unechten, nicht ehrlich gemeinten Komplimenten einzuschmeicheln, als Frau den Männern zu Gefallen auf das Bekunden der eigenen Meinung zu verzichten: Das läßt auf den Weg des geringsten Widerstands aus mangelndem Selbstbewußtsein schließen. „Hinten 'reinkriechen" nennt das der Volksmund; in der Tat ist ein *Verkriechen* hinter den Einstellungen und Haltungen anderer kein besonders flirtiger Wesenszug. Mitleid und Verachtung statt prickelnder Zuneigung beherrschen die Szene.

Wir helfen uns und unserem Gesprächspartner in der Flirtsituation viel mehr, wenn wir Rückgrat zeigen und unseren eigenen Standpunkt vertreten — auch dann, wenn er sich von jenem unseres Gesprächspartners unterscheidet. Im Gegensatz zu billigen Anbiederungen läßt sich gerade auf Grund verschiedener Meinungen ein tragfähiger Konsens bilden, der mit spielerischer Leichtigkeit in eine erste Phase der Harmonie (etwa durch das Entdecken gemeinsamer Tätigkeiten und Bedürfnisse) übergeht. Es ist ein ständiges Geben und Nehmen. Wir lassen neue Aspekte auf uns einwirken und vermitteln auch andererseits das Gefühl, durch unsere Ansichten zur Erweiterung seines/ihres Horizonts beigetragen zu haben.

4.4.4 Nehmen Sie die anderen wichtiger als sich selbst

Lassen Sie die Gedanken nicht ständig um die eigene Person kreisen: Wie werde ich ankommen? Wie wird's auf die anderen wirken, wenn ich das und das sage? Hoffentlich bin ich über das Thema gut genug informiert!

Überschätzen Sie die Rolle, die Sie spielen nicht. Niemand ist daran interessiert, Ihnen im Gespräch nachzuweisen, wie dumm und uninteressant Sie sind und hat so viel Zeit und Lust, über Ihre „falschen" Worte nachzudenken, wie Sie glauben!

Das kommt Ihnen bekannt vor? Richtig: Um jemanden zum Tanzen aufzufordern, gehen Sie in dem Lokal den Korridor entlang und haben das Gefühl, von allen Anwesenden beobachtet zu werden. In Wirklichkeit verfolgen aber nur circa zehn Prozent der Gäste Ihre Schritte. Der große Rest ist mit dem Geschehen auf der Tanzfläche, mit dem Barkeeper/der Barfrau, dem eigenen Partner etc. beschäftigt.

Sich selbst nicht so ernst zu nehmen — daraus erwächst die Fähigkeit, über sich selbst lachen zu können. Sie signalisieren damit Ihrem Partner, daß Sie „über der Sache stehen". Selbstironie ist die souveränste Art, Schwäche zu zeigen!

Natürlich ist es auch nicht der Weisheit letzter Schluß, den anderen immer nur „kommen zu lassen" und selbst gar nichts zu sagen, nach dem Motto: Wer nichts sagt, sagt auch nichts Falsches. Denn Ihr Grabesschweigen wird dann weder als Coolness noch als sympathiewerbende Hilflosigkeit, sondern als Arroganz ausgelegt. „Den/die interessiert überhaupt nicht, was ich zu sagen habe" ist hier die Botschaft, die ankommt.

Wenn Ihnen partout nichts einfällt, müssen Sie sich nicht um jeden Preis witzig geben. Dann hauchen Sie eben mit *Fragen* dem Gespräch Leben ein und erfahren so eine ganze Menge über Ihren Flirtpartner.

4.4.5 Vermeiden Sie Störungen zwischen Spaß und Ernst

„Sagen Sie oder tun Sie etwas, das man sowohl ernsthaft wie scherzhaft auffassen kann. Beschuldigen Sie dann Ihren (Flirt-) Partner, je nach seiner Reaktion, eine ernsthafte Sache ins Lächerliche ziehen zu wollen oder keinen Sinn für Humor zu haben."

Der berühmte Psychotherapeut Paul Watzlawick will mit der ironischen „Anleitung zum Unglücklichsein" in seinem gleichnamigen Buch natürlich das Gegenteil des oben zitierten Verhaltens erreichen.

„Ihre Frisur erinnert mich an einen leuchtend-roten Turban." Sagen Sie das einer Frau mit üppiger roter Haarpracht, und lassen Sie ihre Reaktion auf sich wirken. „Meinen Sie wirklich?" oder weniger offen „Wie meinen Sie das?", wird sie fragen, wenn sie an Ihnen interessiert und sich nicht sicher ist, ob Ihre Aussage ernst gemeint ist. „Nein, ich wollte Sie nur auf den Arm nehmen. Haben Sie das etwa nicht bemerkt?" Das ist der Flirtkiller.

,,Ja, Ihre tollen Haare sind mir gleich aufgefallen."

Diese Bekräftigung des ersten Satzes räumt mit dem Störfaktor auf, der zwischen *Sprecher* und *Zuhörer* (oder nach dem kybernetischen Prinzip zwischen Sender und Empfänger) entstehen kann: Einer meint etwas ernst, der andere versteht es als Scherz, Spaß oder Ironie. Und umgekehrt, wobei der Zuhörer im Zweifelsfall immer die für ihn angenehmere Variante auswählen sollte. ,,Ich nehme mal an, das war ein Kompliment. Vielen Dank." Diese selbstbewußte Reaktion wird den Sprecher zweifellos beeindrucken!

4.4.6 Ist der Flirt noch im Gespräch?

Bekanntlich gibt es den vorgefertigten, ultimativen A-B-Dialog nicht, der die Gewähr für den absoluten Erfolg bietet. Sonst könnten Sie Ihren Zettel aus der Tasche ziehen und als A den ersten Satz von sich geben, worauf Ihrem Flirt B die garantiert richtige Antwort einfällt. Schrecklicher Gedanke!

Programmieren Sie also nicht lange herum, sondern lassen Sie der Unterhaltung freien Lauf. Sollten Sie allerdings das Gefühl haben, daß die Diskussion nicht mehr allzuviel mit Flirten zu tun hat und in ein Sachgespräch abzugleiten droht (etwa das Ausbreiten sämtlicher Argumente für oder gegen die Genforschung), dann schalten Sie nach einem Minimalkonsens und einer Anstandspause auf ein charmanteres Thema um. Lockerheit statt Verbissenheit, Nachgiebigkeit statt Rechthaberei, Fingerspitzengefühl statt Machtkampf – das sind die Trümpfe, die stechen!

4.4.7 Die klare Sprache

Haben Sie in Ihrem Bekanntenkreis auch die Konjunktiv-Leute? Die hätte-, würde-, könnte-, dürfte-, sollte-Zeitgenossen? Die eigentlich-, vielleicht- und eventuell-Vertreter? Diese Übervorsichtigen verraten allein schon durch ihre Sprache, daß sie das

Temperament zum Anbandeln nur in homöopathischer Dosierung aufbereiten. Mithin drückt der gute Flirter seine Wünsche und Bedürfnisse klar aus:

– Haben (nicht ,,hätten'') Sie Lust auf ein Glas Sekt?

– Darf (nicht ,,dürfte'' oder ,,dürfte vielleicht'') ich Sie zu einer Tasse Kaffee einladen?

– Können (nicht ,,könnten'' oder ,,könnten eventuell'') Sie mir bitte die Einkaufstüte zum Auto tragen?

– Ich möchte (nicht ,,ich würde'') Sie gerne kennenlernen.

Das ,,möchte'' ist zwar auch ein Ausdruck der Möglichkeitsform (,,ich will'' ist hier aber zu direkt und fordert zum Widerspruch heraus), verkörpert aber nicht jenes unentschlossene Zaudern und Zögern der anderen, oben genannten Konjunktive. Denken Sie daran: Ihre Ideen und Vorschläge sollen für den Gesprächspartner klar erkennbar sein. In der Rückkopplung seines Verhaltens kommt das wiederum Ihnen zugute!

4.4.8 Die deutliche Aussprache

Eine undeutliche Aussprache oder gar Nuscheln gehört zum Repertoire des Anti-Flirters! Oft bildet es eine verhängnisvolle Einheit mit zu schnellem Sprechen, einerseits aus Unsicherheit, andererseits aus dem Bestreben heraus, den anderen überfallartig ,,über den Tisch zu ziehen''.

Deutliches Sprechen ist ein wichtiges Werkzeug für eine charmante Unterhaltung. Wenn Ihr Gesprächspartner immer nur damit beschäftigt ist, dem Inhalt Ihrer Worte zu folgen, fühlt er sich bald so sehr gestreßt, daß er diese Anspannung mit Ihrer Person negativ verknüpft. Dann beruht die Sympathie nicht mehr auf Gegenseitigkeit.

Mit Hilfe des Cassettenrecorders können Sie diesem Manko verhältnismäßig leicht abhelfen. Übertreiben Sie die Artikulation gezielt, so daß Ihnen erst einmal so richtig auffällt, wie sehr Sie bisher in sich hinein statt aus sich heraus gesprochen haben.

Übrigens: Je deutlicher Sie sprechen, desto mehr Dialekt können Sie sich „leisten", um von Ihren Mitmenschen noch verstanden zu werden. Der Dialekt ist angesichts der Kraft und Kreativität seiner Ausdrucksform immer zu befürworten − vorausgesetzt, Sie können sich damit verständlich machen!

5. Aus der Schule geplaudert —
Erfahrungsberichte von Kursteilnehmern

5.1 Personen und Motive

5.1.1 Wer kommt in den Flirt- und Kontaktkurs?

Von Journalisten werde ich immer wieder gefragt: Was sind das denn für Leute, die in einen Flirt- und Kontaktkurs gehen? Nun, Leute wie du und ich. Es gibt Schüchterne (natürlich!), eine sehr große Zahl durchschnittlich bis leicht überdurchschnittlich kontaktfähiger Leute und — Aufreißer, die sich für fast vollkommen halten. Man lernt ja nie aus.

Sie kommen aus allen *gesellschaftlichen Schichten* und repräsentieren alle *Berufsbilder* (mit leichtem Hang zu Technikern und Naturwissenschaftlern). Erstaunlich groß mutet die Zahl der Bank- und Versicherungsangestellten an, liegt doch die Vorstellung nahe, daß Vertreter dieser Berufsgruppen über ausreichende Erfahrungen im Umgang mit Menschen verfügen. Ich erinnere mich hier an Georg, den stellvertretenden Zweigstellenleiter einer großen deutschen Bank, der — fachlich ein As — im zwischenmenschlichen Bereich einerseits Defizite aufwies, andererseits sehr hohe Ansprüche an die inneren und äußeren Merkmale seiner potentiellen Partnerin stellte.

Es finden sich auch relativ viele Selbständige ein, für die dieser Kurs erst mal ein Fortbildungsseminar ist wie jedes andere auch. Beispielsweise sind das Leute aus der Computerbranche, die es schon in jungen Jahren zu viel Geld und Ansehen brachten und den privaten Bereich zu Gunsten der Karriere vernachlässigten.

Auch alle *Altersklassen* sind vertreten. Zwischen 16 und 72 bewegte sich bisher die Bandbreite.

Wie Sie bereits Gudruns Beispiel in der Fußgängerzone entnehmen konnten (Kap. 3.4.1), machen unsere Teilnehmer ihre Hausarbeiten, für die sie am Abend des ersten Tages und am darauf folgenden Vormittag bis zum Kursbeginn des zweiten Tages Zeit haben.

Steffi, die 16jährige, war für ihr Alter schon ziemlich reif und wurde von den Kursteilnehmern auf 18 bis 20 geschätzt. Sie wollte entdecken, wie sie bei den anderen ankommt, um dieses Wissen in ihrer Stammdiscothek einzusetzen. Ihre Aufgabe erledigte sie mit Bravour. Um ein Heimspiel zu haben, begab sie sich wieder in ihren vertrauten „Tanzschuppen". Sie „grub" ein paar junge Männer an, riskierte ein Lächeln oder nahm unter heftigem Augenklimpern Blickkontakt auf. Der Rest war nur noch Formsache.

Elisabeth, die vitale und energische Rekordälteste, behauptete zunächst, nur wegen ihrer Söhne am Kurs teilzunehmen. Diese seien recht schüchtern und würden darauf brennen, von ihr das Neueste in Sachen Flirt & Kontakt zu erfahren. Bald stellte sich aber durch ihre Bemerkungen und Fragen heraus, daß sie ein durchaus egoistisches Interesse an der Materie hatte. Ihr Mann war zwei Jahre vorher verstorben, und nun machte sich auch noch der jüngste Sohn daran, aus dem Haus zu ziehen. Aus Angst vor dem Alleinsein hatte sie das Ziel, wieder mehr unter die Leute zu kommen. Für ihre Hausaufgabe am Samstagabend war sie noch zu müde gewesen, aber in ihrer Heimatstadt Stuttgart wolle sie das Feld von hinten aufrollen. Leider habe ich später nichts mehr von ihr gehört!

In den Gründerjahren der Flirtschule mußte ich mühsam dafür sorgen, daß in den Kursen ein einigermaßen ausgewogenes Verhältnis der Geschlechter bestand. Das klassische Rollenverhalten war zumindest in diesem Bereich sehr stark vorhanden, so daß die Männer bereits in Scharen herbeikamen, als viele Frauen noch überlegten, ob Flirt etwas Unanständiges, Anrüchiges sei, dem tunlichst der Mantel des Schweigens zukäme. Natürlich dachten auch einige Männer so, aber eben wesentlich mehr Frauen: „Was erwartet mich dort, was wird dort mit mir angestellt?'' – Die spürbare Angst, hier ihre Frau zu stehen, verbargen nicht wenige hinter Ausflüchten wie ,,keine Zeit'' oder ,,habe ich nicht nötig''.

Selbstverständlich gab und gibt es Frauen, die problemlos ihre Kontaktmöglichkeiten wahrnehmen, auch jene, die sich in ihrer klassischen Rolle des Auf-sich-zukommen-Lassens wohl fühlen und damit auch immer gut gefahren sind. Für sie hatte das Thema Flirt & Kontakt nicht denselben Stellenwert wie für Frauen, die aktiv werden wollten, weil sie das Gefühl hatten, zuwenig oder von den falschen Männern kontaktiert zu werden.

Auch galt es, sich mit dem Einwand ,,Flirten kann man nicht lernen. Man kann es oder man kann es eben nicht'' herumzuschlagen. Ganz so, als gäbe es nur eine Zweiklassengesellschaft und keine Skala zwischen den beiden Extrempolen der totalen Flirtfähigkeit und -unfähigkeit, auf der wir uns alle befinden. Ganz so, als seien die zum Flirt nicht Begabten bis an ihr Lebensende zu ihrer Unfähigkeit verdammt, während die Super-Talentierten nichts mehr dazulernen könnten und bräuchten, weil sie die vollständige Flirtweisheit schon ,,mit dem Löffel gefressen'' haben!

Gottlob gehören derlei Vorurteile mehr und mehr der Vergangenheit an. Was gegenwärtig zählt, ist die Tatsache, daß das Interesse und die Bereitschaft insbesondere der Frauen wächst, den Flirt zu *praktizieren*. Nunmehr sind nahezu die Hälfte aller Kursteilnehmer Frauen. Die meisten kommen auf Empfehlungen anderer Kursteilnehmer hin – ein Zeichen dafür, daß sich viele Leute dazu bekennen, einen Flirt- und Kontaktkurs besucht zu haben. Das war nicht immer so.

Und der *Familienstand?* Aus naheliegenden Gründen besuchen zu neunzig Prozent Singles unsere Veranstaltungen. Einzelpersonen wollen erst bekommen, was andere schon haben. Und diese wollen, was sie haben, auch halten. Gemeint sind Paare in einer festen Partnerschaft, in einer Ehe oder in einer ehe-ähnlichen Gemeinschaft, wie es im Juristendeutsch so hübsch-häßlich heißt.

Es gibt nichts, was es nicht gibt: Ganzes Pärchen im Kurs (von einem wird in Kapitel 5.2 ausführlich zu berichten sein); halbes Pärchen im Kurs, wobei Sie zuerst erschien und Er zwei Wochen später auftauchte; gelegentlich verheiratete ,,Abstaubermänner'', seltener ,,-frauen'', die sich von ihren Ehepartnern daheim mit den Worten verabschieden, sie besuchten ein rein berufliches Fortbildungsseminar, dann das Teilnehmerterrain testen und schließlich auf Anfrage oder beiläufig-sukzessive ihren Ehestatus bekanntgeben.

5.1.2 Warum kommen die Leute in den Kurs?

Das Bestreben, mit Hilfe des Kurses eher einen Partner zu finden, steht nach wie vor im Vordergrund. Der Wunsch, zusammen mit einem anderen Menschen alt zu werden, prägt unsere Gesellschaft. Einer Reihe von Kursteilnehmern ist es gelungen, das Erlernte so umzusetzen, daß aus dem Flirt ein länger anhaltender Kontakt und daraus wiederum eine feste Beziehung entstand.

In diesem Zusammenhang denke ich an Jürgen (38), einen Arzt für Allgemein- und Intensivmedizin aus dem südhessischen Raum. Vor kurzem begegnete ich ihm in der Pause einer Musical-Aufführung, genauer gesagt ging *er* auf mich zu und begrüßte mich strahlend, während ich noch Mühe hatte, ihn in mein Zeit-Raum-Gefüge einzuordnen. Gerade als ich endlich herausfand, daß er ein halbes Jahr vorher ein Gruppenseminar besucht hatte, stellte er mir sein Kursergebnis vor, eine reizende Frau, die er kurz danach in einem Bistro seines Heimatorts kennengelernt hatte. Bald wollen Sie die Hochzeitsglocken läuten hören; die Einladung zum Polterabend nahm ich gerne an!

Andere Beweggründe für die Kursteilnahme gewinnen zunehmend an Bedeutung. Etliche Leute wechseln aus beruflichen Gründen in eine andere Stadt und kämpfen mit der Anonymität der fremden Umgebung. Matthias, ein Starkstromelektriker aus Saarbrücken, hatte eine neue Stelle in München angenommen und mußte sich als ,,Zuagroaster'' einen neuen Freundeskreis aufbauen. Die wichtigste Erkenntnis, die er aus dem Kursgeschehen bezog: Warte nicht, bis die anderen zu dir kommen, sondern mach du den ersten Schritt. Kümmere dich nicht darum, was die anderen denken oder sagen, wenn du dich in Lokalen trotz anderer freier Tische zu sympathischen Leuten setzt.

Anfangs rutschte ihm das Herz in die Hose, als er diesen Rat befolgen wollte. Der Erfolg hielt sich in engen Grenzen; die negativen Reaktionen in seinem Umfeld überwogen. Zwei Wochen später sagte er mir, er spüre kaum noch eine Hemmschwelle, mit fremden Leuten Kontakt aufzunehmen. Danach hörte ich nichts mehr von ihm.

Als ich ihn ein paar Monate später in fürsorglicher Neugierde anrief, bedauerte er, sich nicht mehr gemeldet zu haben. Er sei fast schon im Freizeitstreß und hätte nunmehr so viele neue Bekannte, Männer *und* Frauen, daß er aufpassen müsse, sich nicht zu verzetteln. Na sowas! Zwischen zwei Übeln wählt der Mensch das kleinere.

Ferner sind die Erweiterung, Veränderung oder Verbesserung eines bereits bestehenden Bekanntenkreises wichtige Bedürfnisse für die Erlangung einer größeren Kontaktfähigkeit. Der Ausbruch aus Strukturen, die sich festgefressen haben, dem einzelnen keine Perspektiven bieten und ihn an seiner Entwicklung hindern, bestätigt Mut und Risikobereitschaft auch für das Flirten. Es ist viel leichter, als Mitglied eines vertrauensvollen Freundes- und Bekanntenkreises einen Partner zu finden, denn als Einzelgänger. Und Einzelgänger ist auch, wer sich in einer Gruppe nicht wohl fühlt.

Eine weitere Triebfeder für das Bemühen, wieder das zu verinnerlichen, was verlernt, vergessen oder verschüttet erscheint: der Schicksalsschlag. Schicksalsschlag? Der Tod des Ehepartners ist durchaus als ein solcher zu bezeichnen. Paul (46), Inhaber einer Firma für Hardware-Beratung aus Norddeutschland, war fast zwanzig Jahre verheiratet und ist seit einem Jahr verwitwet. Die Gefühlsbindung an seine Frau war so intensiv gewesen, daß er zunächst den Boden unter seinen Füßen schwinden sah. Er ließ jeglichen Schwung vermissen. Durch ein intensives Einzeltraining, Meditationen und der bewußten Beschäftigung mit ganzheitlichen Zusammenhängen in entsprechenden Workshops schaffte er schließlich den Anschluß an Leute seines Vertrauens und seiner Zuneigung. Er hat wieder eine feste Freundin.

Ist Scheidung oder räumliche Trennung ein Schicksalsschlag? Zumindest kam es Lea (29, Werbekauffrau) so vor. Sie wurde von ihrem Mann in einer Nacht-und-Nebel-Aktion verlassen und reichte die Scheidung ein. Nachdem sie auf ihn fixiert war, mußte sie erst er-fühlen, was es heißt, auch für heftige Flirts frei zu sein und diese Freiheit auch zu genießen.

Sie setzte in ihrem neuen Lebensabschnitt auch äußerlich Zeichen, ließ sich die Haare neu formen und tönen, wechselte das Make-up und entdeckte Kleider, die ihre Figur vorteilhaft betonten. Ihre äußeren Vorzüge dezent herauszustreichen machte ihr bald ebenso viel Spaß wie mit Männern anzubandeln, ohne befürchten zu müssen, daß zu Hause einer mit der Stoppuhr auf das Abendessen wartete. Auf der Suche nach einem erneuerten Selbstbild war sie fündig geworden.

Wir, Lea und die Gruppe, setzten uns auch mit den Gründen ihrer gescheiterten Ehe auseinander. Logischerweise sind dafür immer beide Partner verantwortlich. Ob Lea aus *ihren* Fehlern gelernt hat? Ich habe ein gutes Gefühl.

Im Beruf kontaktfreudiger zu werden ist eine häufig vorgebrachte Zielsetzung. Manchmal erweist sich der berufliche Horizont als eine kleine Notlüge. Da stellt sich dann heraus, daß die werten Kursteilnehmer durchaus handfeste private Anliegen zum besten geben: Was sage ich als Gesprächseinstieg; wie ziehe ich ein Flirtgespräch durch; was sage ich, wenn mir eine Frau/ein Mann besonders gut gefällt, etc.

Nicht so Lydia und Roswitha. Die beiden hatten als Angestellte in einer Presseagentur gearbeitet und wollten sich nun in dieser Branche selbständig machen. Sie belegten bei mir einen crash-Kurs in Kontakt, Kommunikation und Körpersprache. Die „connections", also die beruflichen Verbindungen, hatten sie schon im Lauf der Jahre geknüpft, so daß ein Teil ihrer alten Kunden auch die neuen waren – übrigens mit vollem Einverständnis des alten Arbeitgebers, dessen Kapazitäten voll ausgelastet waren. Insofern ging es weniger um die fachliche Akquisition (obwohl „man davon auch nie genug haben kann", wie Roswitha versicherte), sondern um rhetorische Kniffe: Wie baue ich ein Kundengespräch auf, was muß ich bei der Gesprächseröffnung beachten, wie kann ich am Telefon gezielt auf den anderen einwirken; wie baue ich eine Gesprächsposition auf, und wie kann ich diese überzeugend vertreten; wie kann ich optimal auf den Kunden eingehen.

Sowohl im Flirt- als auch im beruflichen Bereich geht es darum, sich einzubringen, schlagfertig zu sein, zu überzeugen statt zu überreden und aktiv zuzuhören, das heißt, sich für das Gesagte wirklich zu interessieren und das Gespräch engagiert voranzutreiben.

Das Geschäft florierte. Die beiden wußten immer besser, was wann wem wo zu sagen war. Nach einem halben Jahr stellten sie die ersten zwei Mitarbeiter ein. Auch dem Personal gegenüber dürften sie den richtigen Ton getroffen haben.

Ein paar ganz Schlaue wollen sich die „Arbeit auf der freien Wildbahn" ersparen und besuchen den Kurs in der Erwartung, den Flirt fürs Leben unter den anderen Teilnehmern zu finden. Das ist im Erfolgsfall sicher ein angenehmer Nebeneffekt – nur, verlassen sollte man sich darauf nicht.

Nicht damit spekuliert haben die 28jährige Friseurmeisterin Vera aus München und Bernhard (35), ein Anlageberater aus Zürich. Bei ihnen war es tatsächlich Liebe auf den ersten Blick, denn die beiden absolvierten die erste Übung des Kurses miteinander – eine Blickkontakt-Übung! Das haben sie wortwörtlich genommen, intensiv genossen und im Lauf des gesamten Wochenendes, teilweise unabhängig vom Kursgeschehen, immer wieder angewandt. Die Hausaufgabe am Samstagabend machten sie natürlich in trauter Zweisamkeit. Herzlichen Glückwunsch zur Hochzeit und zum Nachwuchs!

Apropos Hausaufgabe: Als Zeichen großer Beweiskraft wird sie des öfteren zum zweiten Tag mitgebracht. So lernte etwa Barbara aus Wien ihren Kurt auf dem Weg von mir zur Innenstadt im städtischen Omnibus kennen, indem sie ihn fragte, wieviel Streifen der Fahrkarte sie entwerten müsse. Später drehte sich das Gespräch nicht mehr um unsere komplizierten Verkehrstarife, sondern um wesentlich einfachere und charmantere Dinge. Tags darauf präsentierte sie ihn stolz den anderen Kursteilnehmern, während er fragte, ob er am Kurs teilnehmen könne (er sei brennend daran interessiert, ,,was wir da so machen"). Er konnte. Ist es unnötig zu sagen, daß wir mit der Hausaufgabe niemanden unter Zugzwang setzen wollen? Wer sie hier und heute nicht macht, holt sie eben nach.

Tja, und dann gibt's welche, die kommen einfach so, aus Neugierde oder ,,just for fun". Spaß haben wir in unseren Kursen immer, aber Neugierde? Sie möchten sich nicht zu erkennen geben, versuchen, zunächst nicht wirklich an sich zu arbeiten, nehmen eine Konsumentenhaltung ein, verschränken die Hände vor der Brust oder hinter dem Kopf, strecken die Füße unter dem Tisch aus und denken: Nun mach' mal. Wollen sehen, was du hier zu bieten hast!

So zum Beispiel Thomas. Er stellte sich als Geo-Ökologe vor, der nebenher seinen Dienst für eine naturwissenschaftliche Fachzeitschrift verrichtet. Dann bekam er Gewissensbisse und rückte endlich mit der *ganzen* Wahrheit heraus. Er sei gerade dabei, für ein sehr zeitbewußtes Wochenmagazin einen großen Bericht über das Flirten zu schreiben, und der Besuch dieses Kurses sei ein Teil davon. Prima. Das hätte er auch gleich sagen können! Jedenfalls arbeitete Thomas, wie von einer Zentnerlast befreit, von nun an fleißig mit, hatte gute Ideen, vertrat seine vernünftigen Ansichten und war − endlich − für die Gruppe ein Gewinn; was ganz auf Gegenseitigkeit beruhte.

5.2 Mit dem Partner unterwegs – Flirt in der Partnerschaft

5.2.1 Ein Paar besucht den Kurs

Jens und Karina, beide 31, haben sich bei mir zum Gruppen-
kurs angemeldet. Sie sind seit zwei Jahren verheiratet. Die Ehe
ist kinderlos. Jens hat zwei Partner: einen Geschäftspartner und
einen Ehepartner. In dieser Reihenfolge, wie Karina meint. Sie
wünscht sich von ihm mehr Präsenz im familiären Bereich, wür-
digt aber auch seine angespannte berufliche Situation. Als Mit-
inhaber und Geschäftsführer einer kleinen Elektronikfirma ist
er immer auf Achse. Karina ist in einer Bekleidungsfirma angestellt und bildet Lehrlinge aus.

Er will bei sich den Small talk verbessern, Gesprächsthemen erfahren, die sich für einen unverbindlichen Plausch anbieten. Sie
möchte gern wissen, was Flirt in der Ehe ist und wie dessen Anwendung aussieht. Beide betonen auch die berufliche Komponente in bezug auf dieses Seminar.
   Jens macht auf die versammelte Runde einen lockeren Eindruck. Er empfindet dieses Wochenende als ein Abschalten vom
beruflichen Alltag, ist witzig und bringt Leben in die Gruppe.
Auf die meisten wirkt er fröhlich und ausgeglichen. Einmal fällt
das Wort „Stimmungskanone" und eine Kursteilnehmerin be-
wertet ihn als „oberflächlich". Quer durch die Geschlechter sollte
er für einige „wegen seinem Bauch etwas tun", andere wieder
meinen, „gerade das paßt zu ihm".

Karina betrachtet diesen Kurs eher als Partnerschafts-Work-
shop zum Auffrischen der Beziehung. Sie wird als ernsthaft, zu-
verlässig, liebenswürdig, einfühlsam, auch als analytisch, „kopf-
lastig" und zurückhaltend beurteilt. Ihre Kleidung (gelbes Sweatshirt, schwarze Baumwollhose, schwarze Halbschuhe) könnte
nach Ansicht etlicher – nicht nur weiblicher – Gruppenmitglieder flotter, auch femininer sein. Hervorgehoben wird der in-

teressante Kontrast zwischen den blonden Haaren und den dunkelbraunen Augen. Alle trauen ihr fachliches Können und Durchsetzungsfähigkeit im Beruf zu.

Auch sie lobt Jens' Heiterkeit und Freundlichkeit, sein einnehmendes, mitreißendes Wesen und seine Fähigkeit zu spontanem und flexiblem Verhalten. Er sei nicht „sauer", wenn es keine Karten mehr für den ins Auge gefaßten Film gebe, könne sich so richtig darüber freuen, wenn er samstags fünf vor zwölf noch die letzte Vollmilch im Supermarktregal entdecken würde, mache eigentlich aus jeder schwierigen Situation noch das Beste.

Weniger gut findet sie, daß sich seine Hektik aus dem beruflichen Bereich leicht ins Privatleben übertrage, seine mangelnde Zuhörfähigkeit und die fehlende Bereitschaft, Konflikte auszutragen.

Jens macht der Gruppe zunächst ein Kompliment dafür, daß sie bei ihrer beider Beurteilung „so häufig ins Schwarze getroffen hätte". Er moniert an Karina ihren Hang zur Besserwisserei und Prinzipientreue und kreidet ihr an, daß sie Gefühle nicht besonders gut zeigen könne. Auch könne er manchmal ihrem esoterisch ausgeprägten Weltbild nicht so folgen, wie sie sich das vorstelle.

Gefallen findet er an ihrem berechenbaren und verläßlichen Verhalten („Da hat sie mich noch nie enttäuscht; sie war immer für mich da, wenn's mir mal nicht gut ging") und an ihrer Toleranz, wenn es um wichtige Angelegenheiten gehe. Was er darunter versteht, führt er erst auf Befragen nach einigem Zögern aus. Sie hätte sich jahrelang damit begnügt, ihn mit der Firma zu teilen und sich mit dem Verzicht auf viele gemeinsame Unternehmungen abgefunden. Einmal hätte sie ihn um zehn Uhr abends mit einer Polaroid-Kamera empfangen und ein Bild von ihm geschossen mit dem süffisanten Kommentar, so wisse sie wenigstens immer, wie er aussehe. (Viel später, bei Speis' und Trank am Abend nach dem Kurs, sollte dann noch zur Sprache kommen, daß ihre Duldsamkeit sich auch auf ein paar Affären mit anderen Frauen bezog.)

Jens und Karina hatten sich auf einer Party kennengelernt. In der Küche war damals, es war im Herbst 1984, eine Unterhaltung über George Orwells futuristischen Roman ,,1984" in Gang gekommen. Jens kam hinzu und schaltete sich ein, mit Standpunkten, die Karina im großen und ganzen teilte. Die Runde der Debattierer spaltete sich in zwei Gruppen auf. Die Gruppe um Karina und Jens wechselte schließlich das Thema, wobei der neue Gesprächsstoff offenbar nicht so ergiebig war; immer mehr Gäste wandten sich anderen Dingen zu. Irgendwann ergab sich dann die vor allem von Karina herbeigesehnte Möglichkeit, sich unter vier Augen zu unterhalten. Er hatte sie mit seiner Stimme fasziniert. Sie war ihm erst so richtig beim Austausch der Argumente positiv aufgefallen. Im Dialog verstärkte sich der Sympathieeffekt wechselseitig. Sie verabredeten sich.

In das weitere Kursgeschehen fügen sich die beiden reibungslos ein. Es hat den Anschein, als würden sie sich mehr für ihre Flirtmöglichkeiten außerhalb ihrer Beziehung interessieren. Karina, die bisher ein einziges Mal ihre Kontaktbereitschaft gegenüber einem unbekannten Mann mit einem Anlächeln angedeutet hatte, tat sich bei der Lehrdiskussion über den ,,emanzipierten" Flirt mit großer Anteilnahme hervor. Sie will ihren Handlungsspielraum neu definieren unter der Voraussetzung, daß der unverbindliche Charakter des Anbandelns unbedingt gewahrt ist. Jens macht sich bei den Tips und Tricks eifrig Notizen und streut auch eigene, recht originelle Gesprächsaufhänger ein. Da freut sich der Kursleiter, wenn er wieder etwas dazulernen kann!

5.2.2 Die Hausaufgabe

Abends ist es mir dann Ehre und Vergnügen zugleich, bei ihrer Hausaufgabe anwesend zu sein. Zunächst geht's mit insgesamt sechs Kursteilnehmern (die anderen hatten sich unmittelbar nach dem Ende des offiziellen Unterrichtsprogramms verabschiedet) in eine Gastwirtschaft mit gelegentlichen musikalischen Darbietungen, wo unter anderem auch das Geschehen auf der Bühne mit lässigem Interesse verfolgt wird. Wir versammeln uns also stehend zu siebt an einem ziemlich großen runden Tisch. In dem riesigen Schuppen ist die Szene nur für Eingeweihte übersichtlich. Wer flirtet hier mit wem?

Jedenfalls lassen sich Jens und Karina in ihrer trauten Zweisamkeit gerne von anderen stören. Wir sind hier schließlich in einem öffentlichen Lokal! Als Moderator halte ich mich in meinen Gesprächs- und sonstigen Aktivitäten zurück und beschränke mich auf die Beobachtung meiner Klienten (im folgenden soll nur das Kontaktverhalten von Karina und Jens wiedergegeben werden).

Nach einem kurzen Geplauder gehen die beiden mit den Augen spazieren. Karinas Blick bleibt bei einem großen Dunkelhaarigen mit vornehmer Blässe hängen. Er, von unserer Gruppe etwa vier Meter entfernt am Nebentisch stehend, fängt ihren Blick auf und schaut angeregt in ihre Richtung. Sie wendet sich kurz von ihm ab und sucht wieder das Gespräch mit Jens und den anderen Kursteilnehmern. Als zwei davon ausströmen, um das Feld zu sondieren, ist dies für sie das Zeichen für den erneuten Augenkontakt mit dem Objekt ihrer sanften Begierde. Diesmal zieht sie eine Braue hoch und prostet ihm ansatzlos zu. Immer diese Lichtverhältnisse – ein Lächeln war da einfach nicht zu entdecken! Wohl aber bei ihm, der dezent sein Bierglas in ihre Richtung schwenkt. Ehemann Jens, dessen optische Anbandelversuche bisher im Sande verlaufen sind, muß beim Betrachten dieses Schauspiels ebenfalls lächeln . . . amüsiert oder gequält?

Karinas *Flirt* geht zur Theke, holt sich ein neues Bier und stellt sich mit ,,Hallo, ich bin der Chris'' zu uns. Bei Jens ist ein kurzes Zucken im linken Mundwinkel nicht zu verkennen, doch dann zeigt er sich als tapferer Gesprächsteilnehmer. Sie sprechen über Gott und die Welt – Lokalitäten, Kultur, Umwelt und was jeder so treibt. Dabei kommt auch die Partnerschaft von Karina und Jens zur Sprache. Auf Chris macht das keinen Eindruck, weder im Positiven noch im Negativen.

Unterdessen verschwindet Jens auf der Toilette, ist danach eine Zeitlang im Getümmel nicht mehr auszumachen. Schließlich habe ich für kurze Zeit ein freies Blickfeld dorthin, wo er, fast am anderen Ende des Lokals, mit intensiver Gestikulation auf zwei Frauen einredet. Er scheint ihnen irgend etwas erklären zu wollen.

Karina vermißt ihn nicht. Sie unterhält sich köstlich mit Chris, wobei jeder der beiden gleichermaßen zum Zuge kommt. Humorvolle Kommentare über zwei gemeinsame Hobbys, das Reisen und das Fotografieren, werden von spontanen Lachsalven, Kichern und Schmunzeln abgelöst. Die wenigen Unterbrechungen ihrer gegenseitigen Zuwendung gelten den Verrenkungen der Entertainer auf der Bühne. Dann kommt das Thema auf die Umzugspläne von Karina und Jens und die schwierige Wohnungssituation in dieser Stadt. Chris erwähnt das Freiwerden einer Drei-Zimmer-Wohnung im Nachbarhaus. Die praktisch veranlagte Karina verbindet das Nützliche mit dem Angenehmen und läßt sich seine Telefonnummer aushändigen.

Nachdem Jens zu unserem Tisch zurückgekehrt ist, hat er Mühe, sich in den fortgeschrittenen Flirt der beiden einzubauen. Er gähnt mehrmals und schaut immer wieder in die Richtung seiner beiden Ex-Gesprächspartnerinnen, die nunmehr von zwei Männern flankiert sind. (Später erzählt er uns, daß sie sich schon gekannt hätten und miteinander eine lose Verabredung für diesen Abend getroffen hätten. Es sei letztlich nur noch von deren beruflichen Problemen und Karriereaussichten die Rede gewesen; dies hätte ihn mit der Zeit gelangweilt, und er sei sich als fünftes Rad am Wagen vorgekommen.)

Karina will zu dieser vorgerückten Stunde des Gatten Stimmungsabschwung dämpfen und widmet sich nun wieder ihm, der Uhrzeit und dem Vorhaben für den Rest des Abends. Chris zieht einen Lokalwechsel in Betracht, doch der erschöpfte Jens möchte am liebsten nach Hause gehen. Auch Karina spürt eine rechtschaffene Müdigkeit in sich aufsteigen. Hat so ein Flirt auch etwas Anstrengendes an sich? Es war wohl eher die schlechte Luft und die Lärmkulisse, wie sie später behauptet.

Inzwischen sind alle Kursteilnehmer wieder um den Tisch versammelt. Wir beschließen, es nicht mehr allzu spät werden und den Abend in einem Weinlokal ausklingen zu lassen. Chris verabschiedet sich als erster von Karina und Jens. Die beiden steuern ihre Bettstatt an, während Chris noch in seinem Stammlokal vorbeischaut.

5.2.3 Die Besprechung der Hausaufgabe in der Gruppe

Am zweiten Kurstag wird zunächst die Hausaufgabe besprochen. Jens meint, er habe Probleme mit dem Ablauf des gestrigen Abends gehabt. Seine eigene Hausaufgabe stuft er als ,,allenfalls ausreichend" ein. Im Grunde sei er in keiner idealen Anbandelstimmung gewesen: ,,Da hat mich nichts angelacht." Auch die Kontaktaufnahme mit den Frauen sei vornehmlich deshalb erfolgt, weil er nachher vor sich selbst sagen könne, er hätte überhaupt etwas gemacht. Zudem habe er den Gruppendruck des allgegenwärtigen Heranpirschens gespürt. Vor allem aber hätte er sich nicht sehr gut mit der Entwicklung um Karina und Chris abfinden können. ,,So eine Situation, daß meine Frau in meiner Abwesenheit einen anderen ,anbaggert', habe ich noch nie durchgemacht. Ich ärgerte mich darüber, daß da auf einmal Eifersuchtsgefühle in mir hochkamen, weil ich bisher immer dachte, das kann mir doch nicht passieren."

Regina, eine 34jährige Lehrerin aus Hamburg, fragt: ,,Wäre es Dir lieber, wenn sie heimlich oder in Deiner Abwesenheit mit einem anderen Mann flirten würde?" ,,Ja, ich glaube schon, daß es einfacher für mich wäre. Was ich nicht weiß, macht mich nicht heiß."

Das Echo auf diese Aussage ist geteilt. Last not least setzen sich die Befürworter des ,,offenen Flirts" durch, die darin auch einen wichtigen Lernprozeß für Jens sehen. ,,Es geht nicht darum, daß Jens der Karina vergibt und verzeiht, sondern daß er sich selbst fragt, warum bei ihm gestern abend etwas Negatives ablief", schildert eine andere Kursteilnehmerin ihre Eindrücke.

Was seine Hausaufgabe angehe, so solle er das Ganze nicht so verbissen sehen. Er habe es doch geschafft, mit den beiden Frauen (über's Feuer geben lassen) ins Gespräch zu kommen. Hervorgehoben wird auch sein Mut, an ihrem Tisch stehen zu bleiben und den „Small talk durchzuziehen".

Karina nennt es „ein ganz tolles Gefühl, auf einen Mann zum ersten Mal im Leben aktiv zugegangen zu sein. Mir war eben wichtig, daß ich das nicht heimlich tue, denn sonst hätte ich dabei Schuldgefühle gehabt. So aber konnte sich auch Jens an der Szene beteiligen, und ich mußte nichts vor ihm verstecken. Es hat mir richtig Spaß gemacht!"

Der Einwand eines Kurteilnehmers, da wäre wohl eine ganze Menge Berechnung im Spiel gewesen, wird entrüstet zurückgewiesen. „Das war ein ganz spontaner Flirt, weil Karina eben in diesem Moment danach war und weil der Typ ihr halt irgendwie gefallen hat", faßt einer die überwiegende Meinung der Gruppe zusammen.

Nach dieser Besprechung bemerke ich immer wieder einen regen Austausch von Blicken zwischen den beiden. Der Blickkontakt als vertrauensbildende Maßnahme leitet eine neue Phase ein: weg von verwirrten, verletzten Gefühlen hin zu verstärkter Achtung und Bewunderung. Jens sieht seine Frau nun mit anderen Augen; keineswegs als männermordenden Vamp, aber als eine Frau, die ihren Stellenwert aufs neue bestimmt hat. Die Tatsache, daß sie auch auf andere Männer eine erotische Ausstrahlung hat, macht sie als Partnerin für ihn umso attraktiver.

5.2.4 Flirt außerhalb der Partnerschaft

Macht Flirten untreu?

Liebe läßt sich nicht auf mehrere Leute aufspalten. Sie betrifft unteilbar einen einzigen Menschen. Der Flirt kann sich dagegen an eine Reihe von Personen wenden, denn er ist ein Spiel, das keinerlei Verbindlichkeit gegenüber dem „Beflirteten" beinhaltet. Die Partnerschaft sieht sehr wohl Verpflichtungen vor, als da wären etwa Austausch von Gedanken und Gefühlen, Verantwortung, Anpassung, Rücksichtnahme und als oberstes Gebot – Toleranz! Sie wird in einer relativ harmonischen Beziehung so weit gehen, das Schäkern des Partners mit anderen Leuten zu akzeptieren, vorausgesetzt, es bleibt tatsächlich dabei. Sollte allerdings mehr daraus werden, so ist Eifersucht, wie sie Jens in unserem Beispiel als negatives Gefühl anklingen ließ, durchaus verständlich und angebracht.

Eine Beziehung, die mehr aus Konflikten als aus Konsens, mehr aus der Durchsetzung von Eigeninteressen als aus gegenseitiger Achtung besteht, offenbart bereits in sich ein starkes Gefahrenpotential gegenüber Strömungen und Einflüssen von außen. Wenn es jemand auf das Fremdgehen anlegt, schafft er/sie das auch unabhängig von dem bißchen Flirt. Das Flirten selbst macht niemals untreu.

5.2.5 Flirt innerhalb der Partnerschaft

Bei Jens und Karina konnte ich feststellen, daß sich das Anbandeln mit einem Dritten auch auf den Charme innerhalb einer festen Beziehung nachhaltig positiv auswirkt. Unserem erneuten Treffen ein Vierteljahr nach dem Seminar war zu entnehmen, daß sich beide nun mit mehr Aufmerksamkeit und Freundlichkeit begegnen. Sie beherzigen, was von der Gruppe an Möglichkeiten des Aufeinander-Zugehens erörtert wurde.

Er bringt ihr öfter Blumen mit, ,,weil heute Donnerstag ist". Früher tat er das nur zu allen heiligen Zeiten.

Er macht ihr wieder häufiger Komplimente, unter vier und unter mehr Augen. Wenn er morgens mal nicht mehr schlafen kann, nutzt er die Zeit zum Decken des Frühstückstischs.

An den Wochenenden überkommen ihn auch noch Gedanken über den Sinnlichkeitsgehalt von Männern, die den ganzen freien Tag im Morgenmantel herumlaufen und mit dem Anziehen erst beginnen, wenn Schwiegerpapa und -mama am späten Nachmittag vor der Haustür stehen.

Ja, er trägt jetzt sogar die leeren Flaschen in den Keller — eine Arbeit, vor der er sich bisher immer drückte.

Liebevoll massiert er ihren Rücken und entwickelt dabei ein seismographisches Empfinden für die Stellen, an denen es ihr besonders guttut. Früher mußte sie diesen Super-Sonder-Service regelrecht erbetteln.

Den Fernseher läßt er auch zu Zeiten von Sport- und Nachrichtensendungen schon mal ausgeschaltet, um mit ihr Backgammon oder Kniffel zu spielen.

Der Videorecorder fördert das gute Verhältnis, wenn er sich seine dringend-unvermeidlichen Übertragungen aufzeichnet und mit ihr die Zeit vereinbart, in der er sie anschauen „darf".

Über seinen Beruf hat er sich ein paar kreative Gedanken gemacht. Er rang sich dazu durch, eine Reihe von Routinetätigkeiten an einen Mitarbeiter seines besonderen Vertrauens zu delegieren, so daß ihm neuerdings mehr Zeit für den Privatbereich bleibt.

Sie hat ihn letzthin aus heiterem Himmel mit seinem bevorzugten Rasierwasser überrascht.

Von ihrer in dieser Höhe nicht erwarteten Gehaltserhöhung wird sie ihn demnächst in sein Lieblingsrestaurant einladen.

Über seinen Wunsch, ihren hellen Haaren einen Stich ins Rötliche zu geben, will sie intensiv nachdenken.

Eher wohlwollend möchte sie auch prüfen, ob sich nicht die früher so häufig veranstaltete neckische Zeremonie des gemeinsamen Planschens in der Badewanne wieder aufnehmen läßt. Weil er doch in letzter Zeit mit rührender Sorgfalt seine Haare nach dem Waschen entfernt!

Die heißgeliebten Gummibärchen serviert sie ihm auf einem extragroßen Teller, obwohl sie seine umfangreichen „Bauchmuskeln" bestenfalls mit gemischten Gefühlen betrachtet.

Sie nervt ihn nicht mehr tagtäglich mit ihren willkürlich im Flur abgestellten Schuhen, Taschen und Beuteln, die seinen Weg in die einzelnen Zimmer zu einem Hindernislauf mit Stolpersteinen machten.

Sie will wieder frei sein für Zärtlichkeiten, mit denen sie ihn und seinen Körper wiederentdeckt. Hundert Küsse auf hundert verschiedene Punkte!

Neulich hat sie ihn verführt. Sie verband ihm die Augen, stellte sich, nur mit ihren neuen Bodystockings bekleidet, vor ihm auf und schickte ihn dann mit seinen Händen auf die Reise. Sie dachte sich: Zuerst fühlen lassen, dann fallen lassen.

Jens und Karina war aufgefallen, daß sie weniger gemeinsam unternahmen als noch im ersten Jahr ihrer Ehe. Zur Förderung des Zusammengehörigkeitsgefühls wurde ein Gesellschaftsabend pro Woche anberaumt, an dem kulturelle Veranstaltungen, Spiele oder Einladungen von Freunden und Bekannten auf dem Programm standen.

Außerdem erstellten sie alle drei Monate eine schriftliche Bilanz über ihr Verhältnis zu ihrem Partner, indem sie folgende Fragen beantworteten:

- Was ich an dir im letzten Vierteljahr bezaubernd fand.

- Was ich an dir weniger bezaubernd fand.

Sie haben es tatsächlich geschafft, die anschließende Diskussion darüber in aller Ruhe und Gelassenheit zu führen!

Was das alles mit Flirt zu tun hat? In der Partnerschaft verstehen wir darunter die Bereitschaft und Fähigkeit, den Partner mit dem eigenen Charme immer wieder für uns einzunehmen. Der Flirt ist das Salz in der Suppe aller Liebenden und solcher, die sich wieder mehr lieben wollen — ob sie sich gerade erst kennengelernt haben oder in einer Lebensgemeinschaft befinden, die schon Jahre und Jahrzehnte andauert. Schon ein klein wenig mehr Einfühlung und Aufmerksamkeit läßt die feste Beziehung zu einem pfiffigen Verhältnis werden. Die vertrauensvolle Zuwendung zum Partner ist die Garantie gegen Abstumpfung und Tristesse im privaten Alltag.

5.3 Im Einzelkurs auf der „freien Wildbahn"

In den Einzelkursen kann ganz gezielt und individuell auf die Probleme und Bedürfnisse unserer Klienten eingegangen werden. Die allermeisten Kursteilnehmer nehmen dabei die Möglichkeit wahr, ihr gesammeltes Wissen in der ungeschützten Wirklichkeit anzuwenden und auszuleben. Ohne Netz und doppelten Boden sind die Rollen klar verteilt. Er oder sie stürzt sich mit heldenhaftem Mut kopfüber in die brodelnden Abgründe des Balzverhaltens. Meine Wenigkeit fungiert als teilnehmender, kommentierender Beobachter dieses aufregenden Flirtgeschehens.

Brigitte ist 32 und arbeitet als Sachbearbeiterin im Finanzamt. In den bisherigen fünf Doppelstunden, in denen ich ihr neben dem theoretischen Wissen auch männliche Übungspartner vermittelte, machte sie auf mich einen recht phlegmatischen Eindruck. So wunderte ich mich nicht, daß ihre Hausaufgaben zwischen den einzelnen Sitzungen nicht gerade von überschäumendem Erfolg gekrönt waren. Annäherungen an interessante Leute, Blickkontakt ohne anschließenden Wortwechsel, ab und zu ein Hin- und Herlächeln, schauen, schauen, schauen — das war's, obwohl sie mehr haben wollte. Vom Lehrgang zum Leergang?
Die letzte Doppelstunde findet abends in zwei Lokalen statt. Um den männlichen Flirtkandidaten nur ja nicht den Eindruck eines Pärchens zu vermitteln, gehen wir im Abstand von drei Sekunden und sechs Metern in eine Crèperie, die wir als erstes heimsuchen wollen. Zuerst sie, dann ich. Nach ihrem energischen Schritt zu urteilen, scheint Sie *es* heute wissen zu wollen. Ich begebe mich in Hörnähe zu ihr, drehe ihr als weiteres Zeichen des Nicht-Dazugehörens erst einmal meinen Rücken zu und bestelle einen Wein an der Bar. Eben beschleicht mich noch der Gedanke, daß der Wirt mir demnächst eine Umsatzprämie bezahlen könnte, weil ich seiner Kneipe regelmäßig viele nette Leute aus meinen Kursen zuführe. Da hat sie auch schon einen Mann

ausgespäht, der in dem kleinen, engen und sehr gut besuchten Lokal ebenso wie sie auf einen Sitzplatz wartet, um eine Kleinigkeit essen zu können.

Mit hochgezogenen Schultern und einer Miene, die wohl so viel bedeutet wie ,,Da kann man nichts machen, wir müssen uns die Zeit wohl noch ein bißchen im Stehen vertreiben'', sucht sie den Augenkontakt zu ihm. Er, etwa vier Meter von ihr entfernt, hebt nun seinerseits die Schultern und hat keine Mühe, ihr freundlich zuzulächeln.

Beide wenden sich kurz voneinander ab und schauen sich dann wie auf Kommando wieder an. Sekunden später geht er auf sie zu und spricht sie lächelnd an: ,,Das Warten gehört hier zum Lebenselixier, so richtig französisch!''

Seine Art zu sprechen, konnte sie gut mit seiner Erscheinung in Einklang bringen. ,,Ja, schauen Sie mal, an dem Tisch da drüben machen sich die Leute gerade ans Zahlen.'' Der Wink mit dem Zaunpfahl funktioniert. Unser Flirt-Mann eilt sogleich an den Tisch der Zahlungswilligen und bezieht Stellung. Bei deren Aufbruch bedeutet er Brigitte mit einer einladenden Geste, sich dazuzusetzen. Sie läßt sich nicht lange bitten.

Für mich wird's jetzt schwierig, den Worten der beiden zu folgen. Von Zeit zu Zeit höre ich einige Gesprächsfetzen herüberwehen, wie ,,esse Crèpes für mein Leben gern'', ,,leider immer so voll'', ,,. . . sonst . . ., wenn Du nicht hier ißt oder trinkst . . .'', ,,Südostasien mit dem Rucksack'', ,,. . . über Burma . . . im Kulturzentrum''. Aha, den Übergang vom Sie zum Du haben sie also auch schon bewerkstelligt.

Ob ich mich geographisch annähern soll? Ich beschließe, meinen Barhocker nicht aufzugeben und mir von ihr nachher detailliert berichten zu lassen. Nach einer in Mimik und Gestik sehr angeregten Unterhaltung winkt sie dem Ober, um zu zahlen. Zweifellos ist eine gewisse Enttäuschung darüber aus seinem Gesicht zu lesen; sie scheint sich indes daran zu erinnern, daß sie bei mir eine Doppelstunde gebucht und nun in der noch verbleibenden Dreiviertelstunde weitere Flirtabenteuer erleben will. Aber so genau nehmen wir es mit der Zeit sowieso nicht!

Die beiden tauschen Telefonnummern aus. (Danach sollte ich von ihr erfahren, daß der Vorschlag von ihr geäußert wurde, er dies aber auch gerade anregen wollte.) Was mich angeht, so habe ich vorher bereits bezahlt, so daß ich mich ziemlich schnell davonmachen und draußen auf sie warten kann.

Sie ist unheimlich aufgekratzt und erzählt mir auf dem Weg zur nächsten Kneipe, daß sie sich bisher sehr gut fühle. Im Vergleich zu ihren früheren Übungen habe es ihr überhaupt keine Schwierigkeiten bereitet, ihr Interesse an ihm zu signalisieren. Ob er das auch richtig wahrgenommen hätte?

Keine Bange, Brigitte, das hat er. Sie hatten sich zu einem Dia-Vortrag über Südostasien im Kulturzentrum verabredet. Er sei schon dort gewesen, und sie finde diese Länder auch großartig. Überhaupt „ist er eigentlich recht nett; mal sehen, was das Treffen so bringt".

Schluß mit dem Versteckspiel! Für unser nächstes Anbandelmanöver beschließen wir, uns als Mann-Frau-Konstellation zu erkennen zu geben. Das Lokal, das wir jetzt mit unserer Anwesenheit beglücken, ist im Wiener Kaffeehausstil gehalten. Runde braune Tische und Stühle mit einem Hauch von Neoklassizismus bilden ein nostalgisches Interieur, das in seltsamem Gegensatz zu dem herausgeputzten Chic des Publikums steht. Schwarzbezopfte Männer mit teuren französischen Lederjacken sehen sich Frauen gegenüber, die ihren Designerschmuck und ihre Belgravia-Hosen mit der Würde geschulter Laufstegschönheiten zur Schau stellen.

Die mit allerlei Schnickschnack verzierte Bar schiebt sich wie ein Hufeisen weit in den Raum hinein und bildet so den Mittelpunkt der noch nicht sehr turbulenten Szene. Ist heute ein Fußballspiel im Fernsehen? Jedenfalls sind ausgerechnet heute, da eine Frau ihre kostbare Zeit aufs Flirten verwendet, die Männer in der Minderheit.

Reizvolle Herausforderung oder schieres Pech? Zunächst scheint eher letzteres der Fall zu sein. Neben zwei Vertretern dieser seltenen Spezies „Mann" setzen wir uns an den Bartresen; zwischen ihnen und mir in der Mitte − Brigitte.

Zu behaupten, daß die beiden keine Notiz von uns nehmen, wäre eine grenzenlose Untertreibung. Nein, vielmehr wird mit Mißachtung gestraft, was mehr als zwanzig Zentimeter von ihnen entfernt ist. Irgendwie scheint gerade das Brigitte in ihrer nahezu euphorischen Stimmung besonders zu reizen.

Der Mann neben ihr an der Bar, den sie um die Getränkekarte bittet, drückt sie ihr unter Aufbietung seiner ganzen ihm zur Verfügung stehenden Unhöflichkeit blick- und wortlos in die Hand. Also nicht nur Fußballmuffel, sondern überhaupt Muffel.

Ich helfe ihr dabei, sich von diesem Fehlschlag zu erholen, indem ich ihr klar mache, daß dieser Nicht-Kontakt wahrlich nicht an ihr gelegen habe. Nach einem herzhaften Schluck des übrigens ausgezeichneten Weins besinnt sie sich darauf, sich „durch sowas schon gleich gar nicht" unterkriegen zu lassen.

Wir lassen den Blick wieder schweifen. Auf der anderen Längsseite des Hufeisens hat ein etwa dreißigjähriger, durchaus ansehnlicher Mann mit lindgrünem Seidensakko und schwarzem Hemd Platz genommen. Nicht schlecht!

Sie nickt mir in stummer Verschwörung zu. Der, jetzt und hier. Ich übe mich wieder ein wenig in der Rolle des unbeteiligten Kumpels, der sich durch die soeben gekaufte Abendausgabe einer Zeitung wurstelt. Und doch registriere ich aus den Augenwinkeln heraus, daß Brigitte ihn mit ihren wohlgeformten Zähnen verwegen anblinkt.

Das aber scheint für den braven Mann des Guten etwas zuviel zu sein, denn in seiner Ratlosigkeit dreht er sich erst ganz vorsichtig zur Seite um. Könnte ja auch ein anderer gemeint sein. Nicht ohne sich selbst bis unten hin zu mustern, nimmt er dann wieder die alte Sitzposition ein.

Da capo. Dem nächsten Lächeln begegnet er mit einem Blick, der weder Fisch noch Fleisch ist. Interesse, Gleichgültigkeit oder mal wieder die pure Verlegenheit und sonst nichts?

Auch ihr drittes Sympathiesignal, das Zuprosten, bringt sie nicht unmittelbar an den Mann. Immerhin erntet sie damit, wohlwollend interpretiert, den Anflug eines positiven Gesichtsausdrucks: Die Mundwinkel geebnet, den Kopf leicht schief gelegt, die Stirn gekraust.

Trotzdem kommen wir so nicht weiter. Sie hat es sich fest vorgenommen, ihn kennenzulernen – aber wie? Auf die andere Seite der Bar zu gehen und ihn anzusprechen erscheint Brigitte denn doch zu gewagt. Na, dann legen wir doch einfach die Karten auf den Tisch. Besser gesagt, die Karte mit Brigittes Namen und Telefonnummer (die Adresse darauf ist entbehrlich, aber das läßt sich in diesem Augenblick auch nicht ändern)!

Sie geht also zu ihm 'rüber, schaut ihn kurz an, deponiert ihre Visitenkarte vor ihm auf den Tresen und kehrt schnurstracks wieder zu ihrem Platz zurück.

Die Szene erinnert stark an einen Stummfilmklassiker mit Dita Parlo. Der Blick unseres, ich muß schon sagen, *Flirtopfers* ist eine bis zur Hilflosigkeit gesteigerte Zusammenfassung seiner bisherigen Reaktionen.

Glücklicherweise habe ich vorher unsere beiden Drinks bezahlt, so daß wir nun sofort das Weite suchen können. Brigitte sagt: ,,Ui, da ist mir wirklich ein Stein vom Herzen gefallen, daß ich das geschafft habe. Richtig nervös war ich eigentlich nur zu dem Zeitpunkt, als ich vom Stuhl aufstand und die ersten fünf Meter bis zur Ecke ging. Danach war ich die Ruhe selbst. Wie im Schlaf.''

Das kann ich von mir nicht behaupten. Ich fühlte mit jedem Schritt mehr die Aufregung in mir hochsteigen. So ähnlich muß es einem Trainer ergehen, der bei olympischen Spielen den Hundertmeter-Finallauf seines Schützlings verfolgt.

Die Selbstsicherheit Brigittes rührte von dem Erfolgserlebnis in der Crèperie, das den Knoten zum Platzen brachte. Sukzessive hatte sich aufgebaut, was vorher lange Zeit verschüttet war: Eigeninitiative, Risikobereitschaft und Mut zur Aktivität. Zudem fand sie es beruhigend und stimulierend zugleich, daß da einer als fürsorglicher Antreiber im Hintergrund zugegen war.

Der Rest der Geschichte ist schnell erzählt. Ein paar Tage später ruft bei Brigitte besagter Mann mit Namen Jochen aus der Kaffeehaus-Kneipe an und entschuldigt sich für sein ,,Fehlverhalten"; er wisse selbst nicht, warum er so komisch reagiert hätte. Es sei das erste Mal gewesen, so von einer Frau „angemacht" worden zu sein. Ob er das alles bei einer Tasse Kaffee wiedergutmachen könne?

Danach mündete dieser anfangs so einseitige Flirt in eine feste Partnerschaft (soviel ich weiß, sind die beiden auch jetzt noch zusammen). Ich hatte das Vergnügen, Jochen auf Brigittes Party kennenzulernen. Er entpuppte sich als überaus charmanter Kerl. Brigitte hatte ihm anvertraut, daß sie am Tage ihres Kennenlernens ihr Flirtwissen in die Praxis umsetzen wollte. Übrigens: Jochen hat mich in unserem Übungslokal nicht als Nebenbuhler eingeschätzt.

5.4 Ausblick

So, jetzt gibt's nur noch eins. Flirten, flirten und nochmal flirten. Und wenn Sie mit Ihrem Schwarm dadurch anbandeln, daß Sie ihm aus diesem Buch vorlesen!

Eine Urkunde, wie Sie unsere Kursteilnehmer als Gag für die erfolgreiche Bewältigung des Lehrgangs und der Hausaufgabe bekommen, kann ich Ihnen auf diesem Wege natürlich nicht mitgeben. Aber das ist auch ganz und gar nicht mehr nötig. Sie wissen selbst, daß Sie gut flirten können. Vergessen Sie eines nie:

Es gibt nichts Gutes, es sei denn, Sie tun es!

Viel Erfolg und flirtige Erlebnisse,

Ihr *Peter Hollinger*

Literaturverzeichnis

Bierach, Alfred: Mentales Training, Goldmann, München o.A.

Birkenbihl, Vera F.: Signale des Körpers, Moderne Verlagsgesellschaft, München 1985

Bormann/Howell/Nichols/Shapiro: Erfolgreicher überzeugen und führen durch bessere Kommunikation, mi, Landsberg/Lech 1982

Ebeling, Peter: Reden ohne Lampenfieber, mi, Landsberg/Lech 1990

Elsner, Constanze: Wie man eine Frau aufreißt, Heyne, München 1983
Wie man einen Mann aufreißt, Heyne, München 1983

Fast, Julius/Bernstein, Meredith: Körpersignale der Liebe, Rowohlt Taschenbuch Verlag GmbH, Reinbek 1984

Freitag, Erhardt F.: Kraftzentrale Unterbewußtsein, Goldmann, München 1991

Graudenz, Karlheinz: Die gute Umgangsform, Heyne, München 1984

Griscom, Chris: Zeit ist eine Illusion, Goldmann, München 1987

Hennenhofer, Gerd/Heil, Klaus D.: Angst überwinden, Rowohlt, Reinbek 1986

Jursch, Günter: Keine Angst vor der Freude, Herder, Freiburg 1985

Lenz, Siegfried: Die Klangprobe, Hoffmann und Campe, Hamburg 1990

Management & Seminar (Klein, J.): Seiten 34 ff., Verlag Neuer Merkur, München 2/1991

Maurin, Robert: Mehr Glück durch Entspannung, Moderne Verlagsgesellschaft, München 1980

Molcho, Samy: Körpersprache, Mosaik Verlag, München 1983

Murphy, Joseph: Leben in Harmonie, Goldmann, München 1990

Süddeutsche Zeitung (Verf. unbek.): Seite 1, Süddeutscher Verlag, München (5. Mai) 1989

Watzlawick, Paul: Anleitung zum Unglücklichsein, Piper, München 1990

Zimbardo, Philip: Nicht so schüchtern!, Moderne Verlagsgesellschaft, München 1991